U0593603

PHILOSOPHY OF LAW AND
BUSINESS MANAGEMENT:

NEW THINKING FOR
VISIONARY COMPANIES

柴小青　金洪涛◎著

法商管理

——保持企业基业长青的新思维

经济管理出版社
ECONOMY & MANAGEMENT PUBLISHING HOUSE

图书在版编目（CIP）数据

法商管理之道——保持企业基业长青的新思维/柴小青，金洪涛著 . —北京：经济管理出版社，2022.9

ISBN 978-7-5096-8720-8

Ⅰ.①法⋯　Ⅱ.①柴⋯ ②金⋯　Ⅲ.①企业法—研究—中国　Ⅳ.①D922.291.914

中国版本图书馆 CIP 数据核字（2020）第 178886 号

组稿编辑：郭丽娟
责任编辑：乔倩颖
责任印制：张莉琼
责任校对：蔡晓臻

出版发行：经济管理出版社
　　　　　（北京市海淀区北蜂窝 8 号中雅大厦 A 座 11 层　100038）
网　　址：www.E-mp.com.cn
电　　话：（010）51915602
印　　刷：唐山玺诚印务有限公司
经　　销：新华书店
开　　本：720mm×1000mm/16
印　　张：14
字　　数：251 千字
版　　次：2022 年 12 月第 1 版　　2022 年 12 月第 1 次印刷
书　　号：ISBN 978-7-5096-8720-8
定　　价：88.00 元

前　言

　　2004 年开始，本书作者之一的柴小青每年都在中国政法大学讲授管理学原理课程，中国政法大学浓厚的法学氛围，使柴小青对法学产生了一定的兴趣，下意识地学习法学理论知识、了解法学的思维方式，在教学和管理实践中也对管理学和法学的异同点进行了比较，分析它们各自的研究对象、出发点以及在现实经济生活中的地位、作用。通过分析获得两个发现：第一个发现是社会中各类组织都是在管理和法律约束下开展活动的主体，活动中因为管理不善出现问题，如果非常严重就可能转化为法律问题，如企业中的安全事故、产品质量差造成的人身伤害，因为决策失误导致的严重债务问题等。这说明在日常管理中，注意管理与法律之间的相互作用和转化是十分必要的。第二个发现是虽然法律和管理联系紧密，但实践中管理和法律作为规范人们行为的方法或者理论却缺少交叉和融合，将两者结合起来思考解决现实问题做得不够。比如，经理人常常对企业管理中的营销、生产管理等知识的运用游刃有余，但是对其中隐含的法律问题理解得不够透彻，企业中的管理者和法律专业人士在各自的领域都很优秀，但是在面对实际管理问题时往往存在"两张皮"现象。

　　基于以上分析，促使柴小青思考如何将管理和法律结合起来才能更好地适应企业管理的需要，进而萌发了创建法商管理理论的想法。在回溯管理理论发展演进过程的基础上，结合企业管理案例分析，经过梳理和凝练，形成了法商管理理论的雏形，于 2012 年发表了《法商管理概念解读与法商管理学派创建》。在文中提出了法商管理的概念，对法商管理理论构建的现实需求和必要性做了深入分析，指出在各种经济活动中既要遵守商业经营规则（管理），更要遵守相关法律规则，只有两者并行不悖才能有效地规避企业经营风险。

　　在一次学术交流中，柴小青遇到了本书合著者金洪涛先生，他是一名资深律师，通过交谈发现其对企业管理中应该秉承法商管理理念有共识，同时也深刻地感到法商管理理论固然有价值，但是将其转化为实践中具有操作性的方法和工具的意义更大。为此，我们决定发挥各自在管理学和法学领域的相对优势，合作撰写一本法商管理的书。本书的目的很明确，就是希望读者通过本书了解法商管理的理论要点，建立法商管理思维模式，在实践中加以运用，提高管理效能。

本书呈现给读者的是法商管理理论与应用的体系。为读者揭示现实经济生活中存在的法商管理规律，分析了许多司空见惯的经济现象背后蕴含的法商管理逻辑，指出任何经济组织都具有经济属性和法律属性，因而企业行为应受到来自管理和法律的制约，企业行为一旦突破这种制约将会产生严重的后果。

本书阐释了法商管理的独特价值，注重企业经营和法律风险的事先防范，即对企业进行"健康管理"，而不是风险发生后运用法律手段进行救治。正如保持身体健康的高级境界是预防生病，而得病后到医院救治是不得已而为之的行为。

本书能够帮助读者更好地理解法商管理思维的真谛，即在实践中力求做到法律的"公平正义"和经营管理的"效率效益"有机统一，通过案例分析可以帮助读者理解法律要素和管理要素是如何在具体事务中交织在一起、它们之间是如何作用的，启发读者从法与商双重视角分析观察企业问题。

本书为读者提供了构建法商管理体系的方法与步骤，从企业组织结构和价值链分析入手，划分法商单元，设计法商管理控制卡，实现法商管理从理念向管理工具的转化，帮助读者有效地提高管理效率。

闻道有先后，术业有专攻。也许你不是管理专家，也不是法律专家，但是法商管理理念的建立，却可以使你成为整合管理要素和法律要素的管理者，放大你的管理能力，促进你的事业更快、更稳地发展，基业长青。

目　录

第一部分　理论篇

第三部分　案例篇

第一部分　理论篇

第一章　绪　论

　　法商管理的概念是 2010 年由柴小青等学者提出的，最初的定义为：法商管理是综合管理学、法学相关知识对企业经营活动进行计划、组织、管理、控制的理论和方法。法商管理是复合概念，由"管理""商""法"三个子概念构成，其中"管理"是目的，是法商管理概念的核心；"商"泛指营利组织的经营活动，可理解为"商事"，是管理的对象；"法"指与"商事"相关的法律法规的集合。经过十几年的发展，法商管理概念日益得到理论界和企业界的认同，在理论研究和应用研究方面都有了一定的发展。

　　本章首先结合相关案例，揭示企业经营中隐含着管理要素与法律要素相互作用的规律，分析法商管理概念提出的理由，指出运用法商管理思维分析和解决企业管理问题，可以有效降低企业经营风险，引领企业走上基业长青之路。

一、《大败局》中的法商管理密码

　　《大败局》一书是著名学者吴晓波的力作，其运用案例分析的手法，生动地讲述了一些著名企业失败的故事，同时对导致企业失败的原因进行了深入剖析，得到许多发人深省的结论。吴晓波指出这些企业之所以失败，首先与当时的营商环境有关，具体表现在三个方面：一是商业环境的独特性；二是经济体制处于转型期；三是法（制）治在建设和完善中。其次与企业基因有关，将导致民营企业和企业家跌宕命运的原因归结三个共同的"失败基因"：一是缺乏道德感和人文关怀意识；二是缺乏对规律和秩序的尊重；三是缺乏系统的职业精神。最后这些企业的失败还源于两个因素：一是违背商业的基本逻辑，忽视商业经营管理的基本原则，失去对管理本质的把握；二是企业家内心欲望膨胀，奉行"工程师+赌徒"的商业人格模式。以上观点的核心，可以概括为这些企业的失败，是营商环境和中国企业家特点交互作用的结果。《大败局》一书内容丰富，情节翔实，分析透彻，对失败企业的研究和评论高屋建瓴，非常深刻，这无疑对广大企业家提高经营管理水平、避免企业失败的结果具有重要意义。

　　本章从管理和法律两个维度对《大败局》的案例进行分析，包括管理问题、法律问题、企业失败的触发点、管理与法律综合作用四个方面，尝试探寻这些失败案例中蕴含的法商管理密码。表 1.1 是对《大败局》中 19 个案例所做的统计归纳整理的结果。

表 1.1　案例的统计分析

企业名称	管理问题	法律问题	触发点	综合作用
秦池	营销、生产	—	产能不足	宣传与产品不符
巨人	战略失误、财务	—	资金链断裂	管理不到位
爱多	战略、营销、财务	股权与公司治理	控制权危机	法律
玫瑰园	战略定位、融资	开发手续不合法	债主讨债	管理与法律
飞龙	营销	产品不合格	国家药监局查处	法治意识欠缺
瀛海威	战略失误			
三株	营销组织结构	虚假广告	客户服药身亡	法律与管理
太阳神	战略定位、管理	—		
南德	管理、经营不善	违法经营	信用证诈骗	管理与法律
亚细亚	战略、盲目扩张	管理人员违规	管控不力	—
健力宝	管理	股权结构	股权结构变革	主要是法律范畴
德隆	多元和管理不善	违规操纵股价	非法集资	管理与法律
科龙	管理、盲目扩张	合法经营不到位	证交所核查，涉嫌关联交易	管理与法律
中科创业	管理混乱	违反金融监管政策	操纵股价	主要原因是违法
华晨	管理	股权结构	控制权之争	主要是法律问题
顺驰	经营模式、产品质量	—	资金链断裂	主要是经营管理
铁本	战略、忽视宏观经济环境	违反政府审批逃税		管理与法律

续表

企业名称	管理问题	法律问题	触发点	综合作用
三九	战略、财务	违规募集资金	证监会批其关联交易	管理与法律
托普	管理、经营不善	重大违规	银行追债，客户诉讼	管理与法律

资料来源：根据《大败局》的资料整理。

通过对表 1.1 进行分析，可以将导致企业失败的原因划分为三种类型：

第一种类型，源于经营管理失误，表现在战略管理、运营管理、营销管理、财务管理、企业盲目扩张等方面。具有代表性的企业有秦池、巨人、瀛海威、太阳神、亚细亚、顺驰。比如秦池集团为追求标王的轰动效应，在自身生产能力无法满足市场需求的情况下，转而通过收购四川散装白酒勾兑，损害了企业形象，导致产品滞销，最后退出市场，其本质是市场营销问题。

第二种类型，源于法律方面的问题，表现最突出的是股权之争、公司治理和控制权之争方面，而且所占比例较少，比较典型的企业有爱多、健力宝、华晨等。

第三种类型，源于法律与管理相互交织作用的结果，其占比达到 70% 以上。比如，《大败局》中三九医药的案例，本来募集资金是一项常规的经营管理活动，募集资金的过程中必须严格遵守国家各种监管政策和法律的约束，但是三九医药没有严格遵守，2001 年 8 月证监会公开通报批评三九医药，称其在募集资本的使用、大股东出资比例等方面违规，造成公众对公司失去信心。此后公司虽然进行战略调整，但是因为资产负债率过高，引发公司资金链断裂，加之企业高管存在违法行为，最终导致三九医药破产重组。再如，飞龙公司的失败源于日常运营管理中对产品质量重视得不够，当国家药监局查出产品存在严重质量问题时，为时已晚，试想如果其在制造过程中能够加强质量控制，这样的结局是可以避免的，此为典型的因为管理不善导致的违反法律的问题。又如，北京利达玫瑰园的案例，作为项目源于许多违规批文，玫瑰园项目并不具备合法地位，为了获得合法批文和付清巨额的土地出让金以及工程建设款，只得通过非正常渠道拆借短期高息资金，导致债台高筑，成为当时全国最大的破产房地产项目。如果当初企业建立和完善管理制度，严格按照规定获取相关批文，则可以规避后期开发举债的窘境。由此可见，大多数失败的企业是由于经营活动管理不善或是违反法律造成的。事实上，企业明知违法仍然铤而走险的情况并不多见，很多都源于管理不善或者忽视经营活动的法律属性而导致的结果。

以上三种类型的比例，70%的失败案例源于管理与法律共同作用的结果，而可以纯粹归结为管理问题或是法律问题的只占30%。70%：30%正是《大败局》中蕴含的法商管理密码。尽管《大败局》中列举的企业案例是在特定历史阶段和条件下出现的，但是在这些企业身上所反映的问题仍具有普遍意义。此外，值得一提的是，通过分析《大败局》中的失败案例，还可以得出这样一个判断，即企业所有的生产经营活动都具有管理（经济）和法律的双重属性。因此仅将企业活动看作经济的或者管理的活动，而忽视活动中蕴含的法律属性是片面的，这种对企业活动认识的片面性是导致企业失败的深层次原因。

二、茅台酒和五粮液巨额罚款的启示

一直以来，茅台酒、五粮液是中国白酒市场的著名品牌，茅台酒甚至被奉为国酒，虽然这两种酒价格不菲，但是因为酒的质量上乘，仍然受到广大消费者的喜爱，具有良好的品牌形象，同时生产茅台酒和五粮液的两家企业也是中国酒类标杆企业。茅台酒和五粮液在上市的白酒生产商中占有很大的市场份额，2011年茅台酒、五粮液的市场份额分别为25.5%和28.8%，在白酒市场中具有很强的影响力和市场支配力。

2013年3月，茅台酒和五粮液因为违反《中华人民共和国反垄断法》（以下简称《反垄断法》）遭到严重处罚，两家公司因价格垄断被罚合计4.49亿元，大约相当于2012年两家企业销售额的1%，其中茅台酒被罚款2.47亿元，五粮液被罚款2.02亿元，创当时中国反垄断历史上最大额度的罚单。违法的行为具体表现在：为了维护产品价格和品牌形象，茅台酒和五粮液两家公司采取了相似的限制经销商降价的措施。茅台酒公司于2012年底对经销商发出最低限价指令，要求经销商不得擅自降低销售价格。在最低限价令发出后不久，2013年1月有3家经销商因为没有遵守茅台酒公司的限价指令，降低酒的销售价格和跨区域销售遭到茅台酒公司的处罚，茅台酒公司要求这3家经销商暂停执行茅台酒合同计划，同时扣减20%保证金，并给予黄牌警告。类似地，五粮液公司也对下属12家经销商因降价进行通报处罚。

仅从企业经营管理的角度分析，两家酒公司为维持相对统一的商品价格，杜绝串货，规范营销秩序，采取一定的管理措施是可以理解的。但问题的关键在于，两家公司对下游经销商限制价格的行为违反了《反垄断法》的条款。《反垄断法》明确规定禁止经营者与交易相对人达成下列垄断协议：①固定向第三人转售商品的价格；②限定向第三人转售商品的最低价格。茅台酒和五粮液公司利用自身的市场强势地位，通过合同约定、价格管控、区域监督、考核奖惩、终端控制等方式，对经销商向第三人销售白酒的最低价格进行限定，与交易相对人达成并实施了白酒销售价格的垄断协议，违反了《反垄断法》第十四条的规定。对这两家公司而言，原本是对营销渠道的管理问题，却因为在制定管理制度和与下游经销商签订销售合同时，仅仅以提高公司利润为目标，忽视了管理行为违反法律的可能性，结果事与愿违，遭受了巨大的损失。

人们不禁会思考，为什么茅台酒和五粮液这两家经营规模大、品牌影响力强、具有良好的市场口碑的企业也会做出与国家相关政策和法律规定相悖的行为，从中可以得到下述几点启示：

启示一：仅仅关注企业经营活动的经济属性，忽视法律属性是违法的主因。即单纯将企业利润最大化作为开展市场营销管理的出发点，忽视了营销活动应该遵守国家有关维护市场秩序的法律，即忽视了营销活动蕴含的法律属性。企业作为经济组织，追求利润最大化天经地义，但不能以突破法律底线为代价，拥有品牌知名度和美誉度的企业，更应该秉承法商管理理念，通过加强管理，坚持合法经营的原则，获取阳光下的利润。此外，从这个案例还可以看到，无论企业规模大小，影响力强弱，由于忽视经营活动的双重属性，都有可能产生严重违反法律法规的后果，轻则受到行政处罚，重则会导致企业走向崩溃的边缘。因此，越是经营业绩好、规模大的企业越需要加强管理，杜绝出现侵犯经销商和消费者利益的现象。

启示二：将相关法律要素纳入企业经营管理流程，有助于规避违法风险。在制定经销商管理制度和签订合同过程中，应该了解和熟悉相关法律法规，并将相关法律条款作为制定决策的原则或标准，以使制定的管理制度规范不仅能够适应具体管理工作的需要，同时又符合相关法律的规定。可想而知，如果茅台酒和五粮液两家公司在制定经销商管理制度和签订合同时，能够参照《反垄断法》的相关条款，那么天价罚款是完全可以避免的。将法律规范纳入管理流程作为参照标准，既可以提高制定企业制度规范的效率，又可以降低因为管理制度与法律规范相悖而带来的风险。

启示三：充分发挥企业法律事务部的作用。随着依法治国、依法治企的推进，几乎所有的企业都建立了法律事务部，法律事务部应该在规避企业违规风险方面发挥积极的作用。可以推断，像茅台酒和五粮液这样规模的公司一定有自己的法律事务部门。如果这两家公司的法律事务部门能够和营销管理部门紧密配合，加强沟通，参与下游经销商的管理工作，违反《反垄断法》的风险在很大程度上可以避免。茅台酒、五粮液的巨额罚款的案例，还揭示了企业经营管理中值得关注的重要问题，即在运营中如何将企业法律事务部门与企业职能管理部门有效衔接，构成一个高效规避企业各种经营风险的整体，发挥其为企业保驾护航的作用，迄今为止这仍是困扰企业管理者的"难题"之一。当然，客观上这一"难题"源于管理和法律之间存在专业壁垒，企业中既精通管理同时又是法律专家的人才非常稀少，因此法律事务部门和职能管理部门存在"两张皮"现象，使法律事务部门的效能不能得到有效发挥。

启示四：风险隐患形成于日常管理的失误，一旦爆发则为时已晚。茅台酒、五粮液公司受到反垄断处罚，似乎令人诧异和感到突然，让人难以理解，大有早知今日何必当初之感。事实上，在日常经营管理活动中，要时时刻刻树立遵守法律、敬畏法律的观念，将其渗透在日常管理的各个环节，才可以有效地规避风险，消除产生各种风险的隐患。正是因为疏于管理，忽视了经营管理行为与《反垄断法》相抵触，一旦管理部门加强监管，企业违法问题就会暴露无遗，遭受巨大的损失。管理无小事，问题是日积月累形成的，而风险的暴露和处罚却是一朝一夕的事情。

三、耐克公司在北京被罚款 487 万元

耐克公司在北京市场销售的一款高端篮球鞋，售价为 1299 元。该款篮球鞋的宣传材料中介绍该鞋有前后掌双气垫，而消费者买到手的鞋却只有一个气垫，当时的北京市场监督部门工商行政管理局在得知这一情况后，进行了立案调查。经过调查，情况属实，消费者买到的该款球鞋的确只有一个气垫，不仅如此，该款鞋的售价还明显高于其在美国的价格，耐克公司因为涉嫌设置"双重标准"，区别对待中国消费者和国外消费者，严重侵害了中国消费者的权益。北京工商行政管理局对耐克公司处以 487 万元的罚款。此后，耐克公司发表声明，承认错用了宣传材料，同时答应为已购买鞋的消费者退货。

该案例以耐克公司接受处罚并向消费者退货的方式落下帷幕。但是耐克公司的声明耐人寻味，值得深思和做进一步的分析。在耐克公司的声明中，只承认用

错了宣传材料，试图给人们造成事件的起因源于管理疏忽，而非故意为之的印象。明眼人一看便知，这是在避重就轻，逃避责任。对此有必要从三个方面进行深入分析，从中得到有益的启示。

首先，无论耐克公司是如其声明所述错用了宣传资料，还是主观故意蒙蔽中国消费者，其行为的结果都造成对中国消费者权益的侵犯，从耐克公司行为结果进行分析，可以看出其构成了侵权要件，属于主观故意违反法律。《中华人民共和国消费者权益保护法》（以下简称《消费者权益保护法》）第二十三条第二款规定，经营者以广告、产品说明、实物样品或者其他方式表明商品或者服务的质量状况的，应当保证其提供的商品或者服务的实际质量与表明的质量状况相符。《消费者权益保护法》第二十条规定，经营者向消费者提供有关商品或者服务的质量、性能、用途、有效期限等信息，应当真实、全面，不得作虚假或者引人误解的宣传。由此可见耐克公司违反了中国的法律，应该承担相应的法律责任，北京工商行政管理局对其处以罚款是合理的。

其次，退一步讲，假定耐克公司的确是因为工作中的疏忽用错了宣传资料，但是其产生的严重后果却触犯了法律，不能作为免除法律责任的理由。案例说明，在经营管理活动中，稍有疏忽所导致的结果有可能触犯法律，就不再属于管理范畴的问题，这是最值得发人深省的地方。即因为管理不到位产生的后果，有可能发生质的改变，转化为法律问题。这就提醒人们不仅要高度重视管理过程本身，还要将管理过程与管理的结果联系起来，要对管理不当可能导致的严重后果做出预判，比如是否会导致经济损失，导致人身安全的损失等，特别是要评价这种损失是否会引发法律问题，特别是刑事法律问题。

最后，假如耐克公司没有错用宣传资料，宣传资料和产品相符，如实介绍在中国销售的鞋只有一个气垫，即使价格比较高，从经营管理的视角分析并不构成侵害消费者权益的行为。按照经济学的价格歧视理论，在一定条件下，相同的产品销售给不同的消费者，可以收取不同价格，并指出这是提高企业收益的可行策略。如星巴克咖啡在中国的售价虽然明显高于美国本土，但其并未侵犯消费者权益。俗话说得好，君子爱财取之有道，这里的"道"，就是要遵纪守法地开展经营活动。而耐克公司的行为却失了"道"，即使售价低于在美国本土的价格，也同样违反中国的消费者权益保护法。

耐克公司被罚款的案例再次提醒我们，企业的任何活动，包括经营活动都具有双重属性：一是管理（经济）属性，二是法律属性。企业的日常经营活动是管理（经济）属性与法律属性的统一体，企业经营和活动的两类属性相互依存、相互作用，在一定条件下可转化。比如，管理工作做得好，在很大程度上可以避免因管理不到位产生的严重后果，规避法律风险；如果法律意识强，在日常经营活动中时时处处注意严格遵守相关法律，既可以有效地规避法律风险，又有助于促进企业不断改进和提高经营管理水平。

四、举起法商管理之剑

无论是《大败局》揭示的法商管理密码，或是茅台酒、五粮液违反《反垄断法》，还是耐克公司被北京工商行政管理局处罚，都表明企业经营活动不仅要符合商业规则，更要遵守相关的法律法规，并行不悖地基于管理和法律双重视角加强管理，才能够实现企业持续稳健发展的目标。以上案例所涉及的企业都具有相当规模和市场影响力，茅台酒、五粮液的品牌闻名遐迩，耐克鞋遍布全球，《大败局》中披露的企业也都曾经是业内翘楚。这些企业都有相对完善的管理制度和组织架构，也不乏建立了相关法务部门，或者聘请专业律师事务所提供法律服务，但是为什么还会出现违背法律和管理的情况？轻则被罚款，重则可能走向破产的境地。可想而知，对于一般的企业特别是中小企业而言，状况不容乐观。这种现象说明，仅关注企业经营活动的管理或者经济属性，而忽视企业管理活动的法律属性是不够的，必须突破传统企业管理的思维，建立将企业管理属性和法律属性统一纳入新的管理理论框架，才能化解当前企业管理中面临的困境。从法商管理概念的出现到现在，经过不断发展和完善，已经形成了全新的理论框架，其理论的核心是将经典管理理论的效率和效益价值观，与法律公平正义价值观相融合所形成的全新管理思维模式，具有破解上述困境的潜力，因此举起法商管理之剑，是破解当前企业管理困境的有效途径。

值得注意的是，这里将法商管理理论提出之前的各种管理理论统称经典管理理论。原因在于此前的管理理论中，没有明确地给出企业经营活动具有管理属性和法律属性，即法商双重属性的判断。而明确指出企业和企业经营活动具有管理和法律双重属性，进而需要从法与商双重视角审视和管理企业，是法商管理理论的理论基础，也是法商管理理论的鲜明特征，弥补了经典管理理论对企业经营活动法律属性关注度不够的缺陷。法商管理主张把经营活动的法律属性也纳入管理的视野，秉承法律公平正义价值观与经营管理效率价值观的统一，从法律与管理的双重视角审视企业的经营活动，将恪守商业道德、守法经营注入日常管理中，渗透在具体的管理措施上，不断提高企业经营业绩和促进企业的可持续发展。

法商管理理论并不是对经典管理理论的颠覆，而是对经典管理类理论的建设性的补缺或完善，注重在经典管理理论和方法的框架中法律要素的"注入"。经过长期的发展，经典管理理论学派众多，在企业管理实践中发挥着重要作用。但是，因为经典管理理论忽视经营活动的法律属性，使许多管理思想和方法的作用不能得到有效发挥。而法商管理理论明确给出企业和企业经营活动具有双重属性的命题，秉承法商管理的理念进行企业经营管理，无疑为提高管理效能提供了新的思路和方法，相当于在管理学的工具箱中添加了一个新的工具。

法商管理理论的关键是管理心智模式的重构，是将法律要素结合或者渗透到管理的框架之中的结果，而不是简单的管理方法创新。即要形成在经商（经营）和法治的价值观及其方法论的相互作用下实现企业经营目标的管理思想。心智模式重构，意味着企业高管要像重视劳动要素、资本要素和技术要素一样，重视法律要素，发挥法律要素的效能，作为维护企业平稳可持续经营的重要力量。图1.2形象地描述了法商管理与管理和法律之间的逻辑关系。左边的小型框架中表示经典管理理论的视角，仅从注重效率和效益进行管理。驾驭和发挥两种要素在企业经营管理中的作用，使之成为保持企业有序经营可持续发展的关键驱动力。

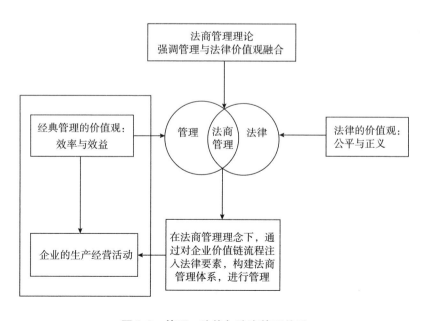

图1.2　管理、法律与法商管理关系

公平与正义、效率与效益是相辅相成的，具有不可偏废性，都应该是管理者追求的目标，将两者集中起来考虑，构成了法商管理的目标集，是法商管理所追求的境界。法商管理理论摒弃了正义与公平必须以牺牲效率与效率为代价，将正义与公平、效率与效益对立起来的传统观念有机地统一在一起，这是对管理学认识的新视角，也是法商管理理论的精髓，其价值体现在极大地拓展了解决管理问题的思维空间。事实上，两者是辩证统一的，在缺少正义与公平基础之上的效率与效益是不稳定的，因为仅从效率和效益进行管理决策，可能出现违反法律的结果，轻者会被罚款，重则可能导致企业的破产。

举起法商管理之剑的意义表现在以下四个方面：

第一，法商管理是管理思维和认识的一次飞跃，将企业生产要素或资源概念的外延扩大，在传统要素人、财、物的基础上扩展到管理和法律，将管理要素（方法、工具等）和法律要素（具体的法律、规章等）看作特殊性质的生产要素，即将管理和法律视为除劳动、资本和技术之外的两种特定要素，事实上任何企业离开这两个要素都是不可想象的。

第二，强调企业家或者企业高管要像配置其他生产要素一样，将管理和法律这两种特定要素纳入其配置要素的范畴，发挥这两种要素的综合作用。当然，并不是要让企业高管成为既精通管理又精通法律的双栖型专家，而是通过财务管理专家实现对资本要素进行配置，通过人力资源经理实现对人力资源进行配置，通过法律事务顾问配置法律要素，实现对企业经营活动的管理和控制，规避风险，保证企业健康有序的发展，基业长青。

第三，强调注重企业法商管理体系的构建，实现将法商管理理论转化为管理工具的跨越。目前，大多数企业形式上都有健全的管理部门和法务部门，而且都有明确的部门分工和职能，但是尚未形成有机的整体，不能充分发挥其在企业管理中的效能。因此，需要在法商管理理念下，探索将管理要素和法律要素凝练为法商管理体系的方法和途径，进而能够将企业的经营活动纳入法商管理的框架下。

第四，体现效率效益与公平正义的辩证统一。具体而言，就是在追求企业效益最大化时，要以符合正义与公平原则为前提；同时在企业面对如何解决内外部利益相关者诉求时，强调正义与公平的同时，要把提高效率作为解决现实矛盾的重要选项之一。前者有助于规范企业经营行为，规避各种风险；后者有助于通过积极的方式寻找解决问题的路径。现实世界并不存在纯粹的正义与公平，以牺牲效率和效益而片面地追求公平与正义，会导致资源浪费，其本质上也是与公平正义相悖的，如"大锅饭"主义。同理，片面地追求效率与效益，也会导致企业唯利是图，忽视正义与公平，会导致企业发展的不可持续、不稳定，最终损害企业利益相关者的权益。

五、本书的内容框架

本书共分为三部分，即理论篇、应用篇和案例篇。

第一部分，理论篇，分为四章。

第一章在阐述法商管理概念的基础上，从典型案例分析切入，通过分析众多企业失败的原因，指出忽视企业和企业经营活动所具有的双重属性，即管理（经济）属性、法律属性，论证了法商管理理论弥补经典管理理论不足、有助于提高企业管理效能的观点。

第二章对经典管理理论进行了梳理，对经典管理理论的目标、管理对象、管理的职能做了概括，阐述其在企业经营管理中的重要作用和地位，指出其是以提高企业资源配置效率进而获得良好经济效益为导向，且管理方法和内容丰富，相对成熟。同时，也指出经典管理理论对法律要素重视不够的问题。研究发现，虽然经典管理理论将政治、经济、社会和文化、科技等企业外部环境因素内化为企业内部的管理要素（这里"内化"是指将外部因素转化为企业内部管理的因素，如企业的经济绩效、人力资源管理，甚至企业文化都是外部环境因素内部化的结果）。然而遗憾的是，经典管理理论中唯独对法律要素内化得不尽如人意，事实上，与其他外部要素相比，法律要素与企业经营活动联系更为密切，这是值得深入探讨的问题。

第三章首先对我国的企业法律制度体系做了概括，然后重点介绍与企业管理相关性高的法律，旨在让读者了解中国法律的脉络，认识法律的本质，强调法律在企业经营运作中的作用。特别是让读者对重要的法律和法规有清醒的认识，明确疏忽法律给企业和企业经营者带来的风险，提高对法律在经营管理中的重要性的认识。

第四章介绍法商管理的基本原理，重点阐述企业是行驶在"法商"轨道上的战车，企业具有双重属性的判断，即管理（经济）属性和法律属性。进一步将双重属性的判断推广到企业经营活动的层面，只有适应企业及其活动的双重属性的特点，将经典管理理论和法律相结合产生协同效应，才能对企业实施有效的管理。阐述了在企业情境下法律也具有两重性，一是规则属性，二是要素属性，因此不仅将法律看作防范风险，保障企业平稳运行的手段，还应该将其纳入企业资源配置的范畴，可以作为拓展商业机会、促进企业效率提高的利器。

第二部分，应用篇，分为三章。

第五章是围绕法商管理体系建设功能设计，介绍法商管理体系的概念和特征；然后重点阐述了基于心智模式转变的体系建设的思路，提出了"法商单元"的概念，指出法商管理体系的建设就是从理念上将原组织结构下"业务单元"转向"法商单元"，并给出基于组织结构和企业价值链划分法商单元的方法，最后对法商管理体系的结构和功能特点做出描述。

第六章阐述法商管理控制卡的概念，其目的是为法商单元提供行动指南和控制依据，由五个维度构成的雷达图形控制卡包括目标责任、管理制度、相关法律、工作流程及运行结果。结合案例介绍了高层、中层和基层法商管理控制卡的原则步骤和设计要点。

第七章介绍法商管理体系运营的驱动、控制，描述了基于法商管理控制卡改进的运营评估框架、设计评估指标、计分方法、评估结果雷达图等。最后阐述深化心智模式转变、加强文化建设、SDCA循环模式改进和完善法商管理体系的思路和方法。

第三部分，案例篇。精选了16篇中外企业案例，内容丰富，涉及企业战略、生产、营销、知识产权等方面的内容，在对每个案例进行客观描述的基础上，注重进行法商管理的分析，既有管理理论和经济学的分析论证，又有法律视角的解读，旨在加深读者对法商管理的概念和分析方法的理解，开阔视野，从中得到启迪并结合实际进行深入思考。此外，还结合不同案例的特点，凝练出具有指导性的启示。

第二章　经典管理学概述

法商管理涉及管理学和法学两大学科门类。为了便于理解法商管理理论的内在逻辑，本章首先对经典管理理论的起源及发展脉络进行梳理，然后对管理理论的主要内容进行概括性描述，包括管理的职能、对象以及相关管理方法等，最后对经典管理理论存在的不足做了分析并提出完善管理理论的思路。

一、管理与管理学

管理是人类社会所特有的现象，古已有之，自人类社会诞生开始，所有社会经济活动的开展都离不开管理，比如，几千年前埃及金字塔的建造、中国万里长城的建造。如何使一个国家的经济和社会平稳发展，做到长治久安，企业的生存与发展等都离不开管理。总之，只要有人活动就需要管理。

尽管管理与人类活动密不可分，但管理作为一门学科出现，得到人们的重视并被有意识地加以运用的历史并不长。企业界一般把美国管理学家泰勒于20世纪10年代创立的科学管理理论作为管理学诞生的时间起点。泰勒对管理学最大的贡献在于，针对当时企业中出现的因为资本家与工人之间的矛盾导致的生产效率低下的问题，经过深入的分析探究，创立了科学管理理论，将管理从经验上升到科学，被誉为"（科学）管理学之父"。时至今日，泰勒对管理学的贡献仍然具有很强的影响力。也有学者认为管理学和经济学是同源的，可以归结为亚当·斯密的论述，即社会分工极大地促进了生产效率的提高，但是分工对管理也提出了更高的要求，需要通过管理来加强不同工序之间的协调与配合，否则会影响生产效率。著名管理学家孔茨于1961年和1980年两次发表文章对管理理论发展进行梳理，将"二战"以来管理理论发展概括为管理理论的丛林。孔茨对众多管理学派做了分类，归纳出 11 个学派，包括管理过程学派、经验学派、经理角色学派、系统学派、群体行为学派、社会协作系统学派、决策理论学派等。

管理作为社会经济活动的普遍行为，虽然具体形式纷繁复杂，但在企业管理范围内思考管理的定义，可以将其概括为：管理的对象是企业生产要素和各种经营活动，包括人力、财物、物资等资源，涉及企业的研发、生产、营销以及售后服务等活动；管理的职能有四个，即计划、组织、领导和控制；管理就是通过管理职能对生产要素合理配置、对生产活动进行科学安排，实现企业目标的过程。企业管理主要解决两大问题：一是企业战略问题，在对企业内外部环境综合分析的基础上，确定企业的经营范围、发展方向和实现途径等，是对企业发展所做的长远性和全局性的谋划；二是生产效率问题，通过各种管理方法、措施有效整合企业内外部资源，提高生产率。简而言之，前者着眼于做正确的事，后者着眼于正确地做事。

管理具有两大属性：一是管理的自然属性，指管理一定要与管理对象的特点相适应，比如汽车生产线的管理和游戏软件开发公司的管理不同，汽车生产线对每道工序都有严格的时间限制，否则会影响整个生产线的进度，而游戏软件的开发需要在相对宽松的环境下激发人的创造性，管理的弹性比较大；二是管理的社会属性，指管理要与企业赖以生存的经济环境和社会制度环境相适应，包括价值观、文化、法律制度等。

经典管理理论和方法是工业经济时代的产物，主要面向实体经济的管理。随着互联网和电子计算机技术的发展及广泛应用，现实经济活动的方式正在发生变化，以互联网为技术基础的新商业模式不断涌现，由以往注重实物产品生产向实物产品和服务产品并重的方向发展，使产生于工业经济时代的管理思想和方法难以适应信息经济时代的需要，管理学面临诸多挑战。

二、管理的四大职能

企业战略主要回答三个基本问题，即企业存在的前提是什么？企业的基本目标是什么？实现企业目标的策略是什么？具体包括企业的宗旨、经营成果、环境分析、竞争策略、战略措施等。而管理的四大职能，即计划、组织、领导和控制是有效实现企业战略目标的基础和保证，主要表现为以下几个方面：

计划职能是管理的首要职能，企业战略实施的第一步就是要将战略目标和战略任务按照时间分解到不同的时间周期，按照任务的性质分解到相应的部门乃至个人，同时对任务完成时间和达到的绩效做出明确规定，使企业中的各个部门都能够明确自己的任务和职责。计划还要对执行过程中所需资金、人员、原材料等做出安排。总之，计划职能在企业管理中居于龙头地位，它规定了企业各部门的任务和达到的目标，是企业开展生产经营活动的行动指南，同时也是进行管理控制的基础。

组织职能是根据企业生产活动的特点，将企业划分为不同部门，明确各部门的任务和职责，确定各个部门之间的关系，即设计和建构企业内部组织结构的过程，包括确定企业部门设置的纵向层级，确定各个层级横向部门的数量，确定各部门的职责，并将组织内的员工分配到各个部门或岗位，同时对不同岗位人员在知识水平、工作能力等方面提出要求。组织职能的核心是将企业的人员和职能进行合理的匹配，形成有机的整体，为高效率地发挥企业效能提供组织保证。

领导职能是为了实现组织目标，通过激励、影响和引导组织成员努力工作的过程。领导职能具体包括创建共同的文化和价值观，让员工明确企业的愿景和目标，激发员工谋求卓越表现的热情，将员工的行动引导到实现企业目标的轨道上来。领导职能是企业高层管理者最重要的工作，要不断提高领导力，影响和带动下属共同工作。通俗地讲，管理是让人做事情，而领导是让人心甘情愿地做事情。只有这样才能够有效地调动人的积极性，达到事半功倍的效果。

控制职能是依据企业的计划确定的目标或标准，通过对计划实施的结果（绩效）进行考核，将考核结果与计划或标准进行比较，对产生的偏差采取纠偏措施的过程。控制职能的本质是对企业运营过程进行监督检查和纠偏，控制机制由信息反馈系统构成，从而使企业中高一级别管理者能够掌控低级管理者或员工的行动，旨在控制员工的行为严格地指向企业目标的实现。

管理的四项职能不是独立存在的，而是相互关联、相互制约、不可分割的整体。通过计划职能，明确组织的目标和方向；通过组织职能，建立实现目标的组织体系；通过领导职能，把个人工作与所要达到的组织目标协调一致；通过控制职能，检查计划的实施情况，保证计划的实现。

三、管理者的角色与必备素质

企业组织置身于宏观社会经济环境中，需要处理来自企业内外不同利益相关者的关系。企业外部的利益相关者有社会公众、政府组织和社区等，内部利益相关者包括股东、员工、顾客、债权人以及与企业生产经营活动相关的供应商和分销商等。企业管理者置身于内外利益相关者的环境中，面对不同利益相关者的诉求，因此要求企业管理者在企业管理中不能仅考虑企业自身经济利益，还应该考虑企业承担的社会责任，既要有利于企业本身的福祉和利益，也应有利于社会，兼顾各方利益相关者的利益诉求。为此，管理者需要明确自身在管理中的角色，善于换位思考，同时要明确需具备什么素质才能做好管理工作。

（一）管理者的多重角色

管理者在实践中承担着多种职能，客观上决定了管理者履行不同职能时要明确自己的角色定位。

第一，管理者的首要角色是决策者，决策是管理者最基本和最重要的职责。管理者面对组织创新、变革、开发以及生产经营等问题，应该能够依据企业的发展目标，选择出最适合企业发展的路径或方案，同时解决企业资源优化配置问题，更好地实现企业经营目标。

第二，公共关系角色，这是由管理者所处的位置决定的。无论管理者是有意识的还是无意识的，其在社会公众面前的一举一动都代表着企业形象，因此作为管理者，必须对这种角色有清醒的认识。在履行职责的过程中，承担着企业的发言人、与外部机构建立关系的联络人、处理各种危机的协调者等角色。管理者在企业内部作为领导者和管理者，需要影响、激励和指导企业员工，同时要在员工中树立良好的榜样。

第三，信息沟通者角色，管理者在管理工作中承担着信息的收集、处理和发布的职责。对利益相关者的诉求，要通过相关信息渠道向利益相关者做出反馈。比如股东有权知道关于投资的用途和回报的信息，顾客有权充分了解购买的产品或服务的信息，企业员工有权了解工作环境的安全性，有权知晓工作绩效与薪资报酬之间的关系，企业的供应商有权要求合同得到遵守，竞争对手有权要求大家共同遵守竞争规则，与企业相关的社区有权要求企业组织尊重社区的利益和相关的管理制度等。所有这些都需要依赖信息沟通，而管理者在其中居于重要的地位、发挥着不可替代的作用。

第四，管理者是冲突的处理者和谈判者。与企业相关的利益相关者众多，他们的利益诉求不尽相同，难免出现各种利益冲突问题，因此管理者要承担处理利益冲突的角色，特别是在面对各种突发问题，比如涉及与企业客户、供货商、政府管理部门甚至与企业员工之间产生利益冲突，要及时进行沟通，采取谈判等方式快速化解矛盾。

值得指出的是，在上述多种角色中，决策者的角色无疑是最重要的，管理者应该首先要履行好决策者的职责，在此基础上善于在不同角色之间进行转换，换位思考。在互联网和计算机技术普遍应用的今天，企业的商业模式正在不断发展变化，其本质是企业除了通过对自身拥有的稀缺资源进行有效配置创造财富外，还要具备将企业外部资源内化为企业所用资源进行创造财富的能力，即虽不为我所有，但求为我所用。企业管理者具备承担各种角色的能力并在角色间快速切换，才能够挖掘和获取更多的资源，通过对资源的有效配置增强企业创造财富的能力。

（二）管理者需具备的素质

企业管理者从层级上可以划分为高层、中层和基层。这里高层、中层、基层的划分是相对的，依具体企业的规模、法律形式而有所不同。对公司制企业而言，高层管理者包括董事会的重要成员，董事长、副董事长、经理班子中的总经理和副总经理等。而中层管理者主要是职能部门的负责人，如财务部、人力资源部、营销部、生产部等。基层管理者是在各职能部门内具有一定管理职责的人员。管理者需要具备三种技能，即技术技能、人际关系技能和思维技能。

技术技能是指使用某一专业领域内技术知识和相关流程完成组织任务的能力。相对而言，随着管理者层级的增高，对技术技能的要求相对降低，而对基层管理人员的技术技能要求较高，高层管理人员只需对相关的技术领域有基本的认识即可。

人际关系技能是指与处理人事有关的技能，即理解、激励他人并与他人共事的能力。人际关系这项技能，对于高层、中层、基层管理人员有效地开展管理工作都是非常重要的。

思维技能是指综观全局、把握组织未来发展的能力，也就是洞察组织与环境相互影响的复杂性的能力。管理人员所处的层次越高，其面临的问题越复杂、越无先例可循，就越需要思维技能。

一般而言，对于各层次的管理人员，人际关系技能都是必需的，同等重要。因为管理的核心是人，需要借助他人的力量来实现组织目标。对处于较低层次的管理人员，需要较高的技术技能，而对思维技能要求相对较低，因为基层管理人员更强调的是执行。如医院的外科主任作为基层医疗部门的管理者，一定要有相对高超的医术，而对医院的院长的医术要求不一定很高，但是需要具备较强的管理能力。对处于较高层次的管理人员，如企业的董事长或首席执行官（CEO）需要具备很强的思维技能，尤其要具备战略性思维能力，才能比较好地解决组织的生存与发展问题。企业的董事会成员需要对企业的外部环境有正确的判断，了解企业所在产业的发展趋势，明确自己企业在竞争中的地位，思考应该采取什么样的竞争策略，包括如何组建高效的领导团队，激励和带领公司员工实现组织的目标。

实践中许多管理者出身于专业技术岗位，需要在明确自己的角色定位的基础上，努力提高自己的管理能力，着重加强人际关系技能和思维技能的养成，才能实现由专业技术人员向管理者的蜕变。

四、管理的客体

企业管理是对生产要素加以配置和管理的过程，实现将投入企业的人力、财力、物力资源转化为产品或服务，创造价值，获取利润。管理的客体包括人力资源、财务、营销、生产运营、知识产权等。

（一）人力资源管理

前已述及，管理的核心是人，这里强调的是确立人事相宜的配置体系，充分发挥人力资源的效能。人力资源管理的关键环节包括人力资源规划、工作分析与设计、人员选聘、绩效考核与薪酬管理、培训与职业发展、劳动关系等方面。根据公司战略对人才需求进行预测，然后进行人力资源的规划，以满足公司未来发展对人才的需要。建立和健全有效的激励机制、监督机制和新陈代谢机制。培育以人为本、尊重个人的企业文化，增强员工对企业的认同凝聚力。

人才招聘，按照人才的需求状况，吸引尽可能多的职位应聘者，为组织输入新生力量，弥补组织内人力资源的不足，确保组织发展必需的高质量人力资源。一般员工的补充采用外部招聘方式，即通过广告、就业服务机构、学校、组织内成员推荐以及网络等途径进行，外部招聘有利于扩大选拔人才的范围。而对于企业高层和中层管理者的需要，可以采用外部招聘和内部招聘两种方式进行，面向社会招聘高层管理者有利于为组织注入新的管理思想，但也存在一定的风险，需要进行严格的考核、筛选和甄别，以确保招聘的高层管理者的质量。内部招聘高层管理者主要通过晋升、工作调换、工作轮换等方式实现。

绩效考核与薪酬管理。绩效考核就是建立组织目标与个人目标联系，通过对员工的工作表现和工作业绩进行评估和分析，引导员工的行为符合企业发展的需要，达到充分调动员工积极性，更好地实现企业经营目标。而薪酬管理是根据国家和企业有关薪资制度的政策法规，设计合理、有效的薪资结构，合理确定企业各类人员的薪资水平。绩效考核与薪酬管理体系的建立应该围绕保障、激励、调节三大职能进行。

进行员工培训。培训目的是使每位员工能够认同本企业的企业文化，明确自己在企业中的职责、岗位任务和工作目标，不断更新知识和提高工作技能。不断激励员工在实践中充分发挥其积极性、创造性，不断提高业务水平和业绩水平，同时不断增强员工的成就感、满足感，提高为企业发展努力工作的积极性，为企业发展创造最大的价值。

妥善处理员工与公司之间的各种关系（如解决争端、分歧、对抗、矛盾、投诉、解除劳动合同等），保证持续而正常的经营秩序和环境，保证沟通渠道的畅通（尤其是当政策法规出台时），为员工提供各种服务以实现顾客完全满意和肯定个人尊严。

（二）财务管理

企业作为经济组织，其生产经营活动的状态是通过资金的支出和收回反映出来的，这种活动就是企业的财务活动，因此财务管理是企业管理的重心。财务管理是根据财经法规制度，按照财务管理原则，处理企业财务关系的活动。财务管理的基本内容包括三个层面：

第一个层面是融资和投资的决策，解决"从哪里融资成本低，钱投向哪里回报高而风险低"的问题，企业投融资活动与宏观经济环境、法律环境、金融环境乃至国际经济环境联系紧密，因此需要科学地分析和预测风险与回报率，需要平衡企业长期目标与短期利润之间的关系。财务管理承担跟踪、监控经营状态和加快资金周转，降低财务成本，规避财务风险等功能。

第二个层面是解决企业利润分配以及与企业经营有关的财务决策。企业是契约集合，涉及的利益相关者众多，因而财务管理目标是多元的，主要包括企业价值最大化、企业利润最大化、销售收入最大化等。因此，要根据财务管理（会计）信息，对企业经营和过程进行控制，如常用的资产、所有者权益、收入、成本费用、利润等指标信息，综合考虑股东利益、债权人利益、职工利益、供应商利益等做出决策，并对企业经营活动进行有效控制，将企业资产负债率保持在合理范围内。

第三个层面是处理好企业与政府之间的财务关系，体现在要遵守国家的各项财务管理制度和税法，认真履行纳税义务。当然，在遵守税法的前提下合理避税，降低企业的税负，也是企业财务管理的重要方面。

（三）营销管理

营销承担着企业将产品或服务推向市场，实现商业价值的职能。市场营销是个人或群体通过交换产品及其价值，满足消费者需求的过程。营销管理是在市场调研明确消费者现实和潜在需求的基础上，通过制定和灵活应用产品（Product）决策、分销（Place）决策、定价（Price）决策、促销（Promotion）决策等，实现将产品从企业向消费者的转移，满足消费者效用。市场营销管理是现代企业管理的焦点，随着社会生产力水平和技术水平的不断提高，产品的制造能力已经远大于社会需求，而且不同厂家生产的产品在质量水平方面差异很小，因此决定一个企业生存与发展的决定性力量在营销管理能力上。只有加强营销管理，通过各种营销手段的综合应用，吸引更多的消费者，占领消费者的心智资源，不断拓展市场空间，才能使企业获得竞争的主动权。

（四）生产运营管理

运营是指企业进行实物产品的生产或者提供服务产品过程所涉及的各项活动，具体包括对生产运营过程的计划、组织、实施和控制。

对实物产品的生产而言，涉及制造工艺流程的设计、工厂与车间的布置、生产方式确定，对大规模生产标准化产品常采用流水线生产，而对于多品种小批量的生产常采用固定生产方式，生产方式还受到产品特点的影响，如炼油厂和化肥厂采用连续生产方式等。对于生产系统的选择，需要综合考虑成本和灵活性。对服务系统而言，涉及服务设施、设备和支持物品的空间分布、设备特点、服务流程的设计等。从影响服务系统整体功能的发挥角度分析，服务系统具有不同类型：①服务工厂型，其特点是服务机构固定，服务对象顾客到服务地点接受服务，这种服务系统是普遍采用的形式之一，如医院、学校、储蓄所、公园等；②服务项目型，是指在计划的时间内，在限定的资源条件下，按顾客的要求提供服务的过程，如律师事务所为客户的专项诉讼案件提供的法律服务，咨询公司根据企业的要求进行的营销策划，会展中心受企业委托所提供的商品展示和促销服务，研究设计单位为企业提供的可行性研究报告等。随着生产力的不断发展和消费者对精神产品需求的增加，服务型的企业规模日益增长，正在成为现代经济构成的主体，因此服务企业的运营管理日益成为管理的重点。

生产运营管理还包括全面质量控制，其含义是指从原材料采购，到生产制造，再到售后服务全过程都纳入质量控制范围。强调在企业内部建立全面质量控制体系，要求从最高管理层到基层操作工人的全体员工，牢固树立质量第一、强化质量监督意识，全面覆盖企业的所有经营管理活动。杜绝含有缺陷和低品质原材料进入生产过程，通过加强制造加工过程的质量控制，对员工进行新技能培训，严格执行工作标准，达到不断提高产品质量，增强企业竞争力的目的。

（五）知识产权管理

知识产权是指权利人对其拥有的知识资本在一定的时间周期内所享有的专有权利，是一种无形财产权，通常又称为工业产权和版权。专利保护期一般为20年，工业设计保护至少10年，而商标则可以无限期地受到保护。各种智力创造如发明、文学艺术作品，企业中使用的标志、外观设计等都可以归为知识产权的范畴。根据《中华人民共和国著作权法》的规定，工程设计图、产品设计图、地图、示意图等图形作品和模型作品、计算机软件等都属于实施产权的范围。随着科学技术的发展，知识产权在企业运营中的作用日益重要。但是通过申请专利保护企业拥有的知识产权，需要向社会公开相关信息，同时还应该允许其他企业有偿使用。实践中，有的企业对自己拥有的专有技术或者独特配方等不愿意向社会透露，将其列为企业的商业秘密，也是一种保护知识产权的方式，典型的有可口可乐公司，将生产配方一直作为商业秘密对待，以至于多年来外界都无法知道其配方的全部成分。列为商业秘密加以保护，可以避免因申请专利而不得不对外公布相关信息，有可能被竞争对手研究和破解的风险，有助于形成一定的技术垄断，为企业带来长期的收益。因此，对于智力成果和专有技术既可以通过申请专利加以保护，也可以采取不申请专利的方式保护，究竟采取什么方式，属于企业知识产权管理战略的范畴，这里不再赘述。

五、经典管理理论的思辨

毋庸置疑，管理学经过多年的发展已经形成系统化的理论体系，从管理思想、管理的目标，到管理的职能、管理对象，乃至管理方法都相对完整。而且随着社会发展和企业管理的需要，管理学在人力资源管理、战略管理、知识产权管理等专业管理领域不断深化。随着互联网和电子计算机的普及和广泛应用，催生了物流与供应链管理，商业模式构建，云计算、大数据分析等新的管理学分支形成与发展。

考察管理学从诞生到今天，呈现出管理学派林立的景象，包括科学管理学派、社会系统学派、管理过程学派、经验学派、系统学派、人际关系学派、群体行为学派、社会协作系统学派、决策理论学派等应有尽有。但是经过认真梳理和分析会发现，它们有共同的特点，即围绕提高效率和效益展开而进行理论创新，通过借鉴和应用相关学科理论或方法来改进和提高管理效率。

实践中人们认识到法律在企业经营管理中的重要性，比如公司治理中的委托代理问题，人力资源管理中的劳动者权益保护问题，企业技术创新中的知识产权保护问题等。理论上，学术界也关注法律与企业行为的关系，典型的有科斯的交易费用理论，基于此发展起来的企业契约理论也注意到企业的经营和管理与法律联系的紧密性。但是直到2010年法商管理概念提出之前，在众多管理学派中恰恰缺少将法律要素融合形成的管理理论学派，这是值得发人深省的。事实上，企业从诞生到各种经营活动的开展，乃至因为各种原因如破产或者收购兼并，其至于法人资格的消失都伴随法律，可以说，在企业整个生命周期内都离不开法律，当然更离不开管理。实践中，这说明经典管理理论存在忽视法与商交互作用的缺陷，有必要通过管理理论创新来弥补，将法律纳入管理理论创新之中，形成全新管理思维，亦即法商管理思维。

第三章　企业法律环境

　　企业法律环境由直接或间接影响企业生存和发展的法律、法规、规章、标准等构成。企业经营活动的开展与法律环境相适应，是企业生存和发展的必然要求。本章讲述了企业法律环境的基本构成框架、法律效力层级以及规范性文件之间的逻辑关系、法律环境对企业的影响、法律人才运用等基本知识，希望提高读者运用规范性文件以及法商管理的能力，助力企业稳定且快速发展。

一、中国法律体系及适用

（一）中国法律层级

　　法律效力层次分七个级别，《中华人民共和国立法法》规定全国人民代表大会、全国人民代表大会常务委员会、国务院、各级地方人民代表大会、各级政府及其所属部门均有相应的立法权限，具体分为：①全国人民代表大会制定和修改刑事、民事、国家机构和其他的基本法律。②全国人民代表大会常务委员会制定和修改除应当由全国人民代表大会制定的法律以外的其他法律。③全国人民代表大会常务委员会的法律解释同法律具有同等效力，法律解释权属于全国人民代表大会常务委员会。④国务院根据宪法和法律，制定行政法规。⑤省、自治区、直辖市的人民代表大会及其常务委员会根据本行政区域的具体情况和实际需要，在不与宪法、法律、行政法规相抵触的前提下，可以制定地方性法规。设区的市的人民代表大会及其常务委员会根据本市的具体情况和实际需要，在不与宪法、法律、行政法规和本省、自治区的地方性法规相抵触的前提下，可以对城乡建设与管理、环境保护、历史文化保护等方面的事项制定地方性法规，法律对设区的市制定地方性法规的事项另有规定的，从其规定。⑥国务院各部、委员会、中国人民银行、审计署和具有行政管理职能的直属机构，可以根据法律和国务院的行政法规、决定、命令，在本部门的权限范围内，制定规章。⑦省、自治区、直辖市和设区的市、自治州的人民政府，可以根据法律、行政法规和本省、自治区、直辖市的地方性法规，制定规章。设区的市、自治州的人民政府制定地方政府规章，限于城乡建设与管理、环境保护、历史文化保护等方面的事项。除省、自治区的人民政府所在地的市，经济特区所在地的市和国务院已经批准的较大的市以外，其他设区的市、自治州的人民政府开始制定规章的时间，与本省、自治区人民代表大会常务委员会确定的本市、自治州开始制定地方性法规的时间同步。

特殊环境立法：①中央军事委员会根据宪法和法律，制定军事法规。②法律解释权属于全国人民代表大会常务委员会。③最高人民法院、最高人民检察院做出的属于审判、检察工作中具体应用法律的解释，应当主要针对具体的法律条文，并符合立法的目的、原则和原意。

中国实体法律制度结构如图 3.1 所示。

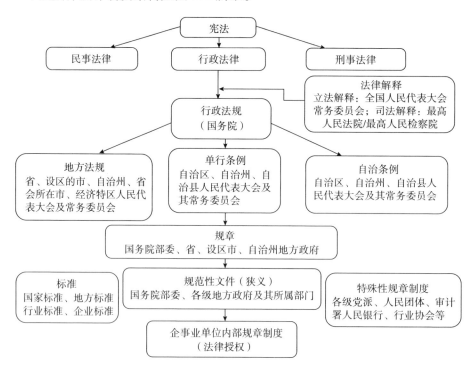

图 3.1　中国实体法律制度结构

需要特别说明的是，法律制度的特点是下位法律、法规、规章的设立必须依据上位法律、法规、规章的授权，并不得与之抵触。

（二）法律原则

法律原则是集中反映法的一定内容的法律活动的指导原理和准则。法所确认的一定社会生活和国家活动的规律性要求，贯穿于具体法律规范之中。法律原则较之法律规范，更直接地反映出法的内容、法的本质，以及社会生活的趋势、要求和规律性。法律原则分为法的基本原则和法的一般原则。基本原则在法的体系结构中居于核心地位，起到最根本的指导作用；一般原则是基本原则在法的体系各部分中的相对具体化，可分为立法原则和法律适用原则、各部门法原则、一般社会原则和专门法律原则等。

法律原则是法律的主要组成部分。法律条文是根据法律原则对于法律事实和法律行为的假设、处理、处罚的细化。法律条文无法预见现实生活中的所有法律事实和法律行为。司法审判中，法律原则作为裁判依据弥补法律条文的欠缺，如民事法律的"公平原则""诚实信用原则""自愿原则"等。例如，一个矿泉水商标生产企业 A 为了节约成本，使用超薄材料印刷外包装的商标外膜，矿泉水生产厂企业 B 因为商标外膜过薄无法使用而诉至人民法院。由于关于商标外膜没有相应标准，企业 A 认为自己的产品没有规定约束，故而符合交付条件。法院最终从市场上购买了 5 个其他品牌矿泉水，经测量外膜的厚度都大于企业 A，据此法院适用"诚实信用与商业惯例"法律原则，认定企业 A 的产品不符合质量标准。

（三）法律标准

法律标准是为了正确实施法律，界定法律适用的基础。法律标准在法律中通常被抽象化，如"数额较大""特别严重"等。这是因为，法律的制定、修改和废除需要经过复杂的程序，时间周期长，具体化标准不能适应社会进步和区域差异，频繁修法会使法律的稳定性大大降低。我国刑法于 1979 年第一次颁布，于 1997 年修订，20 余年来虽历经 11 次修正，进行了罪名添加等，但标准却未变化。如盗窃罪的量刑起点为"数额较大"实际上是一个比较标准，严重性是相对于收入水平而言的。历经 20 余年，我国经济迅速发展，但各地区经济发展相对不均衡，统一且长期的适用具体标准显然有失公正。所以，司法机关和行政机关会根据情况，通过司法解释，将抽象化的标准具体化，且不断调整，以此兼顾法律的稳定性和公正性，如最高人民法院和最高人民检察院出台的《关于办理诈骗刑事案件具体应用法律若干问题的解释》。并非所有的标准都有被调整的必要，如刑法上的重伤标准则是非常稳定的。由此可见，法律在实施过程中，对于标准有很强的依赖性，标准也就成为法律适用的门槛，自然成为法律的一部分。

（四）法律效力

法律效力是指法律具有或者赋予的约束力。规范性法律文件与非规范性法律文件也具备约束力。法律效力表现在：①时间效力，即法律是否在生效时间，未生效或被废止的法律一般没有时间效力；但具有溯及力的法律对未生效前的事实具有约束力、被废止的法律对废止前的事实具有约束力。②空间效力，即法律适用的区域，超出法律适用区域的一般不具备空间效力；域外具有本国籍的公民的行为除外，本国法律根据对人的效力依然适用。③对人的效力，根据人的国籍产生的法律约束力，本区域内的外籍人根据空间效力仍然受本区域法律约束。

（五）抵触无效

根据法律效力层级不同，下位法制定机关必须得到上位法的授权，并在授权范围内进行立法活动。下位法不得与上位法相抵触，否则即为无效。值得注意的是，公众对于政府制定的行政法规、地方性法规、自治条例、单行条例等，均从政府的级别上识别其效力，而因此造成对法律效力的混淆认识。仅以国务院而言，其颁布的行政法规效力仅次于宪法和法律，其表现形式为条例、办法、实施细则等。但并不是国务院颁布的文件都是行政法规，其中还包括决定和命令等具有约束力，但不属于行政法规，不具备行政法规效力的文件。

实践中，一些行为符合法律规定，而违反地方性法规或部门规章，该行为受到法律的肯定而受到规范性文件的否定，根据法律的层级性和效力性，规章因和法律抵触无效。例如，一份房屋买卖协议，双方的行为没有违反法律和行政法规的强制性和禁止性的规定，合同本身是依法成立并有效，对协议双方都有约束力，该合同实际上与法律效力相当，是合法有效的。即便房屋所在地政府对房屋买卖在身份和年限等方面明确了限制性的规定，但因地方政府的限制性规定与法律相抵触，仍不足以推翻合同效力。

（六）法律适用优先

法律分为：①宪法是我国的根本法律，具有最高的法律效力。②基本法律是由全国人民代表大会制定的调整国家和社会生活中带有普遍性的社会关系的规范性法律文件的统称，如刑法、民法、诉讼法等。③一般法律、专门法律是由全国人民代表大会常务委员会制定的调整国家和社会生活中某种具体社会关系或其中某一方面内容的规范性文件的统称，如商标法、文物保护法等。④特别法是对特定的人群和事项，或者特定的地区和时间内适用的法律。一般法与特别法是相对而言的，如著作权纠纷，适用著作权相关法律，如《中华人民共和国著作权法》，而不是《中华人民共和国民法典》。⑤国际法是适用主权国家之间和其他具有国际人格实体之间的法律规则的总体，主要是国家在其相互交往中形成，调整国家间关系的有法律约束力的原则、规则、规章制度，分为条约、国际习惯法和为各国承认的一般法律原则三种，如《日内瓦公约》、《儿童权利公约》、和平共处五项原则等。

根据法的效力层次，法律适用遵循优先原则为：①宪法至上原则；②等差顺序原则；③特别法优先原则；④实体法优先原则；⑤国际法优先原则；⑥从旧原则或从新原则。

二、法律对企业的影响

（一）法律保护与惩罚方式

法律的保护与惩罚方式大多是依据惩罚的权利请求人（保护对象）和责任承担人（惩罚对象）作为区分方法。企业对于法律的敬畏主要基于违法惩罚，从惩罚方式来说，民事法律、行政法律、刑事法律包含了全部直接影响企业的惩罚种类，基本法律效力仅次于宪法，是我国重要的法律组成，既包括独立的实体法律，也包括独立的程序法律。

民法规定的违法责任承担主要方式为：停止侵害，排除妨碍，消除危险，返还财产，恢复原状，修理、重作、更换，赔偿损失，支付违约金，消除影响、恢复名誉，赔礼道歉。民事法律承担责任方式主要是弥补相对方损失和停止侵害，惩罚力度最小，责任最轻。

行政法规定的违法行为处罚方式为：警告、罚款、没收非法所得、暂扣或吊销许可证或营业执照、责令停产停业整顿、行政拘留等。行政法律承担责任的方式主要是处罚，经济上具备超出违法行为人获得利益和造成损失的惩罚标准，同时具备强制限制人身自由和终（中）止企业经营行为的惩罚方式。所以，行政处罚较民事责任惩罚力度较大，责任较重。

刑法规定的责任承担方式为：没收财产、罚金、拘役、管制、有期徒刑、无期徒刑、死刑和剥夺政治权利。刑事责任的承担方式主要以限定人身自由为主要惩罚手段，最高可以剥夺罪犯的生命和政治生命。企业犯罪则由企业的主要负责人和直接责任人承担刑事人身刑和财产刑，企业单独承担财产刑。所以，刑事责任的惩罚力度最大，责任最重。

由此可见，企业面临的法律风险从惩罚力度上分为民事责任、行政责任和刑事责任，这与三大法律体系是相同的。值得注意的是"行政拘留"和"刑事拘留"，虽然都是限制了人身自由，但法律后果不同。前者是行政法律具体处罚结果，后者是刑事法律在程序过程中的一种措施。

（二）直接影响企业的法律

直接影响企业的法律现实性很强且比较清晰，集中表现在企业设立直至消灭的全过程，涵盖了企业设立与注销或吊销、企业的分立与合并，以及人、财、物、产、供、销的各个方面，体现在《中华人民共和国行政处罚法》、《中华人民共和国公司法》、《中华人民共和国产品质量法》、《中华人民共和国民法典》等法律规定当中。企业因为违反不同的法律，导致不同的法律后果，承担不同的法律责任。一般来说刑事法律的处罚最重，但对于企业来说可能是例外，企业需要承担的仅限于罚金、没收财产等"财产刑"，"人身刑"则由企业负责人和直接责任人承担，其中包括一些身份限制处罚，如几年之内不能担任董事、经理等。行政法的"行政拘留"处罚对象也仅限于自然人而非企业。因为刑事法律对于企业犯罪的惩罚仅限于"财产刑"，并没有终止或中止经营的法律权限，所以对于企业来说，最严重的法律处罚应当是行政法律责任而非刑事责任。近年来，民事法律在执行过程中也加入了"人身罚"的限制性规定，如列入失信人名单、加入黑名单、限制高消费等惩罚方式，对企业和法定代表人而言，相对于刑法和行政法，限制人身自由仍然显得较轻。表 3.1 为 2019 年民营企业家高发犯罪罪名量刑起点一览表。

表 3.1 2019 年民营企业家高发犯罪罪名量刑起点一览

序列	具体罪名	起刑点（人民币）
1	非法吸收公众存款罪	20 万元
2	职务侵占罪	6 万元
3	行贿罪	1 万~3 万元
4	合同诈骗罪	1 万~5 万元
5	单位行贿罪	20 万元
6	拒不支付劳动报酬罪	5000 元
7	虚开增值税专用发票罪	虚开 1 万元或抵扣 5000 元
8	挪用资金罪	1 万~3 万元
9	骗取贷款、票据承兑、金融票证罪	数额 100 万元或损失 20 万元
10	走私普通货物、物品罪	5 万元
11	重大责任事故罪	1 死 3 重伤
12	污染环境罪	3 吨
13	诈骗罪	5000 元
14	集资诈骗罪	20 万~50 万元
15	假冒注册商标罪	2 万~3 万元
16	串通投标罪	卑劣手段多次、严重损害招标人投标人利益
17	非法占用农用地罪	基本农田 5 亩耕地 10 亩
18	非法经营罪	5 万~50 万元
19	非国家工作人员受贿罪	6 万元
20	拒不执行判决、裁定罪	行为犯
21	侵犯公民个人信息罪	50 万~500 条、违法所得 5000 元
22	逃税罪	5 万元以上或应纳数额 10%以上
23	伪造公司印章罪	行为犯
24	生产、销售伪劣产品罪	销售 5 万元以上

资料来源：金洪涛：《民营企业家刑事合规管理体系研究：基于 A 公司案例》，中国政法大学硕士学位论文，2020 年。

（三）间接影响企业的法律

间接影响是当另一个法律事实发生时，引发导致企业内部结构发生变化的法律，如《中华人民共和国民法典》中"婚姻家庭编""继承编"，即企业股东亡故发生继承或婚姻破裂产生股权分割，继而导致企业内部股东和股权变化，决策层因此而改变的情形。美国亚马逊公司 CEO 杰夫·贝索斯与前妻麦肯齐·贝索斯的天价离婚案中，麦肯齐将共同持有的亚马逊股票和《华盛顿邮报》及蓝色起源公司的持股统统留给贝索斯，折价为 360 亿美元。如果麦肯齐最终不以获取现金的方法将股票折价给贝索斯，而是分割并继续持有上述股票，则亚马逊公司的股权结构和表决权将会有重大改变。中国国美董事会主席黄光裕被监禁，陈晓替代了黄光裕在国美的董事会主席席位，也是单位犯罪导致主要负责人和直接责任人被羁押，企业核心领导人或决策人被迫更迭的典型案例。

（四）影响企业的外延法律

企业管理者往往关注与生产经营紧密相关的法律，而忽视自己与战略目标相距较远的法律可能给企业带来的伤害。当突发违法行为产生意料之外的法律后果或法律责任，企业往往不知所措。当企业实施一个与企业生产经营关联不大的法律行为时，由于缺乏对行为的外延法律的注意而违法，则其承担法律责任造成的损失会超过企业预见的范围，导致不必要的损耗。例如企业欲修建办公楼，对于土地、规划、建筑等相关法律及其相关规定会格外注意，但即便企业注意了上述法律，若施工过程中发现疑似文物，而由于对文物保护相关法律并不了解，那么为了保证工程进度，在未得到文物管理部门审批、没有进行保护和抢救性挖掘的前提下继续施工，导致了国家珍贵文物的损失，最终仍承担法律责任。

（五）国际私法与国际通行规则

国际私法（international private law）是在世界各国民法和商法互有歧异的情况下，对含有涉外因素的民法和商法关系，解决了应当适用哪国法律这个问题的法律。各个国家和地区因经济发展水平、地域资源、商业惯例、文化传承等不同而法律体系不尽相同，标准也并不统一。国家通过批准和加入国际条约等方式，将国际私法纳入国内法的范畴，以求消除国与国之间的法律障碍，为全球一体化铺平道路。中国在适用含有涉外法律关系时，优先适用国际私法，我国民法典有专门章节对此规定，《中华人民共和国票据法》等也有相关的涉外规定。

国际通行规则的制定主要是为了解决贸易争端，统一贸易中的法律词汇含义，明确法律责任界限。外贸出口企业和境外投资企业尤为突出，经常用到的国际商会制定的《国际贸易术语解释通则》（以下简称《通则》），该《通则》先后于 1953 年、1967 年、1976 年、1980 年、1990 年、2010 年、2020 年进行过多次修订和补充，作为批准加入的国家，《通则》已经成为批准国家的法律体系中的一部分。外贸进出口企业仍然将《通则》中 CIF 和 FOB 作为优选的交易方式，主要原因是卖方将交付风险锁定在以承运方的船舷为界，运费和保险虽然由卖方支付，但法律管辖的边界仍然在本国的法律环境管辖内。由此可见，经营者有意识地选择熟悉的本国法律保护，作为有效降低国际交易风险的最佳方法。

三、政策影响企业

（一）政策与企业

政策是指国家政权机关、政党组织和其他社会政治集团为了实现所代表的阶级、阶层的利益与意志，为了实现一定历史时期的路线和任务而制定的国家机关或者政党组织的行动准则。政策规定了未来历史时期内的奋斗目标、行动原则、明确任务、工作方式、采取步骤和具体措施。政策分为对内与对外两大部分，对内政策包括财政经济政策、文化教育政策、军事政策、劳动政策、宗教政策、民族政策等，对外政策是外交政策。由于政策代表未来的方向，法律必将其规范化和稳定化，对政策的掌握实际上是对未来法律变化的把控。

企业研究政策的目的是为了使自身符合所在国未来经济和产业发展方向。由于政策关系到该国优质资源配给流向，与企业生存发展密切相关，企业管理者将政策作为企业制定战略和决策的重要依据，是希望能够借助政策支持，进入长期快速发展的通道。

（二）政策指向与企业战略

企业在政策选择中应当注意以下几点：

（1）掌握政策方向，可以预知企业未来的市场状况和投资方向。一个国家和地区制定政策时，必然充分考虑到自身经济和产业的优势与劣势，鼓励优势行业和新兴产业，出台激励性的相关文件，以保持产品在国际市场上的行业优势地位，通过抢夺市场来获得垄断地位，以获取最佳的经济收入。企业因产业结构符合政策方向，从而获得税收、土地等方面的政策优惠和贷款、资金投入等动力支持，同时因为配套政策而得到大量的人才与技术，从而使企业进入快速发展通道。台积电的发展是政策支持的成功典范，台积电于 1987 年成立，即获得台湾地区"行政院"1 亿美元的资金支持与信用背书，不但对其进行各种税务补贴，还以极低的价格将台湾工业技术研究院出租给台积电用于研发和生产，并将台积电的用电等级提升为"优先级"，可见，今天台积电的市场优势地位与当年的政策支持是分不开的。

（2）在政策机遇面前，企业需量力而行。政策指向带来的大量优惠和优质项目，其诱惑对于企业管理者来说无疑是难以抗拒的。但企业管理者如果不考虑政策风险，迷信新的机遇带来的转变，不考虑企业承受能力和未知风险，花费大量资金和精力投入新项目，那么可能导致企业生产能力因资金缺乏而受损严重。笔者在一次咨询当中获悉，企业负责人因持有先进的专利技术，在 5 年内将一个注册 100 万元的公司，发展到年产值 5000 万元的中型企业，受到了地方政府和国家相关部门的高度重视。各地政府为了发展经济，纷纷向该企业伸出橄榄枝，以土地免费、投资对等、税务优惠、放弃控股和经营管理权等代价，吸引该企业在本地投资建厂。面对各种诱惑，企业负责人不愿意放弃这个千载难逢的发展机遇，便将凑出的 5000 万元资金投入第一次合作，然后抽逃出资与他人进行第二次合作。反复几次，企业负责人竟在两年内投资企业达到八家。由于大量精力集中在企业投资方面，荒废了企业的生产经营，其合作的 8 家企业中，仅有一家进入生产环节，其余 7 家企业均处于停顿状态。政府投入的设备因欠缺保养、急需维修，自 2019 年开始，六个地方政府将其诉至人民法院，要求其承担违约责任。一地方政府以"抽逃资金罪"向当地公安机关报案，企业负责人因涉嫌犯罪被刑事拘留，原企业因缺乏领导人和资金被迫停产。

（3）误读政策可能带来经营风险。首先，误读政策的长期性。所谓"摸着石头过河"，政策的出台有时候具有市场试探性。我国未经过实践的政策通常会在调研后进行政策试点，这是为了防止政策的失误给经济和产业带来损失。政策试点是为了控制政策失误带来的损失范围和限度，或是为了政策正确实施而寻找正确的方法和步骤。通过试点的经验，可以修正政策的漏洞和失误，试点成功则进行推广，为制定和出台法律、保持长久激励与保护做准备。对于企业而言，试探性政策既是机遇更是挑战。其次，误读政策的转化期限。我国政策走向法律制定的周期比较长。例如，从 1991 年 3 月合同制工人政策试点与社会保险缴纳开始，到 1992 年初劳动部下发《扩大试行全员劳动合同制的通知》，最终于 1994 年 7 月颁布《中华人民共和国劳动法》，其中历经了 3 年多的时间，但该项立法起草却分别于 1956 年和 1979 年两次进行而未成功，时间足足跨越了 30 余年。

最后，误读政策的连续性。以汽车尾气排放为例，通常每四年就会提高一个标准等级并颁布相应的法规，我国自 2001 年开始在全国范围内执行国 I 标准，到 2020 年 7 月执行国 VI 标准。对于汽车生产企业而言，应密切关注汽车排放标准和管理法规的变化，不断改进和提升产品质量，使之符合不断提高的排放要求，以规避经营风险。

（三）政策变化与企业应对

对于企业而言，政策具有权威性、规范性和约束力，虽然在惩罚力度上政策不如法律，但违反政策的企业往往难以实现既定目标。企业行为不违反政策但不符合政策方向，其努力可能是事倍功半，为同一个结果付出更大代价。可以肯定的是，政策对企业的影响有引领和鼓励作用，也有限制和消极作用。政策突然提速和刹车，都会直接影响企业经济效益。

近些年来，我国因为出生人口下降出台的鼓励生育政策，直接影响到企业用人成本。国家三胎鼓励政策出台后，一些地方政府纷纷出台奖励政策，包含但不限于物质奖励、学前教育、入学便利和父母获得带薪休假延长等。如某市政策规定，"2021 年 5 月 31 日（含）后按规定生育三孩的，除享受国家规定的产假（98 天）外，还可享受生育奖励假 30 天，其配偶享受陪产假 15 天。此外，经女职工所在机关、企业事业单位、社会团体和其他组织同意，可以再增加假期一至三个月"。在政策的激励下，育龄夫妇生育愿望提高，对于企业而言，直接出现的结果是用人成本提高，人员稳定性减弱。对于一些新兴的网络和电子商务行业，高龄人群所占比例极高，多人同时因为生育而申请带薪休假的概率增加。企业为了降低用人成本，获得人员稳定，就需要立刻考虑人员年龄结构调整和用工制度的变化，以此减弱政策带来的不利影响。在企业考虑应变手段时，还需谨防因性别歧视、年龄歧视等用工歧视问题带来的法律风险。

四、消除法律认识误区

（一）误区一：“重实体、轻程序”

按照法律性质和内容分类，法律由实体法和程序法组成。程序法的主要功能在于及时、恰当地为实现权利和行使职权提供必要的规则、方式和秩序，保证权利和职权得以实现或行使，义务和责任得以履行，其是从有关程序为主要内容的法律，是正确实施实体法的保障，如民事诉讼法、刑事诉讼法、行政诉讼法和仲裁法等。实体法的主要功能在于规定和确认权利和职权、义务和责任，权利的实现将给权利主体带来有形或者无形的利益，责任的承担将给权利主体带来有形或者无形的损害，如民法、行政法、刑法等。非诉讼法律制定时，同时包含一些特定的程序，如公司法确立了公司成立的条件和程序，也规定了公司的权利和义务。实体法与权利主体的既得利益息息相关，由此引发我国普遍对于实体法的重视程度较高，企业也是如此。必须提到的是，程序法在法律中的地位极其重要。我国曾经有一名艺人在美国因非法持有枪支和毒品，被警察查获并起诉。其聘请的律师并没有否认犯罪事实，但依据程序法提出，警方在履行职务时违反法定程序，因此所获得的证据无效，法院依此最终判决，警方的证据获得因程序违法而无效，犯罪事实无法得到合法证实，判决该艺人无罪。

实际上，程序化的思维对于企业及其决策者尤为重要。如企业在签订合同时，先交付产品还是先交付货款，意味着交易风险承担者是买方或是卖方。又如企业的报销制度中，报销申请人的签字申请与部门主管审核签字、财务主管签字、企业负责人签字，最后通过会计记账、出纳支付，这一整套长期实践积累下来的程序性制度，实际上是对整个报销流程中的事实核实与财务监督。如果将流程简化，报销申请人在额度授权内，可以直接向出纳要求支付报销款项，就容易出现发票造假、虚构报销数额等侵害企业的行为。

（二）误区二："金钱厚度决定法律服务的效果"

企业作为以交易而盈利的市场主体，管理者对金钱的力量的信任可能超过其他。企业和个人的安全感和发展基石大多取决于金钱的多寡，"钱能通神"和"有钱能使鬼推磨"的糟粕思想流行，即出自金钱崇拜。受聘的法律顾问作为掌握并提供法律专业技术服务且获取报酬的人才，除了其历史积累下的美誉度以外，仅有行内的人才能够评估其真实水平和能力。法律顾问处理已经发生的法律事实或行为，既没有改变事实的能力，也无法规避现行法律的适用。法律顾问能够做到的，只是可能使企业降损止损或者减轻法律责任。但该效果因为无法比较，就无法评估。法律顾问防范法律风险的工作则更难评定，风险没有发生是不是因为服务效果的产生无从判断。从技术角度上讲，法律人才与医生更为接近，只是没有医生那么直观。医生解决现实的身体疾病，直接体现在患者的感知上，容易得出评价结果，但金钱的厚度是否能够让眼科专家转变为心内科专家呢？答案一定是否定的。

（三）误区三："法律顾问立场在我"

企业负责人在选择法律顾问的时候，大多选择熟人介绍或是原来结识的律师，可见在法律顾问的选择过程中，信任依赖远胜于专业水平。其大概率是立场问题，出于对自己法律顾问的信赖，确保在关键时刻法律顾问能使用法律词汇或法律思维为自己解围等。企业法律顾问实际上是为了维护企业利益和防范风险而诞生的，但企业作为一个由决策者做主的法人，对法律顾问的聘用、报酬、评价等均由决策者（法定代表人）完成。久而久之，企业决策者和法律顾问成了合同相对方，在对企业利益和决策者利益进行选择的情况下，站在谁的立场说话是每个人都懂的答案。但是，俗话说"家有佞子不败家，国有烈臣不亡国"，企业需要依法直言的法律顾问，需要长期合作并多加保护。与企业一同成长的法律顾问明白企业的战略，对企业的需求更了解；长期沉浸在与企业相关的法律当中，对相关法律的理解更为专业；向企业聘请外部律师时提出要求的表达方式更为准确。所以，企业法律顾问不是摆设，更不能成为企业决策者的私人保镖。以"企业利益为中心"作为服务宗旨的法律顾问，不但可以保护企业健康稳定发展，还能为企业负责人防范和化解风险，保护投资者利益。

五、企业的政策和法律环境

（一）寻找适合企业的政策和法律环境

企业的生产经营受到法律和政策的影响，进行管理决策时要充分考虑政策和法律环境差异给企业带来的影响，这是现代企业不可回避的问题。政策和法律环境的寻找与企业决策者考虑生产成本、生产资源、市场需求、运输方式等方面基本相同，小至局限于一县区域选择某一地方政府的政策和法律环境，大至用全球视野寻求适合企业生存和发展的政策和法律环境。寻找政策和法律环境的原因有两点：一是产品需求者和经销商的购买愿望是否仅存在于本地法律、是否允许产品销售、是否满足需求，至于产品生产过程中与本国法律相悖的法律瑕疵则不在考虑范围之内，主要看重产品的质量和价格。比如大众汽车"排气"造假，虽然受到行政机关的处罚，但大众汽车的销量并未因此下滑，品牌影响力受损也有限。二是除了引资过程中给予企业廉价劳动力、较低的土地成本、较高的政府补贴、税收优惠等可见的政策和法律环境，污染排放不受限、进出口关税较低、缺少垄断经营的规范、贷款利率及专利许可、审批速度等均直接影响和决定了企业的产量和成本。世界发达国家的境外投资非常注重对法律环境的考察，有些法律环境报告可以"一票否决"某些项目的实施或企业兼并进程。世界银行全球营销环境评估带动了我国发展和改革委员会，每年公布国内各地的《营商环境报告》，作为世界银行评估依据和企业投资参考，而法律政策环境是评估与考察环节中最重要的一项。

（二）搭建合适的内部法律环境

企业内部法律环境是由企业制度、决定、命令等组成。企业制度包括两个方面：一方面，企业制度根据本企业的行业特点与需求，将现行相关法律和标准融入企业制度当中。企业在员工学习和培训中，直接将企业相关的法律传递给员工，并让其遵守。员工在短时间内知晓自己必须遵守的法律，为企业节约了大量的时间成本，同时方便管理者实施管理和监督。另一方面，法律在对企业授权建立制度时，均留有相应的区间，通常表述为"不得低于"或"不得超过"的下线和上线标准。企业制度只要在此区间设立，即因合法而被法律所承认因而具有约束力。如政府规定当地最低月工资标准为2000元，则企业的《劳动合同》约定薪酬只要在2000元（含）以上即为合法，而不论该员工对企业的贡献与其薪酬是否匹配。企业政策法律环境的优劣，取决于企业是否充分利用法律赋予的企业制度建设的权力。

企业在上位规范性文件的限制下，根据自身发展需要制定的约束企业管理者和员工的制度，通常会考虑经理人和员工的积极性和归属感、报酬满足感、个人荣誉感等因素，这是与政策法律的根本区别。

（三）动态认识法律环境

企业法律环境不是一成不变的。一方面，法律的设立、废止和修订展现了时间效力的一面。法律环境因为政策和法律的颁布、修改和废除而变化。比如，我国为履行加入的国际条约的义务而实施的"碳达峰"与"碳中和"相关政策，导致企业排放的法律环境变化，企业为此需要修改原排放标准、更新排放设备或购买排碳指标抵消等措施，这直接增加了企业义务和生产成本。另一方面，企业根据修改后的政策法律或企业战略目标需求而修改和完善企业内部制度，将导致企业内部法律环境变化。

跨国企业的材料采购、零件加工、产品组装等不同生产经营行为，因所处国家和地区的法律不同而导致法律环境均不相同。企业作为一个整体，不同法律环境的衔接让人苦恼。我国改革开放之初，电器产品的制式调整都需要专业人员处理，否则无法使用，最主要的是电源插座和插头的制式不同，无法匹配，因此促成了转换插头或插排的新产业，这种强制性标准不统一延续了数十年，现在的电器信号线转换插口等产品仍然拥有市场需求。跨国生产制造性企业对于各国标准变动都十分敏感，因为其拥有"牵一发而动全身"的重要性。

企业决策者不断寻求适合企业生存和发展的法律环境，更新法律知识信息、企业内部制度完善与修改已经成为一个企业的内在需求和决策者的必修课。

（四）企业法律人才管理

从企业管理的角度来看，企业面临的法律风险分为：①人的风险，包括股东合法身份及变更、表决规则、员工合同等；②物的风险，包括所有权、担保权、灭失与处置；③财的风险，包括收支款项、税收、呆账坏账、账目记录、物品现值与残值、知识产权价值等；④产的风险，包括标准、质量、包装、专利侵权、事故风险防控和劳动保护等；⑤供的风险，包括供货商筛选和变更、进货检验、原料保存等；⑥销的风险，包括回款期限、运输安全、商标侵权、违约责任等。

企业外部法律环境的寻找和内部法律环境的优化与法律风险防范，需要依赖于法律专业人士识别法律风险、提出应对方案、优选或优化法律环境。我国有条件的企业均聘请律师作为企业法律顾问，希望能够因此获得法律上的帮助与支持。不可否认的是，任何一个律师都有其局限性，面对庞大和复杂的法律环境，一个甚至几个律师的能力明显不足。

企业快速、有效地获得精准的法律服务，在缩短时间和减少法律成本支出方面会起到极大效果。法律顾问型的律师未必能够处理企业全部的法律问题，但其了解企业，能够根据企业需要，甄选办理法律事务的专业律师，准确提出办理法律事务的要求并提供资料，验收法律事务完成内容。

大型企业拥有专门处理法律事务的法务部门，集合了一些法律专业人才和律师。但就此认为，法务部门可以处理本企业方方面面的法律问题则显得十分幼稚。长期服务于企业的法律顾问，可能碍于企业领导人的决策思维或企业突然发生与生产经营无关的法律事务，仍不能摆脱法律知识的局限性和独立性缺失的困扰。我国现有的巨型企业，在设立法律部门的同时，建设了相关的人才资源库，其中包含大量的法律人才资源储备，为突破局限性和迅速选择合适人才提供了基础，是企业可借鉴的捷径之一。更应该注意的是，企业法律顾问独立性的缺失，是企业潜在的风险根源。

第四章　法商管理的基本原理

前已述及，企业组织是由多种生产要素构成的复杂系统，企业聚集了经济、社会、法律、科技等诸多要素，由此可见需要从多种视角观察和管理企业。企业作为在一定的法律环境下运营的经济组织，遵守法律法规并加强内部管理是最重要的。本章给出法商管理的思维框架，阐述了重构管理心智模式、法律在企业中的双重属性、法律的双刃剑功能、法商管理对企业组织结构的优化等。

一、法商管理效能的二维组合结构

回顾管理理论的创新，大都是以提高管理效率为前提，将相关学科中的一些观点嫁接到管理学框架中形成的，来自其他学科的观点在新的管理学理论中处于从属的位置，简言之就是"管理为体，相关学科观点为用"，将相应的要素纳入管理学，发挥改良和完善管理理论的作用。

法商管理也遵循这样的做法，法商管理理论的构建秉承嵌入式的范式，即将法律要素纳入管理的框架，旨在发挥法律的独特作用来强化和改善管理。但是，相较于其他管理理论创新而言，法商管理理论创新又有所不同，不仅从提高管理效率的维度展开，而且将法律追求公平正义价值观作为另一个维度，即将管理拓展到两个维度加以思考，在此基础上将经典管理维度和法律维度组合形成新的维度——称其为法商管理维度。法商管理可以有效地提升管理效能，图4.1描述了法商管理组合结构与经典管理维度和法律维度的关系。

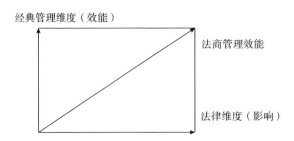

图4.1 法商管理效能二维结构

图4.1中横坐标代表法律要素对管理的影响作用，纵坐标代表经典管理理论的管理效能，以上两个维度构成的矩形的对角线代表法商管理效能。由数学知识不难理解，法商管理的效能大于单独的经典管理效能和法律要素的效能，达到"1+1>2"的效果。

这种基于二维组合建构的法商管理理论，其出发点源于对企业本质属性认识的深化，突破经典管理理论过多关注企业经济（管理）属性、管理局限于提高效率和效益的维度。而法商管理在分析大量企业案例的基础上，归纳得出企业具有双重属性的判断，即企业除了具有经济（管理）属性外，还具有法律属性。从而进一步将双重属性的判断推广至企业经营活动的层面，认为企业的所有活动都具有双重属性，包括活动的计划阶段、实施阶段乃至活动的结果。因此管理仅仅关注效率维度是不完备的，仍难以驾驭企业的管理。只有适应企业及其活动的双重属性的特点，将经典管理理论和法律相结合产生协同效应，才能对企业实施有效的管理。这里不妨将上述二维结构形成的矩形图称为"法商管理盒子"，盒子的对角线即表示法商管理的效能。

法商管理理论的特征是将法律公平与正义的价值观与管理效率与效益的价值观相融合。在制定企业管理制度和规范时，应该尽可能地参考已有的法律规范，以法律条款为上位标准，使制定的管理制度规范不仅能够适应具体管理工作的需要，同时又符合相关法律的一般要求。将法律规范作为参照标准，不仅可以提高制定企业制度规范的效率，同时也有助于避免企业管理规范实施过程中因为与法律规范不一致带来的风险。比如，人力资源部门制定的职工招聘、录用、管理、辞退等制度都应该符合劳动合同法的基本规定。再者，在某种程度上可以将企业层面的管理规范看作是法律规范的延伸和细化，从而使法律对企业管理的思想得到具体体现。

二、法商管理是对企业管理本质的回归

按照制度经济学理论，企业本质上是一种资源配置机制，是对市场具有一定替代性的资源配置方式。企业是由各种生产要素，包括土地、劳动力、资本、技术和企业家的才能等构成的社会经济组织。企业作为市场的微观基础，是经济活动的主要参与者，其经济活动受到企业赖以生存的外部环境的影响，涉及政治、经济、法律、社会以及文化等诸多因素，因此其行为首先要符合内外部环境的客观要求。比如企业应遵循市场经济规律，企业提供的产品或服务要符合国家的产业政策，企业的经营行为要尊重社会文化的一般伦理道德，企业内部应建立健全各种规章制度，不断提高企业员工的工作效率，进而实现资源的有效配置。总之，企业要服从经济规律和经营规则的要求，这里不妨将其概括为"商道"——即由经济规律、商业规则构成的轨道。

同时，企业作为承担社会责任的商品经营者，要与经济社会中的其他主体如供应商、消费者、政府管理部门等相互作用，其行为要受到各种法律的制约。在企业内部，要在公司法、劳动关系法等法律的约束下，界定和处理好股东、经营者和员工之间的关系，处理好经营活动涉及的消费者、供应商以及政府管理部门之间的关系。这里将企业经营活动必须遵守的法律法规等形象地比喻为"法道"——即法律构成的轨道。

既然商道和法道都是企业开展经营活动必须遵守的基本准则，那么从这个意义上可以将企业视为行驶在"商道"和"法道"所构成的轨道上的列车，由"商道"和"法道"共同构成"法商轨道"。在企业列车这趟运行过程中，保持"法道"和"商道"的"平衡"非常重要，企业偏离"商道"不按经济规律办事，将不可能实现盈利目标；如果偏离了"法道"，企业将无法生存。正如现实生活中的火车铁轨一样，"法道"和"商道"两条轨道同等重要，不可偏废，否则将会使企业列车失去平衡，甚至导致列车的倾覆。国内外这样的事例比比皆是，如本书案例篇中讲述的三鹿集团等案例。

通过大量的案例分析，不难发现几乎所有破产的企业都有一个共同特点，不是因为这些企业的高管不善于经营管理、不善于营销或者不善于技术创新，而是因为违反法律，究其本质在于企业家缺乏法律意识，对因忽视法律而隐含的破产风险认识不足，一旦风险爆发的条件成熟，企业家只能无奈地面对企业列车的倾覆而束手无策，《大败局》一书中披露的许多案例，正是这种现象的真实写照。法商管理在深化对企业本质认识的基础上提出法商管理理论，强调企业运营过程中追求和保持"商道"与"法道"平衡的管理思想，是对企业管理本质的回归。

经典管理理论并没有很好地反映企业管理的本质特征，对管理与法律在企业经营管理中存在的必然联系关注得不够。正如法律经济学创始人科斯概括的那样："在主流经济学中，多年来，企业与法律被假定存在，而其本身并不是研究的主题。于是，人们几乎忽视了在决定由企业和市场进行各种活动时，法律所起的重要作用。"理论界有一种观点认为企业是契约的集合，在一定程度上揭示了企业的性质，但是遗憾的是并没有按照这样的思路去探索如何改进管理的新路径。因而长期以来人们谈到企业管理时，仅就企业管理而谈管理，习惯以效率和效益为主导，往往忽视法律在企业经营管理中的作用。法商管理理论是针对企业本质特征提出的，在一定意义上是对企业及其企业管理隐含的内在规律的一种显性化表现，是在深入剖析企业和企业管理本质特征的基础上，消除长期以来对企业管理认识的局限性和认知偏差。从法商管理理论的观点考察，许多企业管理的制度和方法本身就应该是法律的具体化，比如，企业人力资源管理中涉及企业员工雇佣或者解聘制度，不应与国家的劳动合同法等相关法律相矛盾。再如，企业生产的产品，要符合产品质量标准，而产品质量标准要符合国家产品质量法规定。总之，企业的所有活动及其成果无不与法律有着密切的关系。

三、法商管理心智模式转变

法商管理是对经典管理思维的突破和创新，是在深化认识企业本质特征的基础上形成的一种全新的管理理论，将效率效益价值观与公平正义价值观融合，但是在实践中运用法商管理思想还需要心智模式的转变，彻底摒弃经典管理的效率效益优先的思维导向，建立全新的法商管理心智模式。

（一）企业情境下法律二元属性

在经典管理理论中，将法律作为企业环境因素加以考虑，忽视了法律的要素属性，导致在企业管理中法律要素内化得不够。相对而言，经典管理理论对宏观经济环境内化比较好，关注 GDP 增长速度、物价指数、通货膨胀率、利息率等宏观经济指标，在此基础上将其与企业内部的成本、销售收入、利润等联系起来，相当于对外部环境经济指标的内化。但是，其对法律内化得不够，特别是一些法律发生了变化，企业反应常常比较滞后。比如，前面提到的铁本公司的事件，就是因为忽视了国家压缩钢铁等行业产能过剩的政策对自己企业的影响，仍然实施扩张性的战略，大举投资导致破产的经典案例。笔者认为在企业经营管理活动中，法律具有两重属性，第一重是规则属性，是法律的本质属性，用以规范社会组织和个人行为的具有强制性的制度，广义上也包括政府出台的相关政策法规；第二重是资源（要素）属性，即具有开发性和通过与其他资源配置放大其衍生价值的作用，正如人力资源可以通过培训提高技术和管理能力、提升生产效率，资本资源与人力资源优化配置可以创造更多的价值一样，法律资源与企业经营活动组合配置也可以带来巨大的经济收益，本书案例篇中居然之家的案例充分说明了这一点。

（二）将法律纳入企业高管资源配置的范畴

在企业的特定环境下，如何处理管理约束和法律约束之间的关系是难点，其中必须有一个起主导作用。企业作为经济组织用法律主导不适合，"依法治企"实际上蕴含要以管理为主导，以法律作为工具的含义，即应该将法律作为企业高级管理人员手中可用的工具或者资源，这是对如何发挥法律在企业中产生作用的深化。

诚然，法律具有规范人们行为的规则属性，但是要在企业中充分发挥其作用，还必须从观念上赋予其"资源属性"。前已述及，在企业经营管理的范围内，还是应该让管理唱主角，企业高管或高管团队是唱主角的主体，同时将法律不仅视作规则，还应视作资源，即在企业管理情境下赋予法律"资源"或生产要素的属性，纳入管理层配置资源的范畴，才能充分发挥其作用。

在经典管理理论中，认为企业的功能表现为，通过对劳动、资本、技术等生产要素的优化配置和管理，从而创造财富。虽然也注意到法律对企业经营的影响，但是并没有将法律置于生产要素来看待，放在与企业的人、财、物等生产要素相同的地位加以关注。现在应当将管理的外延扩大，将法律要素作为一种特殊的要素或资源纳入企业高级管理人员的视野，纳入企业管理的议事日程，像配置企业人力资源要素、市场营销要素、财务管理要素一样配置法律要素。实现法律要素的配置，并不意味着企业高管是既精通管理又精通法律的双栖型人才，而是通过企业法务管理人才来实现，正如财务管理要通过财务总监、人力资源管理通过人力资源总监管理一样。

企业的经营活动无时无刻不涉及法律因素的影响，如企业人力资源管理必须遵守劳动者权益保护法、产品的生产制造要遵守产品质量法、技术研发和应用要遵守知识产权法等，可以毫不夸张地说企业的生产经营过程中存在着一个隐形的法律框架或者网络，只是被经典管理学注重效率和效益的倾向所掩盖。通常，只有在因忽视法律出现严重后果，必须通过法律途径化解的时候才重视法律的作用，但是此时木已成舟。因此，必须转变观念，要将法律要素其渗透到企业的日常管理中，由此才能大大降低风险，起到防患于未然的作用。

（三）法商管理具有防火墙的作用

法商管理为企业高级管理人员提供了有力的武器，法商管理相对于传统管理而言，更加注重发挥法律要素在企业管理中的作用，进而提高管理的效能，降低因法商管理不善造成严重后果的概率。这是相对经典管理理论最显著的特征。任何一种新的理论和方法的提出都应有其存在的前提，在企业这样的环境中，管理方法的应用很普遍，法律也得到企业家和企业高管的重视，大多数企业都设立了法律事务部门。那为什么还要提出法商管理理论呢？原因在于，实践中企业不能将法律要素有效地整合到日常经营管理中，限制了法律作用的有效发挥。多数情况下是在企业遇到了严重的法律问题时，寄希望于聘请律师来解决。但是应该看到，一方面聘请律师处理公司法律事务十分必要，另一方面也隐含着这样的含义，即当一个企业需要借助律师进入诉讼程序，常常是无奈的选择，属于事后补救措施。其实，对企业来说还有一种选择，即将规避法律风险的措施前置，法商管理理论基本思想就是注重防患于未然，将法律要素注入企业的所有活动中，尽可能通过加强管理和控制，把可能出现的法律风险消除在萌芽状态，正如日常生活中人们应该通过锻炼、饮食、养成良好的生活习惯来预防疾病一样。

法商管理定位在规避风险的防火墙上，虽然看起来只是在管理前面加了两个字，但其内涵却很深刻，重在警示人们要具备法商管理的理念，为企业和自己的行为设置防火墙和底线，防止因企业管理不当造成的后果需要通过法律手段加以解决，尤其是严重到演变为刑事法律问题。在法商管理逻辑的思维框架内，秉承这样一个理念，即防病比治病更重要。正如一个人出现严重的健康问题时，才到医院看医生是不得已而为之的一种选择，同样管理当中的问题发展到需要通过法律诉讼来解决的时候，也是一种无奈的选择，需要投入大量的时间、资金和其他方面的成本。与其让事件发展到必须通过支付巨大成本、借助法律手段加以解决的状态，何不选择通过在日常经营活动中应用法商管理方法规避风险？

（四）发挥法律的双刃剑作用

不仅将法律被动地看作防范风险、保障企业平稳运行的手段，还应该发挥法律在防御和进攻方面体现出的双重属性，即可以作为拓展商业机会、促进企业效率提高的利器。前面提到，法商管理在坚持"正义、公平、秩序"的前提下"注重效率和效益"。首先，企业做到自己不违法，遵守法律，规范经营行为的准则，并将法律作为维护自身合法权益手段。其次，企业还应该将法律作为参与市场竞争的资源，即发挥法律在企业经营中显现出的工具属性和经济属性。例如，本书案例篇收录的"居然之家"的案例具有典型意义。家居市场中的龙头企业"居然之家"成立于1998年，"先行赔付"是该企业秉承的经营理念和原则，蕴含着深刻的法商管理的原理，巧妙地将法律要素转化为竞争优势。先行赔付理念的背后有着严谨的运用法律要素的逻辑，消费者从居然之家购买的商品一旦出现质量问题，居然之家先行赔偿，解决消费者的困难，将消费者的购物风险降到最低；然后居然之家再依据相关法律对有质量问题的商品向经营者追责索赔，不仅有效地保护了消费者的权益，而且在居然之家内部形成良币剔除劣币的机制，使有不良经营行为的商户在居然之家无立足之地。充分运用消费者权益保护法处理好市场主体（居然之家）、商户和消费者三者之间的关系，使居然之家在20多年的时间里成长为国内最大的家居市场之一。注重法律要素在特定条件下对提高企业经营效率的作用，即重视法律的经济属性。比如，在推出一个新产品的过程中，及时将在新产品研发过程中出现创新点和独特的技术申请专利，形成具有法律效力的知识产权，将产品所依据的技术专利作为宣传的亮点之一，增强消费者对产品的认可程度和信心，对扩大市场占有率、提高经济效益具有重要的意义。

四、管理要素和法律要素关系分析

在法商管理理论思维下，经典管理方法和法律手段都具有工具的属性。这里想阐述的一种观点，即从解决问题的层面来看，两类方法在一定的程度上具有替代性。既可以用法律的工具解决管理问题，也可以用管理的方法加以解决。因此有必要重视两者之间的关系，即如何选择、使用和配置，需要管理者进行系统思考。法律条款具有刚性，即对事物的判断和决策建立在非黑即白的二元逻辑之上，而管理方法则具有一定的弹性范围。现在社会经济活动存在大量的灰色地带，难以全部纳入法律的范畴，许多管理活动的细节不是法律能够穷尽的。不是简单管理价值观和法律价值观的简单叠加，而是将法律要素纳入管理的思维框架，强调与已有管理方法的整合、渗透，例如，通过对企业组织结构的改良，借助企业价值链分析方法，将法商管理真正转化为企业经营管理的有力武器。

（一）管理与法律的相互渗透关系

企业经营活动的开展本来就是在法律与管理两大因素作用下展开的，管理学与法学两大学科交叉综合形成系统性的管理框架作用在企业身上，因此企业生产经营活动和活动的成果必然具有法律和管理属性。但是如何在实践中应用，一个可行的方法就是将法律要素融入或者渗透到具体管理过程中。

例如，本书第一章中提到的茅台酒和五粮液因为违反《反垄断法》而被处以巨额罚款，其实他们都是在企业营销渠道建设和管理中违反了相关的法律。加强营销体系建设、防止窜货现象发生、规范经销商的行为、加强价格管理大方向没有问题，但是问题出在这两家企业制定的经销商管理制度上，两家企业都从自己的角度制定相关制度体系和处罚措施，从而忽视了经销商管理条例不能违反《反垄断法》关于价格垄断的相关条款。如果两家企业在制定各自经销商管理制度中，能够不仅从提高管理效率出发思考营销渠道建设和管理，而同时考虑相关制度应该符合法律要求，即将法律要素渗透到具体的管理条款中，则完全可以规避被处以巨额罚款的风险。

（二）管理与法律在一定条件下具有替代性

前已述及，企业具有双重属性，因此企业管理中有些问题可以用法律手段解决，也可以用管理手段解决。当然要根据具体情况采取方法。特别是，有时看起来必须用法律的方式加以解决，然而用管理方式处理效果可能更好一些。

下面我们通过一个例子加以阐述。有一家企业董事会，高薪聘请了一位高级专业管理人员，但是因为此高管工作失误，给企业造成很大损失。面对这种情形，董事会即刻做出了对该高管解聘的决定。然而令人想不到的是，被解聘的高管不服，反而一纸诉状将企业告上法庭，指控该企业违约并索要数千万元违约金。后来审核聘用合同才发现，合同中并没有明确规定造成什么样的损失可以提前解约，反而有提前解聘必须给付赔偿金的条款。很显然，按照合同的规定，企业不得不为此付出沉重的代价。此后才发现，解聘决定距聘任合同到期尚不足一年。设想，如果董事会不采取解聘的方式，而是采取管理的方式，比如，让此高管暂缓履行职务或者停职反省等管理手段，可以避免当事人诉诸法律维护自己的权利。这实际上就是巧妙利用管理在处理具体问题上所具有弹性的特点，规避法律的刚性。这个例子说明，管理与法律之间具有一定的替代性。

此案例也从侧面反映出一个问题，即管理中存在漏洞，没有对聘用合同进行认真的审核，造成后续的被动局面。另外，在决定采取什么方式处理高管工作失误问题时，无论多么紧急，都不应仓促决策，需要进行成本分析，通过分析测算解聘成本的大小，再做决定。此案例进一步印证了企业中的所有活动都具有双重属性，这两种属性相互作用附着在具体活动中，因此要高度重视。

（三）注重决策过程利益相关者的识别

所谓的利益相关者，是指对企业经营绩效有相互作用关系的个人、政府机构和社区。利益相关者的个人主要有股东、顾客、员工、供应商、分销商、债权人等。其中的股东、员工和顾客是企业关联最强的利益相关者。利益相关者与企业的关系，本质上是交换关系。利益相关者为企业创造良好的营商环境或是提供生产要素，如员工向企业提供劳动和技能，员工的诉求是期望获得满意的收入、稳定的工作和良好的工作条件。顾客期望买到质量好、价格实惠的商品。注重管理过程中利益相关者诉求的目的，在于循着利益相关者诉求，去探寻管理的方法和思路，还要确定法律法规和相应的政策等，这是进行法商管理的基础，只有这样才能有效规避风险。

比如，茅台酒和五粮液之所以出现法律问题，涉及经销商和消费者的利益诉求的不同。还有国家作为经济环境的构建者和经济秩序维护的主体对企业也有一定的诉求，从耐克公司被处罚可以看出，政府的市场监管部门对耐克公司有诉求，希望耐克公司在遵守我国的法律制度下，履行职责满足消费者的需求，进而取得好的经营绩效，当然耐克公司也希望市场监管部门为其在中国的经营创造良好的外部条件，进而在中国不断扩大经营规模。各自利益诉求的实现，是需要法律作为保障，需要加强管理，但是由于在实践中，缺乏对法律的敬畏感或管理失误，当出现问题时只能诉诸法律。

第二部分　应用篇

第五章 法商管理体系框架结构与功能

本章首先介绍法商管理体系的概念和特征。其次重点阐述基于心智模式转变的法商管理体系建设的思路，即通过在已有组织结构中注入法律要素来实现，具有适应性强、成本低、运行效率高的特点。再次论述将原组织结构中的"业务单元"转变为法商管理观念下"法商单元"的意义，并提出法商管理控制卡的概念，指出法商管理控制卡是实现法商管理体系功能的重要工具。最后对法商管理体系的结构和功能特点做总结。

一、法商管理体系的概念及特征

全面法商管理体系是为了提升企业管理效能，通过在企业组织结构中注入法律要素所建构的实现法商管理理念的载体，实现对企业经营管理活动的全覆盖，达到规避法商风险、为企业稳定和可持续发展保驾护航的目的。所谓的法商风险是本书在分析企业经营风险、管理风险、经济风险、法律风险等众多风险基础上提出的新概念，笔者认为尽管企业风险众多，但是大体上可以分为三类，第一类是纯粹的经营管理类风险，第二类是纯粹的法律风险，第三类是法律和经营管理相互作用产生的风险。在第四章中我们提出了企业和企业活动具有双重属性的命题，离开具体的企业活动谈法律风险，或者离开法律和管理制度谈其他风险都是不完全的。因此，本书用法商风险的概念，将上述所有的风险统称为法商风险，这是与法商管理理论一致的。

以规避法商风险为基础建立的全面法商管理体系，应该能够全面覆盖企业所有的经营管理活动，其"全面"体现在三点：一是人员的全面性，即上至企业高管和职能部门经理，下至企业一般员工都应该牢固树立法商管理的理念，只有全体人员各司其职，在企业日常经营活动中贯彻法商管理理念，才能产生实际效能。二是过程的全面性，即要将企业经营活动从研发、产品设计、生产、营销，最后到售后服务都纳入法商管理的框架中。三是全面覆盖企业的所有方面，如企业与企业的利益相关者关系的处理，企业应该承担的企业社会责任等。

（一）全面

全面法商管理体系面向企业所有组织架构的部门乃至个人，这里将其称为行为主体，也包括企业的生产过程和经营过程。因为企业的所有活动从过程到结果都具有管理和法律的双重属性，包括企业技术创新、管理研发及制造活动，乃至推向市场的售后服务，也包括企业投融资、成本核算以及市场开发等经营，还包括企业高层管理者到一般员工的行为。上述所有活动都会对企业带来影响，因而都应纳入管理的范围。

全面管理以提高各种活动的规范性，从而不断提高企业生产经营活动质量，预防和减少各种风险，促进企业持续稳定的发展。比如，进行技术创新活动，必然涉及资金的投入和研发进度的控制等管理问题，同时也涉及知识产权问题，如过程中是否涉及侵犯知识产权、创新的结果会带来哪些经济效益、成果投入产出状况如何，同时对拥有独创性的创新成果，需要通过申请专利加以保护。又如，企业高管的决策活动涉及决策程序是否符合国家的相关政策和法律，是否符合企业管理章程，对于重大的投资决策是否进行了可行性研究，决策的结果也具有双重属性，从管理的角度看是否达到投资的目标，是否产生经济效益，如果因为决策失误导致的重大经济损失，特别是人身安全的事故，则需要承担法律责任。即使一线的员工如高速铁路司机，驾驶车辆必须严格遵守操作规程，否则可能导致安全事故，不仅会受到行政处罚而且严重的情况下还需要承担法律责任。

全面法商管理体系重在通过制定和完善各种管理制度、行为规范及其各种监控措施，规范行为主体的活动，促使行为主体重视工作成果的质量，保证企业健康有效的运行。

（二）全程

全程的概念是指将企业所有作业流程全面纳入法商管理体系。全程管理秉承"重在预防"的理念，把管理的重点从事后检验转到过程控制上来，将各种可能产生风险的隐患消灭在萌芽状态，形成一个能稳定且可持续发展的生产经营系统。比如，对于生产类企业，原材料的质量对产品质量的影响巨大，一定要把好质量关，必须严格遵守检验检测流程、按照标准进行检验，不能有半点疏忽。原材料质量检验检测同样是具有管理和法律双重属性的活动，从检验检测的流程上看是管理，但是检验检测过程涉及相关标准，又具有法律属性。例如一家广东的玩具企业，一直从其供应商那里采购油漆，长期遵守严格的检验检测流程，同时要严格执行相关原材料标准，产品畅销国内外，发展势头良好。但是一次偶然只是因为为完成加急订单的交货任务，没有像往常一样进行检验，使含铅量超标油漆流入生产制造过程，造成大规模产品召回，致使企业破产倒闭。

（三）全员

全员管理的含义是全面法商管理体系需要全员参加、人人有责，上至最高管理者下至一般员工，必须明确自己在企业的组织架构或流程中的职责、工作目标，以及开展工作所应该遵守的工作制度、操作规范、相关法律等。如企业最高管理层的职能是制定企业战略方针、确定目标，完善管理体制，组织协调各部门、各环节、各类人员的活动，保证企业战略目标的实现；中层管理者是为实施企业的经营战略的职能部门负责人，应该明确部门的职责和目标，按照公司战略的要求，制订工作方案、计划，并带领部门的员工实施；而生产一线的员工则执行各种既定操作流程，完成具体的作业或工作。

企业经营目标的实现需要所有部门、全体员工在各自的职权范围、工作岗位尽心尽责，高质量地完成自己承担的任务。当然，企业内各职能和业务部门之间有分工和协作关系，需要紧密配合才能完成。但是，高质量地完成自己分内的工作任务是前提。对于现代化的企业而言，无论企业高管层面，还是职能层面，或是一线的员工，其行为过程和行为的结果都不可轻视，任何小的差错都可能导致整个企业大厦的轰然倒塌。诚然，对企业高层管理者而言，因决策失误导致失败的案例更是屡见不鲜。

随着科学技术进步，互联网和计算机技术的广泛应用，在极大地提高企业生产力和生产效率的同时，企业系统比工业经济时代显得更脆弱，其中一个特点是，一般员工在生产经营活动中的失误都有可能给其企业造成巨大损失，即存在"牵一发而动全局"的现象，这里的"一发"更多的是指企业组织中的具体岗位，由于岗位工作人员操作失误可能毁掉整个企业。比如，有着233年历史的英国老牌贵族银行——巴林银行的倒闭，就是因为一位28岁的交易员在未经授权的情况下，认购了总价70亿美元的日本股票指数期货所引起的，当时正值日本阪神地震突发，引起日本债券市场下跌，受到连带影响，巴林银行损失10多亿美元，超过了该银行8.6亿美元的总价值，巴林银行不得不宣布倒闭。印度博帕尔农药厂发生的导致2.5万人直接死亡、55万人间接死亡、20多万人永久残疾的灾难，只是由于一个维修工人的失误操作导致有毒气体的泄漏。上述两个案例有共同的特点，即都是一线的员工，都是因为没有严格按照制度规范履行职责，最终导致灾难性后果，当然这种后果不仅是经济上的损失，同时还需要承担法律责任。这也是为什么法商管理体系强调全员参与的原因。

事实上，可以将企业比喻为由许许多多串联起来的灯泡构成的系统，从简单的电工知识可以看出，图5.1中任何一个灯泡熄灭都会导致系统中的其他灯泡断电并熄灭。因此，真可谓"牵一发而动全局"，风险防不胜防。

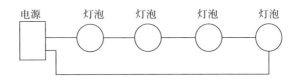

图5.1　串联电路结构

因此从法商管理的视角考察，遵守管理制度，遵守相关法律，必须作为企业全员的自觉行动。因为企业中的每一个人无论职位高低，在什么岗位工作，其行为结果对企业的发展都具有举足轻重的影响。可以毫不夸张地说，每一个人就像串联电路中的一个灯泡，当各种因素条件聚集时，就可能引发巨大风险。因此各个级别的人都应该在自己的岗位上发挥主观能动性，积极参与系统的建设和运营。

二、基于心智模式转变的法商管理体系建设

"心智模式"是一种思维定式，是指我们认识事物的方法和习惯，所谓的事物是广义的概念，包括自己、他人、各类组织以及所处环境的各个方面。心智模式是对事物的独特的认知模式，深受习惯思维、个人的经验以及知识结构影响。一个人的心智模式决定其认知事物的出发点和方式，进而影响其行为。当人的心智模式符合客观事物的发展规律，则有利于问题的解决。在经典管理理论框架

内，人们思考管理问题主要关注企业效率和效益，对企业各种经营活动的管理也是以效率和效益为导向的，简而言之，关注的是企业的经济属性或者是管理属性，而忽视其中蕴含的法律属性。

本书提出基于心智模式转变的法商管理体系构建的思路，其基本含义是，在不改变企业组织结构和企业价值链流程的基础上，通过文化建设、教育培训、观念转变等方式，赋予原有企业组织架构和企业价值链的内涵，使之转变为法商管理体系。将在原来组织架构下或价值链上的"业务单元"转变为"法商单元"，这种转变主要基于心智模式的转变，通过挖掘业务单元本身蕴含的法律属性实现，主要是认知上的转变，其实经典管理思维下的"业务单元"和法商管理思维下的"法商单元"是同一个事物，只是认知上有差别。这种认知与我们给出企业和企业活动具有双重属性的判断是一致的。

通过增加组织结构内涵的方式建设法商管理体系，打破了经典管理思维下，一谈到新的管理类体系建设就要通过增加部门和增加人员的方式来实现的固有模式。不是靠增加"硬"投入，比如，大幅度增加机构和人员，增加经费投入推进，而是依靠"软"投入，即通过对组织结构各层次和各环节人员进行法商管理理念的教育，将法商管理理念渗透到企业组织结构所有的部门、流程、岗位直至一般员工思想中，彻底改变心智模式，通过确立法商管理思维方式来实现。这是本书提出的法商管理体系建构思路的鲜明特色，基于转变心智模式的法商管理体系建设思路如图5.2所示。

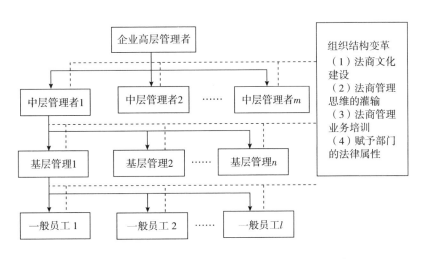

图5.2 基于转变心智模式的法商管理体系建设思路

这种建构法商管理体系的思路有以下特点：

首先，法商管理体系立足于保持原组织架构的各个部门划分，只是通过对部门赋予新的职能和要求实现系统建设，相当于建立了一个隐形系统，避免与已有的管理体制中相关体系之间可能出现交叉、重叠甚至多头管理的情况。再者，现实中企业组织结构不尽相同，有职能型结构、事业部制结构、矩阵型制结构等，采用基于转变心智模式思路建立法商管理系统，可以有很好的适应性。

其次，原组织架构下各体系、各个部门继续保留，只是要求这些部门的管理者要接受法商管理理念，相当于在原管理维度——效率维度上拓展一个维度——法律维度，略微增加管理内容，有利于法商管理系统功能的发挥。事实上，各部门在组织结构中处在企业各种管理系统、各种制度落实的交汇点上，便于将各种体系的管理要求内化为部门的工作，统筹考虑。例如，可以将审计、财务监督、纪检、法务、风险控制等方面的要求内化到具体的部门中，有助于各种规章制度和要求具体化为部门和员工的要求，使之目标明确、职责清晰等。

最后，有利于法商管理体系的运行与控制，法商管理体系动力传导机制应沿着战略管理体系进行分解和整合。附着在原有组织结构和企业价值链上的法商管理体系，有利于将企业高层法商管理的决策和具体要求向下传递，有利于法商管理体系的运行和控制。另外，作为基层部门，因为赋予其法商管理的职能，需要补充和学习相关的法律知识，可以通过高层管理者调度和指挥公司内法务部门的法律人才下沉到各个管理部门，提供帮助。

三、观念上实现从业务单元向法商单元转变

基于转变心智模式的法商系统的建设思路，需要将原组织结构和价值链中的部门、业务单元乃至个人（这里不妨通称为"业务单元"），从理念上转变为法商管理思维条件下的"法商单元"。为便于描述，用法商管理单元的英文缩写LBU（Legal-Business Unit）表示。法商单元可以是原来组织结构中的部门，也可以是企业价值链中的单位，如研发部门、生产、营销、人力资源等，还可以是企业运营某流程中的环节，甚至细化到个人。一个公司中LBU的多少应视情况确定，高层次的LBU可以包含若干低一层次的LBU。这种理念上的转变，主要目的是强化企业组织中全体人员对法商管理的认同，有利于促进在全体员工中建立

法商管理思维模式。

其中业务单元向 LBU 的转变具体表现在，对企业的 CEO 而言，整个企业就是一个 LBU，而每个部门都是相应的 LBU，如财务 LBU、人力资源管理 LBU 等，实现从原业务单元为节点的组织转变为以 LBU 为节点的组织结构，转变过程有以下三种：

第一种，基于企业组织结构转换，不失一般性，图 5.3 是以典型的职能型结构为例，用图形描述这种转换过程。

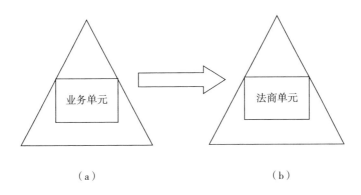

（a）　　　　　　　　　　　　（b）

图 5.3　基于企业组织结构的转换

划分法商单元可以借助企业层级与职能矩阵进行，其纵向是企业的组织结构的层级，从高层战略决策层，到中层职能层，再到基层的操作层。基于企业组织机构转换为法商单元，优点是结构清晰、领导关系明确、有利于分工协作。例如，从层级上看，财务管理职能涉及从公司高层的财务总监、中层的财务部长，再下层可能是主管，直至一般员工若干级别。处在不同层级的管理部门和管理者或员工，他们的职责既有联系也有区别，所涉及的管理制度、法律以及业务都有所不同，都有相应的法商单元。对于 CFO 而言，重点要掌握公司的投资融资的策略，了解本企业所在行业的特点，还应该了解国家的宏观经济政策等，以便于制定本公司的财务管理的总体思路和对策。财务部则是在 CFO 的领导下，按照财务管理制度进行管理，而执行层的员工则要按照相应的操作规范进行业务处理。同理，对研发部门也具有这样的特点，作为高层管理要关注知识产权的相关政策、技术发展趋势，需要遵守知识产权管理类的法律法规，中层及其以下的员工则需根据相应的操作规范开展研发工作，当然在具体的工作中也应该遵守相应的法律规定。为法商管理体系的运行和管理奠定基础，可以在企业总体战略的驱动下，严格地指向企业的发展目标，减少无用功。

第二种，基于企业价值链的转变。公司运营可以看作由一系列有关联的活动组成的价值链，之所以用价值链描述活动，因为每项活动都会产生价值。这些活动嵌入在公司内部组织架构中，组织架构为价值链的活动提供基础环境。价值链将企业的活动划分为两大类：一类是基本活动，包括内部物流、生产制造，外部物流、市场营销、售后服务等；另一类是辅助活动，包括公司基础设施、人力资源管理、技术开发和采购等。企业价值链结构如图 5.4 所示，价值链中的活动内容可以用表 5.1 描述。

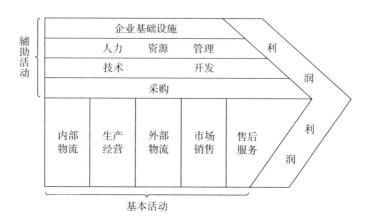

图 5.4　企业价值链结构

表 5.1　价值链活动内容一览

活动名称	活动内容
基本活动	
内部物流	如原材料处理、库存、存货控制；接收、储存和分配原材料的行为
运营	把输入的物资转换为最终产品的行为，如加工、包装、装配、设备维护以及其他运营行为
外部物流	包括收集、储存以及发送最终产品给客户的行为，这些行为的例子包括最终产品的仓储、原材料的处理及外部物流处理
营销和销售	为客户提供采购产品的手段的行为以及诱导其采购的行为，为了有效地推广和销售产品，企业发展广告推销活动，选择合适的配送渠道以及选择、发展和支持其销售队伍

续表

活动名称	活动内容
服务	用于维持和扩大产品价值的行为,企业会参与一系列与服务相关的行为,包括安装、修理、培训和调试
辅助活动	
采购	购买企业生产产品所需材料的行为,采购的物资包括生产过程中要消耗的材料(如原材料以及固定资产——机器、实验设备、办公设备、办公楼)
技术开发	用于改进企业的产品以及生产产品的过程的行为,技术开发采用很多种形式,如改良设备、基础研究和产品设计以及服务
人力资源管理	包括员工的招聘、聘用、培训、职业发展以及工资薪酬的行为
企业基础设施	企业基础设施包括总体管理、计划、财务、会计、法律支持、政府关系这些所有对整个价值链起支持作用的行为,通过企业基础设施建设,企业不断地识别外部机会和威胁,识别资源和能力从而支持核心竞争力

资料来源:Michael E. Porter, *Competitive Advantage*:*Creating and Sustaining Superior Performance*, Simon & Schuster Adult Publishing Group, 1998.

基于企业价值链划分法商单元,即将基本活动和辅助活动的每个环节看作法商单元,可以达到全面覆盖企业经营活动的特点。再者,具有很好的适应性,前已述及,价值链嵌入企业的组织架构中,尤其对于组织结构相对复杂的企业,比如采用事业部制组织结构的公司,每个事业部相当于一个独立核算企业,可以用价值链描述。另外,企业价值链的每个环节都有明确的职责和功能,并且对每个环节内的作业流程做了较详细的分解,有利于进行管理控制。法商管理体系应该覆盖企业价值链基本活动和辅助活动,依据企业规模、产品或业务种类以及复杂程度、组织结构等进行划分。这里只是从大框架来描述,旨在阐述划分法商单元应遵循的思路。

按照价值链划分法商单元,还可以进一步细化到每项活动的具体环节,可以是工序,也可以是岗位(人)。比如,运营活动,把输入的物资转换为最终产品的行为,包括加工、包装、装配、设备维护等一系列工序,每道工序也可以视作法商单元,因为每道工序的员工都要严格遵守操作规程,都会涉及管理制度、法律法规、运营结果的状态等,也具有法与商的双重属性。例如,发电厂、炼油厂或是化工类的工厂,通常有总控制室,总控制室员工的职责是通过观察反映企业运行情况的仪表，记录企业运营情况，并在必要时采取相应的措施。实时观察运行状态并处理出现的问题，以保证生产系统正常进行，严格执行操作规程，保证设备的正常运行属于管理的范畴，但是一旦违反操作规程，出现失误引起生产事故，带来巨大的经济损失，或者引发灾难，将可能需要承担法律责任，因此该岗位既有管理属性也具有法律属性，也可以作为一个法商管理单元看待。

第三种，基于项目管理转换。所谓的项目，在管理学中是指在特定时间内，在一定的技术或资源约束条件下的活动或者产品制造过程，比如举办一项大型活动、承包一项建筑工程、投资建设一个新的工厂等，都可以纳入项目的范畴。在经典管理理论中，项目的策划和实施主要关注其经济或者管理属性，并没有刻意强调其中所隐含的法律属性。但是，从法商管理的视角看，其本身就应该是一个法商单元，当然一个项目如果足够大的话，还可以在其中进一步划分出下一层次的法商单元。

四、法商管理体系建设及其功能结构

（一）法商管理体系建设的组织和实施

实现全面法商管理的思想，即全面、全程、全员。这样的系统与其他的监管系统有本质的区别，其不是由监管体系对企业各部门工作监控，而是全员参与其中，所有的人员既是体系建设参与者也是运营者。比如目前有些企业中建设的法律风险控制体系属于监督和管理机构，对各个部门的经营活动进行监督和控制，促使各部门在符合相关法律条件下开展工作，是由法务部门对各个承担经营活动部门或员工的监督和控制。法商管理体系则是在公司最高管理层领导并组织实施，旨在将法商管理理念贯彻到所有部门甚至每个人，上至企业董事长，下至各级部门负责人，乃至生产第一线的工人，实现全员参与，法商管理系统不是游离在组织中各个业务部门之外，而是融入其中，转变为全体人员的自觉行动，既是法商管理的践行者，也是自我管理者，实现对企业经营活动及其人员活动全面覆盖，从而消除企业各种隐患，规避风险，实现企业可持续发展。法商管理体系建设和功能结构框架如图5.5所示。

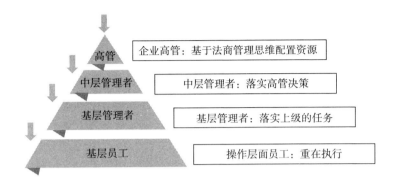

图5.5 法商管理体系建设和功能结构框架

尽管法商管理体系强调全员参与是其特点之一，但是体系结构建设还需要在公司高层领导组织和管理下推进。公司高层领导通常包括董事会、高级管理层和相关部门。对于法商管理体系建设，还是应该成立相应的领导机构负责具体建设工作，不妨称其为法商管理体系建设管理委员会（以下简称委员会）。委员会人员由企业高层管理者和相关部门的人员组成，由企业 CEO 或者同等级别的管理人员担任委员会主任，以确保法商管理委员会的权威性，能够有效地领导和组织法商管理体系的建设。委员会负责制定、定期审查和监督公司内部各级部门法商管理体系政策、程序以及具体工作步骤，及时掌握体系建设推进情况，协调公司相关部门为企业管理部门、内部审计控制部门、公司法务部门提供系统建设服务和技术指导。

法商管理体系建设的核心是通过心智模式转变推动的，而文化建设是推进心智模式转变的有效途径，因此法商管理委员会要将法商管理文化建设置于十分重要的地位。这里首先给出公司法商管理文化的基本概念：法商管理文化是指以法商管理核心价值观，以及围绕法商管理核心价值观所形成的共同的管理理念、行为方式以及管理制度和规范等的综合体。法商管理文化的基础源于对企业和企业活动具有双重属性的判断，企业和企业内部的各项活动既具有经济管理属性，也具有法律属性，因此企业管理必须遵守企业的管理制度和操作流程，同时还需要遵守相关法律。法商管理文化的核心价值观体现在经营管理注重效率、效益价值观，与法律的公平、正义价值观的有机融合，是企业员工观察处理企业问题的判断标准和行为准则。要将法商管理文化纳入企业文化中，作为企业文化的重要组成部分，渗透到企业管理制度、员工行为规范中，使全体员工，上至董事长，下至一线员工达成共识，积极参加法商管理体系建设和运营，将运用法商管理思维观察和分析管理问题变成自觉行动，只有这样才能使法商管理体系真正成为化理念为行动的载体。

（二）法商管理体系结构的特点

实际的企业组织结构要复杂得多，如企业内部还有人、财、物等管理体系，因此具有嵌套性特点。依据整个机构中部门的层级，可以把部门制分为高大型科层组织和扁平化结构组织。高大型科层组织是指拥有较多数目管理等级的组织，而扁平化结构组织是指拥有较少数目管理层级的组织。依据企业组织结构，通过心智模式转变、法商管理思维的注入、划分法商管理单元，转变为法商管理体系，可以达到既提高组织管理效能，又能够降低管理成本的目的，将企业各管理层次、各环节都纳入法商管理的范畴。

值得强调的是，法商管理体系是附着在企业组织结构之上，并不是另外组建的一套系统，这样可以适应所有组织结构类型，而且可以随着组织结构的重构或变革而变化。这种将法商管理思维注入企业已有组织结构或者企业价值链中，相当于建立了一个理念系统或者隐形系统，即从法商管理功能上是完备的，但实现方式是在已有组织结构和企业价值链上注入法商要素来实现。类似于人的机体多是种系统的复合体，外部结构形态表现为四肢、头颅、躯干等，实际上透过表面形态，其身体内部还存在神经系统、血液循环系统、免疫系统等，这些系统都是附着在人的机体上。人体是生物进化的产物，而法商管理体系是企业高管领导下推动和建设的产物，但是从功能上看，法商管理体系相当于健康管理系统或者免疫系统。

（三）法商管理体系的功能特点

企业组织具有管理和法律双重属性。从研发、生产、营销、供应链管理、直至售后服务各个环节，不仅要遵守各种规章制度和管理规范，还要严格遵守相关法律法规，稍有不慎就有可能引发企业问题，轻者导致亏损，重则使企业大厦倾覆。类似人的机体和生命，任何器官或者系统出现致命疾患都有可能导致健康问题甚至死亡，因而可以毫不夸张地说，经营和管理企业总是处在战战兢兢、如履薄冰的情境中，时刻处在风险之中。采取什么方式才能有效规避法商风险，保证企业经营管理活动的正常开展，使企业基业长青？

毫无疑问，法商管理体系无疑对解决上述问题提供了有效途径，具备规避法商风险的功能。值得指出的是，规避法商风险的功能不是通过增加人员、改变部门结构或者流程来实现的，而是通过法律要素的注入、适当扩大管理内容来实现的。相当于赋予原有企业组织结构新的功能，即由原来仅依赖管理制度和规范进行管理，扩大到同时借助法律条款进行管理，法商管理与企业具有的管理和法律双重属性相匹配。

管理学中对组织结构和功能关系有非常精辟的定义：组织结构是指构成组织的要素和要素关系的集合，功能依赖于结构，或者结构决定功能。正如在炼钢过程中加入锰元素，由于锰元素的注入，改变了钢铁的组成要素，进而改变要素之间的关系，使普通钢铁变为锰钢，锰钢比普通钢铁有更强的抗冲击力，常常作为制造自行车的材料。在企业原有组织结构中注入法律要素，也相当于改变了组织结构的要素和要素之间的关系，比如增加了法律要素，组织结构中的部门从经典管理观念下的"业务单元"转变为法商管理观念下的"法商管理单元"，除了关注业务单元的经济属性即是否符合管理制度要求，拓展到还要关注其法律属性即是否符合法律要求，从而实现效能的提高。因此，法律要素促进了原有组织结构功能的拓展和完善。

从法商管理理论出发，需要企业组织结构中的各个部门以及各部门的工作人员明确，除了要遵守企业的规章制度、履行职责，还受到相关法律的制约，需承担相应的法律责任。比如，其业务活动的开展是否违反相关法律，生产经营活动中的失误造成的严重后果，如产品质量问题、人身安全问题等，不仅承担经济或行政责任，往往还要承担相应的法律责任，极端情况下要承担刑事法律责任。为了实现上述功能，本书提出法商管理控制卡工具，对每个法商管理单元职责、相关管理制度及法律等进行了结构化描述，作为法商管理单元的行动指南和控制工具，旨在帮助企业管理人员和一般员工建立法商管理思维模式。法商管理控制卡概念及其设计及其应用，将在第六章详细介绍。

第六章　法商管理控制卡及其设计

这一章介绍法商管理控制卡概念、功能、设计及其应用问题。首先阐述对法商单元行为控制的思路，进而提出法商管理控制卡的概念，分析其功能和五维度雷达图的结构，指出其是法商单元开展活动的行动指南和控制工具。其次重点介绍法商管理控制设计原则和分析步骤，阐述法商管理控制卡对实现全面法商管理体系功能的意义，结合案例介绍法商管理控制卡设计的过程。

一、法商管理控制卡的概念及其功能结构

第五章中我们介绍了法商管理体系的框架和功能，给出法商单元（LBU）的概念及其划分路径，旨在解决将经典管理思维下的业务单元如何转化为法商管理思维下的法商单元的问题。但是，如何实现对法商单元的管理，进一步将法商管理转化为全体员工的行为，是本章重点解决的问题。

笔者认为，从观念上将业务单元视作法商单元，两者区别在于，业务单元仅注重经济属性而忽视了法律属性，法商单元则既重视经济属性也重视法律属性，具体体现在将活动过程和活动结果的法律属性纳入管理的视野。实践中之所以会出现"小人物"造成大失误的一个重要原因，就是因为操作过程责任意识不强，法律意识不强，而不当操作将会造成重大损失，对将要承担什么样的责任，特别是法律责任了解不够。在经典管理思维下，操作流程只是要求员工必须如何做，仅强调如果违反流程可能造成什么严重后果，仅限于经济或安全范畴，没有指出在法律方面应该承担的责任。对法商单元法律属性的管理包括两个方面：一是活动的过程，要求法商单元遵守的法律法规；二是活动的结果，要求法商单元明确

工作失误导致严重结果的法律责任。图 6.1 描述了法商单元管理的思路框架。

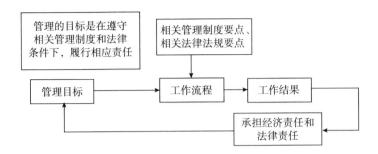

图 6.1 法商单元管理的思路框架

基于以上分析，本书提出法商管理控制卡（Law Business Management Control Ccard，LBMCC）作为指导和控制法商管理单元行为的工具。图 6.2 是法商管理控制卡的基本结构，其基于五维雷达图，表示每个维度对应法商单元的目标和责任、工作流程、制度规范、相关法律、结果绩效（经济的、管理的、法律的法商风险）。

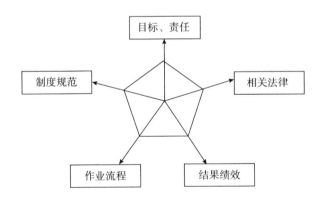

图 6.2 法商管理控制卡的基本结构

法商管理控制卡五个维度的含义及其控制原理分析如下：

目标和责任——指法商管理单元工作目标和责任。

工作流程——解决法商管理的业务如何做，是符合要求的步骤。

制度规范——重要的制度规范其具体条款。

相关法律——法商管理单元的活动涉及的相关法律（条款）。

结果绩效——经济的、管理的、法律的。

法商管理控制卡的目的是让法商单元的当事人明确法商单元的工作范围及其基本流程、实现的目标、应该遵守的管理制度规范和相关法律，明确活动结果的特点。值得指出的是，基于五维雷达图的控制卡结构，除了可以清晰地描述法商单元应该遵循的思路，作为法商单元的行为指针和思维导图外，还有一个重要的用途是经过修订和完善可以作为评价法商管理单元的指标体系框架，详细内容将在第七章介绍。

公司中不同层级和类型的法商管理控制卡的具体内容有所不同，但是法商管理控制卡都具有五维度的结构。为便于理解、记忆、沟通，形成结构化法商管理行思模式，将化法商管理理念变为行动力，从法商管理体系层面进行考察，由于每个法商单元都有对应的法商管理控制卡，相当于原有组织结构在理念层面的又一次转换，转换为法商管理控制卡构成结构形态，如图 6.3 所示。

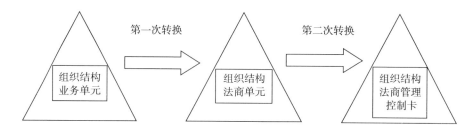

图 6.3　法商管理体系的转换过程

二、法商管理控制卡的设计原则

法商管理控制卡是全面法商管理体系运作的基础，理论上每个法商单元都应该有对应的法商管理控制卡，而且每个控制卡又对应五个维度，涉及管理制度、法律法规、工作流程、财务管理等多方面专业知识，因此设计法商管理控制卡是一项复杂而艰巨的任务。为了顺利推进法商管理控制卡建设，应该采取公司高层主导、基层负责实施的模式，由公司法商管理委员会承担组织领导责任，由法商单元的负责人具体实施。这种模式的优点表现在两个方面：一方面，由法商管理委员会代表公司组织领导控制卡设计工作具有权威性，有利于从上至下推动建设工作的开展，有利于在全公司范围内调度组织力量，对各个法商单元设计提供辅导和专业方面的支持，例如，涉及法律问题，需要借助企业法务部门的法律专业人员，涉及活动结果测算需要有财务管理人员的支持等。另一方面，法商单元负责人组织完成本部门控制卡设计工作，有利于充分调动法商单元负责人的积极性，通过设计可以进一步加深对法商管理的理解，提高法商管理水平，同时组织员工参与法商管理控制卡的设计，也是对员工法商管理理念的灌输和学习。为了做好法商管理控制卡的设计，需要坚持以下原则：

（一）公司一把手工程原则

企业的主要领导在法商管理体系建设中居于关键的地位，处在重要的位置，要切实发挥好领导作用。首先自身要实现心智模式的转变，确立法商管理理念和价值观，最好亲自担任法商管理委员会负责人，领导、组织、监督和指导法商管理控制卡的设计工作，使之与公司战略和组织结构相适应。其次要审核法商管理体系建设规划，为法商管理体系建设和法商管理控制卡设计提供资源保障和技术支持，保证法商管理控制卡设计质量，使之真正融入企业的管理职能和业务流程之中。最后要加强对直接下属部门的管理和领导，将法商管理的思想传递给高管团队，将法商管理控制卡设计的职责和权力分解到相关部门责任人，督促和指导他们不断完善和改进法商管理控制卡的设计，进而提高法商管理体系有效性。

（二）分工负责原则

各个层级的法商单元管理人是组织完成本单元法商管理控制卡的第一责任人，即遵循"谁的孩子谁抱走"的原则，按照公司法商管理委员会的要求落实法商管理控制卡设计工作，按照公司法商管理的方针、程序进度要求，组织、指导和监督本部门员工参与到设计法商管理控制卡中来。通过设计法商管理控制卡，提高员工的法商管理意识，增强按照法商管理控制卡规范自己工作行为的自觉性。同时要积极和上级部门进行沟通，及时反馈信息，获得领导部门的支持和帮助。如果本单元业务范围与企业以外的机构有业务关系，比如市场营销、公共关系、企业融资部门等，还需将涉及对外业务活动相关制度、法律法规等纳入法商管理控制卡的范围，以便规避法商风险。

（三）突出重点原则

每个层级的法商单元应该明确自己业务活动范围所涉及的法律法规、上级机构或者监管机构发布的命令、条例或者指南。明确与利益相关方签订的协议、与相关部门签订的合同，明确自己部门的工作需要执行的标准等。所有员工都必须明确与自己职务的职责及工作目标，积极地参加各种培训，不断提高自己的工作技能和法商管理意识。当然处于不同层级和岗位的人员所关注的具体内容有差异，而且管理要素和法律要素及其专业知识的比重不同。例如，企业的高管对法律要素的关注度更高，包括两类法律要素，第一类是履行高管职务应该遵守的相关法律，第二类是分管的业务领域涉及的专门法律。再如，技术人员做研发，对自身而言要严格遵守保护企业商业机密的法律规定，业务上应关注知识产权保护的相关法律。对生产一线的工人而言，要熟悉操作流程、工作标准等，同时要明确如果不按照规定执行则可能引起的经济风险、人身事故和法律后果。

（四）不断改进原则

不断改进原则具有双重含义：一是对已有的系统自身采用 SDCA 循环方式，即 Sreen（识别）、Do（执行）、Check（检查）和 Act（处理）进行改进和完善，比如与本单元活动相关的法律条款应该在法商管理控制卡中体现出来，公司管理制度规范有变化也应该及时对法商管理控制卡做出修改。另外，控制卡中五个维度的内容，若实际运营中发现有缺陷和不足，也应该进行修订、调整和完善。二是要随着企业组织结构的调整进行改建和完善。因公司战略调整引发的组织结构变化，部门设置和职责也变化，法商管理体系也应随之而变，进而法商管理控制卡也应该紧随其变，做出修改和完善，使之适应管理的需要。对于上述问题若不能得到有效解决，将会导致原有的法商管理体系与现行运营不匹配，因此要对组织调整后的法商管理体系给予必要的重视。

三、法商管理控制卡的内容分析

（一）界定法商单元的职责和工作目标

明确界定法商单元的职责和工作目标，这是法商管理控制卡设计首先要解决的任务，职责和工作目标对法商单元应该承担的具体任务和努力方向做出了规定，是法商单元开展工作的指南。

（二）分析确定法商单元的规章制度集

在分析本单元职责、任务和目标的基础上，归纳和整合与本单元业务活动相关的规章制度、相关工作标准、操作规程和规范。对绝大多数企业而言，其都有相关产品质量标准、原材料标准等，还有相关工作标准，如各种电气设备的安装、维护、检修的规程等，还有一些危险作业岗位，如高空、高温、水下、带电作业操作规程等。因此，为保证法商单元工作和产品质量，收集与自己业务相关的上述制度规范等十分必要。有些情况下还应该将伦理和道德规范纳入，以约束可能出现的机会主义行为。

（三）分析确定法商单元相关法律法规

相关的法律法规收集与整理。法商单元的经营管理活动不仅要受到公司管理制度和规章的约束，还受到相关法律法规的约束，将与本单元相关的法律法规归纳整理是十分必要的，这里所说的法律法规是广义上的概念，即除了国家颁布的法律以外，也包括相关政府部门制定的政策、规定、条例等，还包括公司与其他组织签订的合同、协议等，都应该纳入本单元法律收集整理的范畴。当然，对于不同级别和不同类型的法商单元，与工作联系紧密的可能是某个法律中具体条款，并不一定包括所有条款。企业高层法商单元如董事会、经理要完整地收集与自己企业相关的法律法规和产业政策等。企业职能管理部门，如营销管理、公共关系、物流管理、技术研发、人力资源管理等，要完整地收集整理反垄断竞争法、产品质量法、知识产权保护法、环境保护法、劳动合同法等法律，特别是将其中与自己工作联系密切的条款重点列出，便于日常工作中严格遵守。要保证法商单元活动在法律制度框架内进行，规避法商风险是十分必要的。

（四）明确法商单元主要工作流程

所谓的流程，只是完成某项业务所要进行的相关活动的总称。比如，人力资源部门招聘员工，就要经过发布招聘信息、接收应聘人员的申请表、再对人员应聘资料筛选分析，然后确定参加笔试或者面试的人员，为了保证招聘人员的质量，可能会要进行多轮的面试和相关的考核。再如，企业采购部门为保证所采购的原材料符合要求，需要对供货商进行资质审核，然后进行谈判、签约，对供货商提供的原材料或者零部件进行质量检验，以确保符合企业的需要。因此，对法商单元的工作流程进行分析梳理，对于控制法商单元经营管理活动的正常进行，防止发生因工作失误导致的损失具有重要意义。

（五）明确法商单元活动结果的性质

每一个法商单元都是一个具有输入、处理、输出功能的部门或者环节。例如，企业计划管理部门输入的是各种信息，经过分析处理输出的是企业的计划；生产车间输入的是原材料和配件，经过制造和装配处理输出的是产品；具有服务性质的部门，如企业设备维护部门，其输入的是有故障的设备，经过检修处理，最后输出经过检修的设备。总之，任何一个法商单元都有其活动的结果或成果。这里之所以强调明确法商单元活动的结果的性质，目的是提高法商单元提高对生产经营活动所产生的结果的重视，特别是要明确如果活动失误将会造成多大的损失，包括经济的、人身安全的，将要承担什么法律责任等。法商管理控制卡中专门列出结果维度，表面看起来是针对活动成果，但目的是强化法商单元对可能产生严重后果的认识，引导法商单元重视自己承担的责任，使法商单元精心操作，防止事故的发生。

（六）法商单元风险识别与综合分析

法商风险是基于法商管理理论所给出的定义，指企业运营各种行为或行为结果偏离目标导致严重后果的可能性，这种后果可能是经济后果和经济损失，人身安全后果如对企业员工或者消费者人身安全造成的伤害，或是法律后果如需承担的各种法律责任（法律风险），法商风险是对上述风险的通称。

识别法商风险，是建立法商管理控制卡的核心内容，其目的是为法商管理单元规避风险提供参考依据，以便做出预案。法商风险分析可以在各个维度上展开，比如，在流程维度，分析如果没有严格按照流程开展工作，将会产生哪些风险；在管理制度维，分析如果违反管理制度和规范会带来哪些不良后果；在相关法律维，要分析法商单元如果有违法行为将可能面临哪些法律风险；特别是活动的结果维度，如果没有达到预期目标将会造成哪些严重的后果，是否要承担法律责任等。在识别法商风险的基础上进行综合分析，对于法商单元规避法商风险具有十分重要的意义，因为法商管理控制卡的核心是规范人的行为，因此在不同维度进行风险分析，有利于加强法商单元每一个岗位上的人或者一个作业团队将规避法商风险视为己任。

四、企业高层法商管理控制卡的设计

　　企业高层管理是指企业的治理机构和最高经营管理机构，包括企业的董事会、监事会、企业管理委员会等部门，当然也包括公司董事长、CEO、CFO等。因为高层及其部门的许多工作是面对和解决企业中的重大问题，如企业发展战略、重大投资决策、企业并购、与国内外企业和机构的合作等，因此法商管理控制卡设计具有涉及范围广、产生影响大、相对复杂的特点。为简化描述和便于理解，这里将企业高管整体作为一个法商单元，分析其特点和应该注意的关键环节，最后结合案例给出说明。法商管理控制卡的设计原则上由法商单元负责人担任，如果法商单元规模比较大，所承担的经营管理活动相对复杂，则需要组织相关团队来完成。

　　企业高层法商管理控制卡设计，首先是注重企业环境分析，包括宏观环境、产业环境、竞争环境和企业内部环境等，如图 6.4 所示：

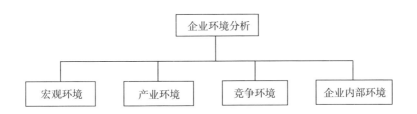

图 6.4　企业高层法商管理控制卡环境分析

　　宏观环境和产业环境包括宏观经济形势、国家（各个地方）产业政策、国内相关法律，如果有国际合作还需要了解国际组织和相关国家的法律、企业所在地的社会文化环境等。企业与其他企业之间的竞争环境、企业内部环境主要有企业组织结构、各种有形和无形资源等。事实上，企业环境是企业赖以生存的基础，也是企业与内外部要素之间关系的总和。例如，企业与政府通过各个监管部门发生联系，与供货商和消费者有密切关系，在企业内部与企业股东、企业员工、债权人关系密切。而且所有这些关系，要么是通过各种契约建立和维系的，如员工与企业签订雇佣合同，企业与供货商之间的供货合同；要么由法律规定必须接受政府部门的监管，如金融企业要受到各级金融监管部门的监督，企业纳税必须接受税务部门的管理等。

在环境分析的基础上，围绕高层管理的决策问题进一步明确决策程序、工作流程、搜索相关政策信息、确定应该遵守的相关法律，并对决策结果的影响程度做出评估。比如高层法商单元在进行制定公司战略时，需要对政府部门的监管政策、国家的产业政策、相关法律给予高度重视，不能违反上述政策法规的相关规定。下面结合江苏无锡铁本钢铁公司因战略决策失误导致破产重组的案例，详细阐述高层法商管理控制卡设计。

案例主要情节：江苏铁本钢铁有限公司是一家小型民营企业，为了扩大企业规模，提出了"三年内赶上宝钢""力争世界五百强"的发展构想，为此规划了一个投资总额 106 亿元、年产 800 万吨炼钢项目，需占用耕地 6000 亩。当时，按照《中华人民共和国土地管理法》的有关规定，涉及征用基本农田 50 亩以上要报国务院批准；同时按当时国家有关规定，总投资 2 亿元人民币及以上的钢铁项目应由国家环保总局负责审批其环境影响评价文件，在环保结论尚未做出前不能开工建设。但是铁本公司为了促成项目的实施，仅凭与当地镇政府签订的投资、供地等"协议"，占用相当比例的农田进行建设，未向国务院报批。同时，通过变相操作，将总投资 106 亿元的项目分拆成 14 个小项目，以规避国家环保局对环境评价的要求。发现此种情况后，2004 年 3 月，江苏省人民政府责令"铁本"项目停工；稍后，国务院紧急叫停"铁本"项目，紧接着，由国家发改委、国土资源部等九部委组成的联合调查组赶赴江苏省调查。调查结果显示，"铁本"被定性为一起典型的涉嫌违法犯罪的重大案件。此后进入法律程序，经过审理宣布铁本公司破产。（详情可参见有关资料，此处不再赘述）

如果以具体负责钢铁投资项目决策部门作为法商单元，为了使法商单元制定的投资决策严谨、正确并具有可操作性，必须让决策符合国家相关政策法律，规避法商风险。有必要运用法商管理控制卡对制定决策的过程进行控制，为此采取以下步骤进行法商管理控制卡设计：

第一步，围绕投资项目从六个方面（见本章第三节）进行分析，包括目标、责任、所设计的制度规范、相关法律、制定决策的作业流程、决策结果等。因为此项目的投资巨大，应该重点分析国家政策和法律法规以及可能存在的法商风险。

第二步，将分析结果归纳整理，填写到法商管理控制卡中，其基本形式和内容如图 6.5 所示，图中只简要列出各个维度的内容要点。值得指出的是，虽然法商管理控制卡只是框架性描述每个维度的内容要点，但是其为法商单元进行决策提供了行动指南和严谨的逻辑，划定了不可逾越的界限。特别是对于肩负重大决策的法商单元，是由来自不同领域的专业人员组成的团队，需要在重大问题上达成共识和统一思想，法商管理控制卡发挥着不可替代的作用。

第三步，将与控制卡有关的详细信息和说明列入法商管理控制信息表中，如表6.1所示。表6.1的内容视具体情况进行增减，具有很大的灵活性，对于公司决策层法商单元，信息卡包含的内容可能要多一些，而对于法商管理控制信息表则内容可以简洁些。将法商管理控制卡与法商管理控制信息表结合起来使用，可以有效地加强对法商单元活动控制，起到规避和降低法商风险的作用。

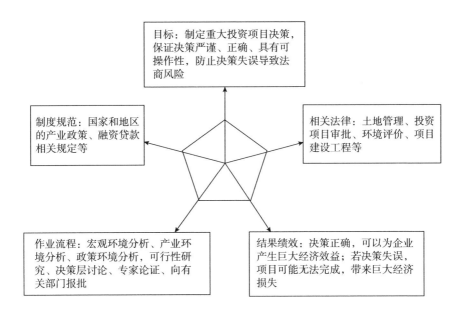

图6.5　铁本公司投资项目决策法商管理控制卡

表6.1　铁本公司投资项目决策法商管理控制信息表

维度名称	相关内容说明
目标、职责	负责制定新上钢铁项目的投资决策。要求在对内外部环境分析基础上，对投资项目的可行性做出框架性分析，确保投资项目符合国家产业政策，符合国家的法律法规，与企业当前发展水平和投资能力相适应。同时，要对投资规模，投资融资渠道，建设用地面积及其获得方式等提出实施方案。确保项目的成功，规避法商风险

维度名称	相关内容说明
制度规范	本公司的董事会章程 公司重大决策问题的管理制度 通过金融机构融资的相关制度和规范 本公司其他相关管理制度
相关法律	《中华人民共和国土地管理法》 当时国务院颁布的相关政策 《国务院办公厅转发发展改革委等部门关于制止钢铁电解铝水泥行业盲目投资若干意见的通知》 当时国家经济贸易委员会颁布的相关文件 《关于做好钢铁工业总量控制工作的通知》 《工商投资领域制止重复建设目录（第一批）》 《关于做好 2000 年总量控制工作的通知》 《关于下达 2000 年钢铁生产总量控制目标的通知》
作业流程	投资项目决策的流程 市场需求分析 宏观经济环境分析 产业发展现状及趋势分析 确定项目目标及其规模 分析国家相关政策和法律法规 提出投资初步方案
结果绩效	如果决策科学合理，能够有效促进项目顺利开展，实现投资目标，极大提高企业竞争力，同时对地方经济发展起到积极的推动作用 当然也存在因为各种原因导致决策失误，致使项目进展不顺利，甚至中途夭折的可能。一旦出现这种情况，将会带来投资无法收回、不能形成生产能力、资金链断裂、面临重大经济损失的情况。严重的情况下有可能导致企业破产
法商风险综合分析	因为投资规模大，产业内竞争激烈，与国家产业政策和相关法律法规密切相关，与地方经济和社会发展联系密切，涉及征用土地、环境保护、交通运输等多方面因素。因此，必须处理好以上问题，否则存在导致投资项目失败的风险

　　负责企业战略决策的法商单元，要熟悉政府部门的监管政策、了解国家的产业政策、高度重视不能突破的法律底线，是制定适合企业发展的战略前提和基础。而铁本公司高层负责人恰恰在这方面犯了大忌，不仅没有高度重视国家对钢

铁产业调整的规定以及相关的法律制度，采取上有政策下有对策的做法，最终导致企业破产。由此可见，法商管理控制卡对于规范高层决策者行为、规避严重法商风险起到重要作用，其意义重大。

五、企业中层法商管理控制卡的设计

企业价值链中描述的基本活动和支持活动，恰恰对应企业中层法商单元的职能，如承担市场营销、生产经营、物流等基本活动的职能，承担人力资源、技术研发或是其他相关支持活动的职能。通过企业价值链可以明确职责，分析履行职责的相关法律法规和各项管理制度，分解和明确该职能的流程，对活动产生的结果进行必要的分析，着重分析如果工作失误产生法商风险的严重程度。

例如，营销管理要维护市场秩序、维护消费者权益、尊重经销商的权益、尊重竞争者合法权利、遵守平等竞争，应该了解本企业有关营销的管理制度和规定，并将这些相关法律和制度列入法商管理控制卡中。如果是人力资源管理部门，就要对国家有关劳动者权益保护的相关法律、本公司人力资源管理制度规范等进行收集整理，以保障在履行职责过程中，为员工创造良好的工作环境，并获得公平的报偿和公正的对待等，当然也要对因管理不善导致的法商风险做出分析。下面结合本书案例篇中的利达公司案例，阐述中层法商管理控制卡的设计。

案例主要情节：佛山市利达玩具有限公司自 1993 年开始一直为世界上最大的玩具公司美国美泰公司生产玩具，到 2007 年利达公司年销售收入达到 2500 万美元，因利达公司的产品质量好、价格低，得到美泰公司的认可并不断扩大订货的量，为此利达公司又投资 500 万美元筹划建设新的工厂。正当利达公司发展势头良好、踌躇满志扩大企业规模的时候，2007 年 8 月 2 日，利达公司受到了美国消费品安全委员会 CPSC（Consumer Product Safety Committee）发出《关于美泰角色玩具违反含铅涂料的召回通知》。通知指出美泰公司销售角色玩具（由利达公司代工生产）表面涂料可能含铅量超标，被儿童误食会损害健康，要求美泰公司召回 2007 年 4 月至 7 月生产的上述玩具，共计 96.7 万件价值 2500 万美元左右。按照利达公司与美泰公司签订的供货合同，这批产品的经济损失要由利达公司承担，召回事件最终导致利达公司破产。经调查导致产品含铅量超标的原因是使用了一批未经质量检验的油漆。利达公司的采购部门没有严格按照规定对该批油漆进行质量检验，使之流入产品制造过程。（案例详情可参见本书案例篇）

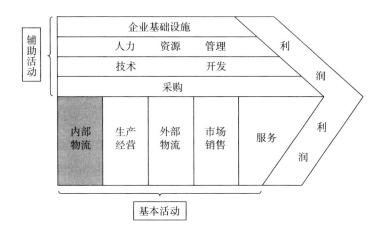

图 6.6　企业价值链结构

首先分析此案例，导致产品召回的原因是企业采购的油漆含铅量超标，结合图 6.6 的价值链可以看出，毒油漆的责任应该由负责内部物流的管理单元承担（见图 6.6 中的阴影部分）。这是典型的中层法商管理单元履行职责不到位导致的严重后果。接下来，我们将利达公司负责内部物流部门视作一个法商管理单元，来考虑法商管理控制卡设计的问题。基于法商管理控制卡的模板，逐一分析该法商单元五个维度所设计的内容，该单元的目标和职责是保障企业生产所需的原材料供应，需要严格执行相关作业流程，包括对供货商的尽职调查、样品的测试、签订供货合同、进货质量检验、配送到生产线等。在从事采购和物流配送的整个流程，要严格按照相关法律和公司管理制度进行，原材料质量检验尤其是关键。还要将活动结果对公司的影响做出分析，主要是所采购的原材料出现质量问题将会为公司带来哪些危害，以便规避法商风险。最后，按照以上分析的结果，将分析的结果填写到法商管理控制卡中，如图 6.7 所示。由于控制卡各个维度框的空间有限，将进一步的描述信息填写到法商管理控制信息表中，如表 6.2 所示。

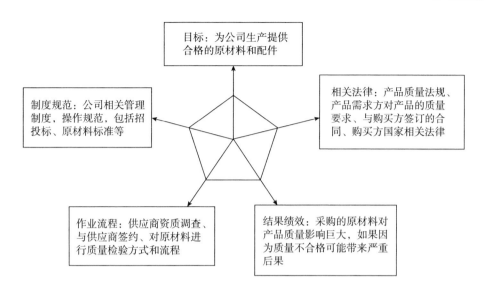

图 6.7　利达公司物流管理法商管理控制卡

表 6.2　利达公司物流管理法商管理控制信息表

维度名称	相关内容说明
目标、职责	按照约定的时间和质量标准，保障公司生产所需要的原材料和配件的供应；要严格履行职责，杜绝不合格的原材料流入生产环节
制度规范	原材料进货管理制度 原材料进货检验制度 原材料检测抽样、试验、检车方法类的标准 原材料标准
相关法律	《中华人民共和国产品质量法》 《中华人民共和国消费者权益保护法》 《中华人民共和国合同法》 美国消费产品安全法案 美泰公司与利达公司签订的供货合同（合约）
作业流程	原材料供应商资质调查 供应商产品测试 与供应商签订合同 原材料检验后提供生产部门

续表

维度名称	相关内容说明
结果绩效	由于本企业是为美国企业代工生产儿童玩具，美国产品安全法案对玩具的质量标准要求高，特别是严格限制各种有害物质含量，原材料不合格可能导致产品质量问题，严重的情况下将被召回，与美泰公司签订的合同中规定，因召回导致的损失由本公司承担
法商风险综合分析	原材料进场检验是关键环节，稍有疏忽将可能导致严重的质量问题，对消费者造成人身伤害的要承担法律责任，必须遵守中国的相关法律

由图 6.7 和表 6.2 可以看出，法商管理控制卡能够简洁而清晰地表达业务活动的框架，便于理解和掌握，按照法商管理控制卡的要求执行，有助于规避风险。法商管理控制信息表可以对控制卡中的内容进行阐述和解释，让使用者不仅知其然，更可以知其所以然，增强按照法商管理控制卡开展工作的自觉性。事实上，若仔细阅读利达公司的案例，会发现利达公司与美泰公司签订的供货合同中，对原材料检验有严苛的约定，甚至为利达公司推荐了符合资质的供应商，也提供了产品质量标准。然而遗憾的是，职能部门没有严格地按照要求做到位，心存侥幸，最终导致一个处在发展巅峰期的企业轰然倒塌。设想，如果利达公司能树立法商管理的理念，建立法商管理体系，并且设计相应的法商管理控制卡，完全可以将有毒油漆拒之门外，避免发生严重的质量问题。

六、企业基层法商管理控制卡设计要点

企业基层法商单元是企业价值链环节的具体操作流程，如营销环节包括市场调研、广告策划、销售促进、定价等具体流程。价值链中的生产运营环节，可以进一步分解为制造零部件、零部件运输、组装产品等工序或流程，还包括对机器设备维修、保养等更具体的作业活动。图 6.8 所示是对企业价值链环节进一步细化的结果，其中的每项活动都可以看作法商单元。总之，企业价值链是对企业各种创造价值的活动或者环节的框架性描述，是分析思考的工具。在具体运用中，价值链的各还节还可以细划分为工序、子活动或者流程。这些活动的控制也具有十分重要的意义，本书多次提到不能忽视因"小人物"的失误导致"大灾难"，就是针对这些基层的工序或作业而言的。由此可见，引起"大灾难"的基层工

序或作业岗位，同样具有法律和经济的双重属性，也是法商单元，为了控制这些
基层法商单元行为，规避法商风险，同样需要法商控制卡。

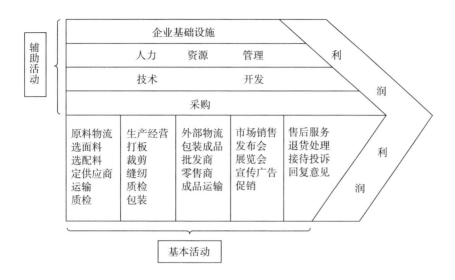

图6.8 某服装企业价值链

企业基层法商单元主要承担执行的职责，因此法商管理控制卡更加注重各种
规章制度、操作流程、相关法律条款，这是基层法商管理控制卡设计的特点。企
业基层法商管理控制卡可以通过价值链分析，将其细化到具体工序或操作流程进
行设计。重点在于对员工因为知识、技能、经验缺乏而导致的操作失误的控制，
以及没有按照员工守则、相关业务及管理规定操作或办理业务造成失误的控制。
下面结合印度博帕尔农药制造公司的案例，阐述企业基层法商管理控制卡的设计
问题。

案例主要情节：1984年12月2日晚至3日凌晨，美国联合碳化物公司在印
度中央邦博帕尔市一家农药厂发生了一起震惊世界的异氰酸甲酯（CH3NCO，简
称MIC）有毒化学气体泄漏事故。45吨的毒气扑向正在熟睡的博帕尔市市民，
造成3600多人丧生、20多万人中毒，其中5万多人双目失明，其余人员肺部严
重受损。这是20世纪最可怕的一次有毒物质泄漏事故。导致灾难的原因是，工
人接到上级的指示用水清洗工厂生产设备的管道，按照操作规程的要求，清洗过
程要将装有MIC气体的储藏罐隔离，防止管道的水流入MIC气体罐内产生爆炸。
但是，操作的工人没有严格按照规定对MIC装置进行隔离，导致冲洗管道的废水

突然流入MIC气体罐中，生成了一种极其危险的不稳定混合物，使储气罐压力急剧上升导致安全阀门破裂，有毒气体以超过200℃的温度、1240kPa的压力从储藏罐渗漏出来，造成博帕尔市市区毒气浓度超过标准1000多倍，致使许多人终身残疾，还有许多人在睡梦中死去。（案例详情参见本书案例篇）

通过案例分析，可以看出博帕尔市毒气泄漏源于工人的操作失误，从清洗设备的活动来看，属于企业价值链中生产经营活动的范围，只是更加具体，而且清洗作业一旦有水流入MIC装置就会引起爆炸，因此通过法商管理控制卡规范清洗设备操作工的作业行为十分必要。许多重大灾难性事故，常常源于局部的小的失误，真可谓"牵一发而动全局"，正如本案例描述的灾难发生的过程。值得注意的是，绝大多数情况下灾难性事故的发生并不是因为没有管理制度和操作规程，而是操作规程没有得到严格执行造成的。因此，设计企业基层法商管理控制卡的重点在于，要让操作人员意识到自己从事活动时责任重大，稍有不慎造成事故其后果不堪设想。控制卡要增强操作人员的责任意识，提高当事人的执行力。要让作业人员必须严格执行操作规范，也要将相关法律列入控制卡中，提高作业人员的法制意识，同时要将灾难性后果的严重程度加以说明，包括经济、人身财产安全、可能要承担的法律责任等。按照分析的结果，经过归纳整理列入控制卡中，图6.9给出了博帕尔设备清洗法商管理控制卡。

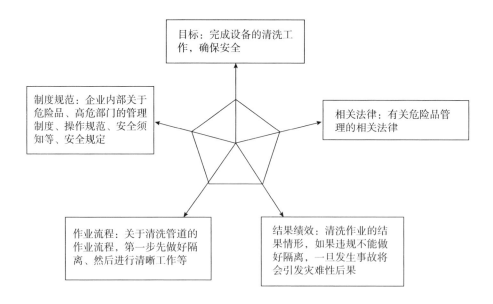

图6.9 博帕尔设备清洗法商管理控制卡

限于资料，这里只给出控制卡的基本框架。在企业中类似清洗设备管道这样的存在重大风险的关键作业活动，应该结合法商管理控制信息表加以详细描述。这里旨在为读者给出参考模板，实际的控制卡内容可能要复杂且详细得多。有兴趣的读者不妨结合实际设计相应的控制卡。博帕尔农药厂如果制定了这样的管理控制卡，可以大大降低发生灾难性事故的可能性。

值得强调的是，传统管理中的生产作业管理流程控制重在对操作规范和技术规范进行描述和要求，但忽视因为操作不慎导致不良后果的描述，使基层作业人员并不知晓因为自己工作失误会产生什么样的严重后果。而法商管理控制卡则不仅强调目标、责任、流程、制度的重要性，同时将不良后果的评估纳入其中，包括不良后果带来的生命财产损失、经济损失、对企业声誉造成损害，直至还需要承担行政或者法律责任等。

细节决定成败，综观中外企业失败的案例，绝大多数是因为局部问题引发的，如巴林银行的倒闭源于一个交易员的失误、博帕尔灾难源于清洗设备的工人的失误，而且常常不是主观有意为之的结果，所以基层单元法商管理控制卡在整个法商管理体系中居于十分重要的地位。

第七章　法商管理体系运营与控制

本章首先介绍法商管理体系运营的驱动机制；其次阐述法商管理体系运营过程及其特点，描述法商管理体系运营控制原理及其实现方式；再次提出评估法商管理体系运营状态的框架，将法商管理控制卡五个维度作为评估指标设计基础，介绍评估过程及其雷达图；最后给出法商管理体系持续改进和完善思路。

一、法商管理体系运营的驱动

法商管理体系运营包括驱动、传导、控制、运行结果评估等环节，为了使其在企业经营管理中发挥作用，很显然高层管理者应该作为法商管理体系运营的驱动者，即发挥组织、领导和管理作用。公司法商管理委员会不仅作为法商管理体系建设的组织者和领导者，也是法商管理体系运营的驱动者。作为法商管理体系的权威机构，通过企业高层领导发布运营指令，经由组织结构框架内各职能机构以及企业价值链的每一个环节，层层驱动各级各类法商单元应用法商管理控制卡工具，达到全面驱动法商管理体系运营，实现法商管理体系将理念转变为企业全面、全员、全过程的活动。

从法商单元构成的企业组织结构角度审视，高层管理部门就是高层法商单元，企业高层管理者就是企业法商单元的负责人。各个层级对应不同职能的法商单元，如营销法商单元、生产经营法商单元等，这些职能部门的负责人就是法商单元的负责人。进一步地在业务流程和工序层也有相应的法商单元。法商管理体系的运营，就是由企业高层的法商单元自上而下驱动各级法商单元，按照法商管理控制卡的要求开展经营管理活动，从而实现法商管理体系的运营，其驱动机制如图 7.1 所示。

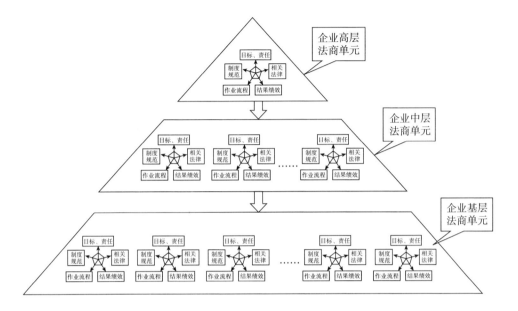

图 7.1　法商管理体系运营驱动机制

企业高层要率先执行并树立标杆，实现心智模式的转变，将企业经营管理的思路彻底转移到法商管理思维上来，即明确企业管理的本质就是法商管理，将其作为企业经营管理必须坚持的理念。同时，要围绕企业经营管理目标展开，持续不断地对员工进行灌输和教育，并强化全体员工对法商管理思维的理解和认同，达成共识，这是驱动法商管理体系运营的关键。在此基础上，要求企业所有的法商单元，按照法商管理控制卡五个维度来思考、规范、控制自己的活动。因此，法商管理体系的运营驱动也是不断强化心智模式转变、管理思维转变的过程。

二、法商管理体系运营与反馈控制

（一）运营控制的总体思路

为了保证法商管理体系正常运营并在实际中更好地发挥作用，还需要对体系的运营过程进行控制。控制分为两个层面，第一个层面是企业层面的总体控制，由企业高层管理者为下级部门提出目标和要求，将法商管理的职责、目标要求和运营状态评估，通过逐级授权向下传递，推动法商管理活动开展，使其与日常经营管理活动融为一体。同时，将运营的情况反馈回来，发现问题及时纠正、完善，形成循环往复的动态过程，如图7.2所示：

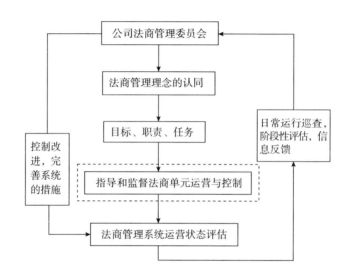

图7.2　法商管理系统运营控制原理

运营的总体思路是，在企业内部自上而下逐级驱动，向下直到每一个法商单元，如图7.2所示，自上而下指向若干箭线，然后由图的右侧自下而上回到最高层，表示将执行结果反馈给高层。

第二个层面是局部控制，即法商单元的控制，作为法商管理体系运营的微观基础，只有当各个法商单元都能按照控制卡的要求开展活动，并不断纠正活动偏差和存在的不足，才能从总体上保证法商管理体系的正常运行，见图7.2中虚线框的部分。

比如，导致企业倒闭的原因通常来自两个方面，一方面是来自总体战略决策失误，如《大败局》中的秦池、铁本、亚细亚等企业；另一方面是源于企业价值链某个环节或节点的失误，如前面提到的巴林银行等案例。前者对应总体控制，后者则对应局部控制。大量事实表明，因为局部控制不到位导致企业失败的案例很多，如本书案例篇中利达公司、博帕尔公司等都是因为局部控制不到位铸成了大错。正如人的生命一样，导致生命终结的原因，大多数是因为局部某个器官出现致命疾病，即使其他部分仍然正常，人仍会失去生命。因此可以将法商管理体系运营的总体控制和局部控制类比为人的健康控制，保持身体健康是总体目标，而要做到这一点，最终要落实到每一个局部上，只有通过将人体的消化系统、神经系统、泌尿系统保持在健康状态来实现。对于法商管理体系而言，总体控制重在理念层面，要提高中层和基层人员的责任意识，充分发挥他们的作用，督促中基层管理者加强局部控制，从而保证整个系统的正常运行。

（二）法商管理体系运营的反馈控制

根据系统科学原理，一个系统能够稳定和持续运行，依赖于闭环控制负反馈调节机制，其基本原理是不断测量系统运行的状态，并与目标值进行比较，观察其是否存在差距，如果存在则采取相应措施消除差距，使系统状态不断逼近目标值。法商管理系统的有效运行也离不开对运营过程的控制，无论是企业层面的总体控制，还是法商单元层面的控制，都遵循相同的控制原理，如图7.3所示。

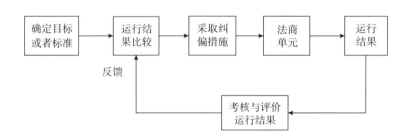

图7.3　法商管理体系运营反馈控制

由图7.3可以看出，控制系统由三个基本环节组成：第一个环节是制定目标和评价标准，应尽可能采用量化指标。第二个环节是衡量管理绩效，即将实际工作的成果与标准做比较，找出实际成果与标准的差距。第三个环节是纠正偏差，即针对偏差采取纠正措施，以保证系统的有效运行。采取的控制措施可以从以下方面考虑，如改进工作方法、提高员工的工作积极性或者改进领导方式等。

法商单元的运营控制是以法商管理控制卡为基础，通过对每一个维度设置相应的目标，根据控制基本原理，按照预先确定的标准，对运行结果进行考核评价，然后与目标或者标准进行比较，观察其是否有偏差（主要是负偏差，即没有达到标准），最后采取纠偏行动消除偏差，使系统的运行结果与目标和标准保持一致。以法商管理控制卡业务流程知悉和有效执行维度为例，具体控制过程中就要考察法商单元中员工对流程的知晓程度，如果发现其不能清晰描述作业流程的每一个细节，就应督促其改正，并加强对流程和操作规范的学习且严格执行、规避风险。例如，本书多次提到的博帕尔市农药厂毒气泄漏事件，如果通过加强控制，提升管道设备维修部门工人对操作流程的认知程度，要求其严格执行作业流程，则可以有效避免恶性事故发生。再如，负责公司战略规划制定的法商单元从所涉及的五个维度分别进行控制，需要对承担战略规划的人员对国家宏观经济政策、产业政策、相关法律的认知程度进行控制，如果有欠缺就应该及时纠正，从而使战略规划与宏观环境相适应，以规避风险。同样，本书中提到的铁本公司破产案例，就是因为制定战略决策的人对政策法规认识程度不足，结果造成战略失误，将企业引入歧途。总之，需要牢固掌握反馈控制基本原理，依据法商管理控制卡五个维度进行控制，可以将法商单元及其员工行为纳入控制范畴，实现法商管理控制体系有效运行。

三、法商管理体系运营的前馈控制

前文介绍了法商管理体系运营控制的基本原理，其是基于反馈控制系统建构的，被广泛应用于管理实践中的控制模式。但是这种控制模式有一定的缺陷，主要表现在控制的依据是系统运行结果与目标或者标准偏差，隐含了运行结果发生在前、控制措施在后的含义。需要引起高度重视的是，并不是所有的系统都可以通过结果反馈、比较、发现偏差、通过纠正偏差使系统回到正常运营状态，有的系统运行结果一旦发生偏差，将直接导致系统的溃败，比如利达公司玩具涂料铅含量超标导致大批产品召回而直接造成公司破产的案例则无从纠偏，或者说根本没有纠正偏差使系统回到正常的机会。即无论采取什么纠偏措施，都无法改变产生巨大经济损失、造成企业倒闭的事实，笔者称其为不可恢复性错误。这说明有些偏差是不能发生的，再者防止偏差发生比发生偏差后采取措施纠偏更有意义。

为此，法商管理体系控制中应采用前馈控制模式。前馈控制是利用所能获得的信息进行认真分析，对运行结果的各种情况进行预测，然后把目标同预测相比较，并采取相应控制措施，以使系统运营结果与目标相吻合。要注意的是，前馈控制相较于反馈控制最大的区别在于，前馈控制是基于预测，而反馈控制基于结果，前馈控制重在防患于未然，前馈控制聚焦于对引起不良运营后果的原因采取措施，比如引起产品质量不符合要求的主要因素来自两个方面：一是原材料不合格，二是制造过程存在瑕疵。为此，要通过统计抽样来加强检验控制原料质量，通过全面质量消除制造过程的弊端，从而达到控制产品质量的目的。

前馈控制的基本逻辑是，只有当管理者能够对即将出现的偏差有所察觉并及时预先提出某些措施时，才能进行有效控制，与法商管理理论提出的初衷是一致的。为此，法商管理体系运营控制应该引入前馈控制环节，将前馈控制与反馈控制结合起来使用，才能更好地实现法商管理目标，降低法商风险。具体的实现方式是在原反馈系统基础上增加前馈环节，如图7.4所示。

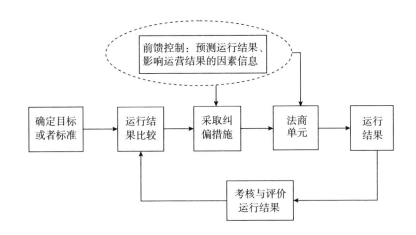

图 7.4　法商管理体系运营的前馈控制

注：前馈控制环节如椭圆形虚线中的部分。

前馈控制是通过观察情况、收集整理信息、掌握规律、预测趋势，正确预计未来可能出现的问题，提前采取措施，将可能发生的偏差消除在萌芽状态中，避免未来不同发展阶段可能出现问题而事先采取措施。前馈控制环节是基于充分了解影响预期运营结果的因素，针对这些因素采取控制措施的过程。在实际应用中，采取不断发问的方式：

如果不按操作流程执行……将会导致……严重的后果

如果不遵守……将会造成……后果，需要承担……法律责任

……

如果产生严重的……安全事故，将会导致……严重后果

前馈控制与法商管理理论具有一致性，通过推算法商单元负责人和员工从未来可能产生的结果来思考当前行动，通过收集信息预测结果的状态，建立当前活动与期望，从而实现系统正常运营的目的，因此在全面法商管理体系运营控制方面具有特别重要的意义。

四、法商管理体系运营状态评估

（一）运营系统评估的基本思路

法商单元是法商管理体系运营的微观基础，因此从这个意义考察法商管理体系运营的评估，最终落实到对法商单元运营状况的评估。评估目的是掌握法商单元在执行法商管理控制卡方面的表现，发现问题及时纠正。因此，评估的内容主要围绕法商管理控制卡的五个维度展开，评估周期因法商单元的类型不同而有所不同，一般而言，高层法商单元评估周期相对长一些，如企业战略决策法商单元因为战略执行结果需经过一定周期才能显现出来，所以周期应以年为单位，而基层法商单元如生产一线作业流程需要时刻关注工作成果状态，因此评估周期应适当短一些。

在前文中曾明确指出法商管理控制卡的两个作用，即除了是贯彻法商管理理念、驱动法商单元运营的行动指南和标准，还评估法商单元运营状况的基础框架。因此评估指标是基于法商管理控制卡五个维度通过简单的转换而获得，重点评估两个方面，一是法商单元掌握各个维度内容的程度，二是在执行各维度方面的表现。

此外，由于法商管理体系覆盖企业所有经营管理活动，评估目的是为驱动和保持法商管理体系的正常运行，重在强化企业员工的法商管理意识，督促法商单元按照法商管理控制卡的要求思考和开展经营活动，促进法商单元行为模式的养成。因此，评估的基本构想是秉承适当简化、宜粗不宜细、突出重点、便于操作的原则。具体评估中可采用观察、访谈、检查各种文档记录等方法进行，然后对每一个维度按照评估标准打分，采用百分制，最后对各个维度得分进行加权加总得出总分。

（二）评估的组织与实施

评估工作在企业法商管理委员会领导下组织专门评估机构进行，以保证其评估的权威性、公正性，这里不妨称其为法商管理体系运营评估小组。其基本职能是具体实施评估工作，任务包括：一是指导和检查各个法商单元法商管理控制卡的完整性，制定法商管理评估指标和评估标准；二是按照法商管理委员会确定的时间周期定期开展评估活动；三是将评估结果汇总反馈给企业最高领导部门。评估小组的成员应该由企业管理和企业法务管理等部门的人员组成。法商单元负责人应积极配合评估小组的工作，向评估小组提供所需的各种资料信息。具体步骤如下：

（1）评估准备。制订评价实施方案，明确评估目的、范围、准则、时间安排和相应的工作文件，主要包括评估问卷、抽样计划、被评估单元的相关运营记录等。

（2）评估实施。评估小组按照既定的评估方案，根据评估目的、范围，通过查阅相关信息、现场座谈、审核流程等方法对被评估法商单元进行测试，主要是按照五个维度进行符合性评估。

（3）评估报告形成。根据评估实施情况，撰写评估报告，结合收集的相关数据信息等做出必要分析，对法商单元运营现状、存在问题及趋势做出判断。

（4）评估反馈。将评估报告上报公司法商管理委员会或其他高层管理部门，同时也将评估结果通报被评估法商单元。

（三）评估指标体系及其标准

法商管理系统评估以法商管理控制卡为基础，设计评估指标和评估标准，构成法商单元运营状态评分表（见表7.1）。表7.1中纵向对应法商管理控制卡的五个维度，横向分为A、B、C、D、E五个分数等级，每级分数相差20分。评估主要考察法商单元运营状况与法商管理控制卡各个维度的符合程度：

（1）目标、责任认知程度。主要考核法商单元对所承担责任和工作目标了解的程度，其是做好本单元工作的前提和保障。

（2）管理制度知悉与执行情况。评估法商单元对自己工作范围内主要管理制度规范掌握的程度，以及执行程度如何。

（3）相关法律认知与执行情况。对本部门涉及的主要法律、具体的法律条款掌握的程度以及在实际工作中的执行情况。

（4）作业流程知悉与执行情况。对本部门工作流程的掌握程度，是否严格执行业务流程，执行的结果是否符合要求等。

（5）结果状态。该部门任务完成的实际情况，可以划分为正常、不正常两大类。如果属于不正常状态，进一步分析造成什么类型的损失，如是安全事故还是质量事故等，进一步分析造成的经济损失大小，必要时划分为不同等级，同时还应评估是否违反了相关法律。

具体评估过程，由评估小组按照评估指标进行打分，然后加总得到总分，按照下面流程进行：

（1）评估打分，采用百分制，将评估打分结果填入表 7.1 中，然后计算法商单元评估总分。

（2）必要时将评估结果用雷达图表示，直观反映出法商单元的状态。

表 7.1 法商单元运营状态评分表

	A 级 最高 100 分	B 级 最高 80 分	C 级 最高 60 分	D 级 最高 40 分	E 级 最高 20 分
对目标和职责认知程度					
管理制度知悉执行情况					
相关法律知悉执行情况					
对工作流程知悉和执行					
完成工作成果的情况					

值得指出的是，由于实际工作中不同层次、不同类型的法商管理单元特点不尽相同，这里只给出法商单元评估指标体系转化的框架思路。实际使用中，可以依据具体情况，以此为基础进行扩展或者细化。

（四）法商管理体系运营评估雷达图

雷达图便于表达多维数据构成的事物，通过将多个维度的数据标注到坐标轴上然后连接起来形成多边形结构，被广泛应用于社会经济生活的诸多领域。为了使评估结果直观、清晰，可以用雷达图直观地将评估结果表达出来，图 7.5 给出了法商单元运营状态评估雷达图的一般结构。图 7.5 中每个维度对应一个坐标轴，分别是目标责任、管理制度、相关法律、业务流程、结果情况。每个坐标轴以相同的间距沿径向排列五个刻度，每个刻度相差 20 分。将法商单元在每个维度上的得分在雷达图上标注出来，然后连接起来就构成反映法商单元运营状态的多边形，直观地反映法商单元运行状态，有利于发现薄弱环节，为改进运营提供参考依据。

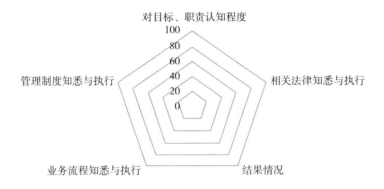

图 7.5　法商单元运营状态评估雷达图的一般结构

图 7.6 中是两个法商单元 LBU1、LBU2 的评估雷达图，从图 7.6 中可以看出，LBU2 的运营状态总体上比 LBU1 要好，LBU2 除了在业务流程知悉与执行方面表现稍差，其他方面都优于 LBU1。另外，从图 7.6 中还可以看出，LBU1 在相关法律知悉和执行维度方面表现不佳，需要加强和改进。

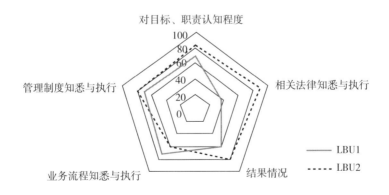

图 7.6　法商单元运营状态评估雷达图

五、法商管理体系的改进和完善

（一）不断深化心智模式的转变

法商管理系统是基于心智模式转变基础形成的，需要不断深化和完善。心智模式是深植人们心中关于自己、他人、组织及周围世界每个层面的假设、形象和故事，深受习惯思维、思维定势和知识的局限。在经典管理框架下，企业高层管理者已经习惯于将企业看作经济组织，因此存在注重企业行为的经济属性，注重企业管理的效率和效益，忽视企业法律属性的倾向，没有将法律作为要素纳入资源配置的范畴。而法商管理理论鲜明地提出企业具有经济属性和法律属性，包括企业的生产经营活动过程和产生的结果，再者法商管理理论认为在企业环境中，法律也具有双重属性，一是规则属性，二是资源或者生产要素属性，应该纳入企业配置资源的范畴。这里所说的心智模式的转变，就是强调从经典管理框架视角转向法商管理框架视角来审视企业和管理。

但是经典管理理论的视角已经是一种思维定式和认识事物习惯。正如，从笃信管理学"X 理论"将员工视为懒惰的、谋求个人利益而不顾公司利益的人，需要采取严格的管控措施，转向笃信"Y 理论"将员工视为积极的、能自我约束和激励的人，倾向于采取授权、激励等管理措施一样。这里强调深化心智模式的转变，就是强调企业高层管理者要打破原来的习惯，建立起新的习惯和思维定势，即转向法商思维模式，是一个相对复杂的过程，需要不断完善和加深认识，才能真正实现在法商管理思维下观察企业、思考并采取行动。

心智模式是人们在特定的环境中基于自己的经历形成的，企业高层管理者的心智模式是在经典管理理论下形成的，如果没有转变心智模式，就会制约法商管理体系运营效能的发挥，所以企业高层管理者要不断定期检视自己的心智模式是否与法商管理思维相匹配，不断深化和改善心智模式，这是不断提高法商管理体系效率的重要途径。

此外，仅仅实现高层管理者心智模式转变还不够，还需要引领和促进管理团队心智模式转变。许多情况下管理效率欠佳并不是因为人们意志力不够坚强、努力不够，而是人们对"周边世界运作的看法和行为相抵触"，导致主观动机与具体的认识以及行为产生错位。法商单元是法商管理体系的微观基础，需要管理团队运用法商管理卡实现对法商单元的控制，所以只有管理团队与企业高层管理者的心智模式具有相对的一致性，才能保证法商管理体系的建设、运营和不断完善。

（二）不断推进文化建设提高运营效率

法商管理体系的运营需要两个基本条件：一是企业高层的重视和支持，由企业高级管理者发布命令，做到令行禁止；二是员工的执行力，即按照上级指示开展经营管理活动，因而需要通过文化建设，不断向企业员工灌输法商管理的理念，形成浓厚的法商管理的氛围，使全体员工树立法商管理核心价值观，达成共识并转化为自觉行动，才能有效地提高法商管理体系的运营效率。

公司要创造有利于全体员工学习和形成法商管理理念的环境，把对员工的培训教育列入重要议事日程，对不同层次和不同类型的员工进行有针对性的教育培训。对于企业管理团队的培训，着重加强责任意识培训，通过案例教学等方式，特别是从重大失误的案例中吸取教训，进而增强规避法商风险的责任意识。

文化建设还应该将相关法律培训作为重点内容之一，因为对企业组织的各级人员而言，对于管理制度和流程相对熟悉而对法律了解得不多，因此要采用多种途径加强普法宣传和专项法律知识的培训。对不同层级人员培训的内容有所不同，比如对管理团队的培训，要求他们不但学习与分管业务领域相关的法律知识，还要学习与职务相关的法律知识；对从事研发工作的技术人员，要学习严格遵守商业机密的法律规定，还要学习有关知识产权保护的相关法律，通过培训提高全体员工知法、守法和用法水平。有必要对企业法务人员进行企业管理知识教育培训，提高法务人员密切结合企业经营管理的实际需要、开展法务活动的能力，为法商管理体系的建设、运营和改善提供有力的支撑，并积极地为企业的经营决策和管理活动提供法律支持。

此外，公司要将法商管理的思想渗透到企业行为准则、企业道德标准、工作手册中，要在工作会议、研讨会等场合演示法商管理的重要性。总之，实践证明，要提高法商管理体系运营效率，文化建设和控制无疑是最有效的手段。

（三）不断改进和完善法商管理控制卡

法商管理控制卡五个维度的内容随着企业内外部条件的变化，其每个法商单元的工作目标、作业内容、职责、作业流程等有可能发生变化，因此法商管理控制卡的内容，需要进行修订，以使其适合法商单元开展经营活动的需要。

为此需要采用 SDCA 循环方式，不断改进、完善法商管理控制卡，不断提高法商管理控制卡的质量。所谓的 SDCA 循环是指 Screen（识别）、Do（执行）、Check（检查）和 Act（处理）的过程，其循环过程如图 7.7 所示。

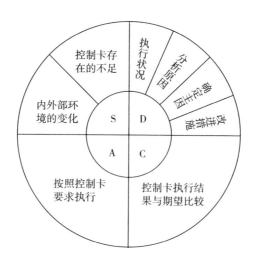

图 7.7 改进和完善法商管理控制卡的 SDCA 循环

Screen（识别）主要是分析法商管理控制卡运营中存在的问题，是源于法商管理控制卡五个维度的内容缺陷，因为法商单元的职责和工作内容发生了变化，要把具体问题识别出来。

Do（执行）是针对问题寻找主要原因，并有针对性地进行修订和完善，如法商单元涉及的法律发生了变化，而控制卡没有及时跟进修订，则可能引起法商风险。

Check（检查）是收集、分析、检查其解决方法是否达到预期效果，考察控制卡的执行状况，以确保能够真正发挥作用。

Act（处理）是对各个维度的内容进行必要的更新和梳理，使目标责任更明确，让管理制度和相关法律更符合法商单元经营管理活动实际，作业流程更加合理。

SDCA 循环是不断地发现法商管理控制卡存在的问题，对其进行修订和补充完善的动态过程。循环的四个阶段按顺序进行，组成一个闭合系统。每个法商单元都应该开展 SDCA 活动，不断改进和完善法商管理控制卡，促进法商体系有效运行。

第三部分　案例篇

案例一：实施"先行赔付"
策略的居然之家

一、案例回放

居然之家是 1999 年成立的小型建材市场，截至 2018 年底已经发展成为分店遍布全国 30 个省（市、自治区）、数量达到 303 家、营业面积超过 1200 万平方米、年销售额超过 750 亿元的大型商业连锁集团。经营范围涵盖室内设计和装修、家具建材销售、智慧物流、商业会展、金融服务、跨境电商、院线餐饮、儿童娱乐、体育健身等。到 2019 年，连续 14 年获得"北京十大商业品牌"称号，成为中国市场知名商业品牌之一。

多年来居然之家始终坚持消费者权益优先的原则，推出了"先行赔付""绿色环保""一个月无理由退换货""送货安装零延迟"等十多项服务承诺。其中"先行赔付"的理念在居然之家发展的过程中起着重要的决定性作用，铸就了居然之家的成功之路。

"先行赔付"是指居然之家对商城内商家经营活动承担连带责任。当商家销售商品出现质量或服务的问题时，消费者凭卖场统一的销售合同和居然之家统一收银开具的交款凭证到居然之家客服中心投诉，由居然之家先行向消费者赔付。

这是卖场首次把赔付责任揽到了自己身上，使卖场成为对消费者实现承诺的主体。一时间，居然之家在当时的家居圈中名声大噪，不仅成为圈里的领军企业，还让很多消费者将"居然之家"这个名字记在了心中。"先行赔付"赢得消费者赞誉，先行赔付，购物无忧。

"先行赔付"最典型的事件发生在 2000 年供暖前期,当时有一个在北京市场小有名气的品牌叫福乐暖气,除了在居然之家进行销售,在其他卖场也都有这个品牌。2000 年试暖的时候,这个品牌的产品发生了严重的质量问题,造成了整个北京地区只要用福乐暖气的客户全部遭到损失,轻则把墙泡了,重则把全家淹了。当时媒体包括央视都很关注,客户找其他的商家时他们找各种理由回避。而居然之家有"先行赔付"的理念,及时根据客户的损失进行了赔付,当时赔付了上千万元,这次事件也成就了居然之家在北京市场的名气。

二、法商分析

今天看来,先行赔付作为经营理念的创新,在当时消费意识和法律意识还没那么高的时候提出,是难能可贵的。"先行赔付"不仅让当时的居然之家打响了招牌,还为其成为北京家居界的领导企业奠定了基础。居然之家的"先行赔付"不是简单的口号,其背后蕴含着深厚的法商管理基础。为了贯彻先行赔付的经营理念,居然之家制定了先行赔付的相关制度,对先行赔付的条件、赔付的流程、赔付的范围以及赔付的方式都做出明确的规定。

(一) 为消费者免除购物风险之忧

从经营理念上看,作为家居建材卖场,居然之家的先行赔付把握了市场营销管理的关键,满足了消费者的需求,为消费者免除购物风险之忧,创造更高的消费者价值。居然之家是将消费者权益的保护纳入企业的战略之中,表现出居然之家经营者的远见卓识,充分认识作为市场主体,创造效益、提高效率离不开消费者,明确消费者与自己企业经济效益的关系。居然之家规定,消费者认为在居然之家消费出现质量或服务问题,在商家拖延、拒绝或无力赔付(含撤场或联系不上)时,由居然之家先向消费者赔付。注意,这里消费者"认为"这两个字分量很重,意味着居然之家将自己服务质量好坏的裁量权交给了消费者,有力地免除了消费者购买商品和服务的后顾之忧,使居然之家在消费者心中不但是消费场所,更是维护自己合法权益的保护伞。居然之家的先行赔付极大地占据了消费者的心智资源,也赢得了消费者的信赖与尊重。正如营销管理大师科特勒说过的,品牌的意义在于企业的骄傲与优势。"先行赔付"体现了居然之家在同行业者中的优势，使之扬名业内乃至全国，成功地塑造了居然之家的品牌形象。

（二）制定严格的操作流程保证理念落地

为了保证先行赔付理念具有可操作性，尽可能的用管理的方法解决问题，居然之家针对三种可能出现的情况制定了严格的先行赔付操作流程。

第一种情况，确定质量或服务责任由商家承担时，先由居然之家在消费者和商家之间调解：①当消费者和商家双方都接受调解达成一致时，由商家向消费者赔付。②当消费者接受调解，但商家不接受，由居然之家出具《关于质量或服务投诉处理决定》通知商家限期无条件执行。当商家在规定期限内没有履行时，由居然之家先向消费者进行赔付。③当商家接受调解，但消费者不接受时，可以到北京市消费者协会申请调解赔偿。居然之家在北京市消费者协会设立了 2000 万元的"居然先行赔付保证金"用于先行赔付。

第二种情况，当确定质量或服务责任由商家承担，而商家已经撤场且联系不上时，由居然之家直接与消费者协商：①当双方协商意见一致时，由居然之家向消费者赔付；②当消费者不接受居然之家的调解意见时，可以去北京市消费者协会申请"居然先行赔付保证金"进行赔偿。

第三种情况，当确定质量或服务责任由商家承担，但消费者拒绝接受居然之家和北京市消费者协会的调解时，可以向人民法院提起诉讼，居然之家根据人民法院的裁定结果向消费者先行赔付。

上述赔付流程，体现了居然之家高超的管理和沟通技巧，倾向于通过沟通和调解的方式来处理，尽可能地在管理的框架内解决问题，直到确实无法调解的情况下才寻求法律途径加以解决。

（三）以法律为准绳营造共赢市场环境

在管理的框架内，善于运用相关法律来维护消费者的利益。这主要体现在，将最易引起争议的赔付范围纳入法律的范畴，"先行赔付"的范围根据相关法律、法规规定，以直接损失为主，兼顾考虑交通费、误工费等间接损失（交通费、误工费标准以国家规定为准）。而关于"先行赔付"的方式也根据相关法律法规规定，主要包括无条件修复、更换，当确实无法修复或更换时，才进行现金补偿。值得指出的是，居然之家巧妙地将管理和法律结合起来，在涉及具体的赔偿范围和方式上，以国家的法律法规为准绳，不仅切实保护消费者利益，同时又能够防止部分消费者漫天要价的机会主义行为。居然之家能够代经营的商家向消费者做出赔偿，这说明居然之家决策层的法律意识强，善于运用法律维护自身和消费者的权益。居然之家与商户签订有相应合同条款，规范商户的经营行为，以营造居然之家良好的市场秩序，处理好居然之家与商户、消费者三者的利益关系，形成共赢局面。

居然之家不是单纯地运用法律被动地保护消费者的权益，还将法律作为树立品牌形象、净化居然之家内部市场环境的有效途径。一方面，居然之家的先行赔付体现了居然之家勇于承担企业社会责任，维护消费者权益的决心和行为，在大多数厂家喜欢把争议的最终解释权留给自己的时候，居然之家却反其道而行之，把这个权力主动交给消费者，交给消费者协会。另一方面，先行赔付理念为居然之家构建了一种良性循环机制，通过消费者权益保护法等法律的运用将责任和压力传递给经营户，提高经营户进入居然之家市场的门槛，淘汰不合格的经营户，不断提高居然之家经营户的整体素质，达到了经济学中所描述的"优币剔除劣币"的效果，进而得到越来越多消费者的信任，这是居然之家20多年来能够基业长青、不断壮大的关键之所在。

三、启示

（一）居然之家所走过的发展历程彰显法商管理和法商智慧的力量

居然之家率先提出，大胆尝试，先于其他商家一步，做出了品牌，也做出了品牌差异化。至今，居然之家仍常年备有相当规模的赔付金，针对购物不满意展开"先行赔付"。近年来居然之家又提出了新的战略目标，不但要成为中国家居行业第一品牌，还要走出国门，成为世界知名商业品牌。

（二）消费者总是青睐守法经营的企业

根据《消费者权益保护法》第四十条：消费者在购买、使用商品时，其合法权益受到损害的，可以向销售者要求赔偿。销售者赔偿后，属于生产者的责任或者属于向销售者提供商品的其他销售者的责任的，销售者有权向生产者或者其他销售者追偿。消费者或者其他受害人因商品缺陷造成人身、财产损害的，可以向销售者要求赔偿，也可以向生产者要求赔偿。属于生产者责任的，销售者赔偿后，有权向生产者追偿。属于销售者责任的，生产者赔偿后，有权向销售者追偿。消费者在接受服务时，其合法权益受到损害的，可以向服务者要求赔偿。

居然之家的做法实际上十分聪明，根据消费者权益保护法，居然之家作为家居市场的主办者，对于从本市场售出的商品无法免责，都需承担相应的责任。居然之家的聪明之处在于把自己本应承担的法律责任明示，并且将其作为自己区别于其他企业的特点向公众传播，赢得了消费者的赞赏。

（三）因情况而异的应对策略

居然之家主要的利益相关者有消费者和商户，当出现产品质量纠纷时，任何一方都不可能独善其身，而作为市场主办方的居然之家更是处在解决纠纷的核心地位。居然之家秉承先行赔付的理念，主动承担责任是值得称赞的。但是在具体实施过程中需要综合运用管理和法律的手段灵活处理，才能做到令消费者满意，同时还要保证居然之家自身的合法经济利益。

附：法律视角的深度解析

居然之家以主动向消费者承担责任的方式，赢得了消费者的赞赏。但实质上是将自己作为法律上的赔偿义务人，变成了法律上的赔偿义务担保人。法律上的身份转换，成为居然之家巧妙且合理地解决纠纷三个步骤的设计基础。

第一种情况，确定质量或服务责任由商家承担时，先由居然市场在消费者和商家之间调解；这时候的居然之家成了纠纷的居中者，将自己摆在了一个公平裁判的位置上。尤其是当调解商家不接受时，居然市场出具《关于质量或服务投诉处理决定》通知商家限期无条件执行，这时候的居然之家又明显是一个市场执法者的身份。但应当注意的是，居然之家拥有这种身份的前提，是其愿意主动承担了法定义务，而不是推卸责任给第三方。居然之家在纠纷发生后，毫不犹豫地站在消费者立场的举措，赢得了消费者的信任。消费者在纠纷发生后，会直接认为，与自己签订购买合同的是商城内的商家，而不是居然之家。消费者为了快速解决问题，直接向居然之家申请调解或要求赔付，显然纠纷对象不是针对居然之家，其调解难度大大减小。2000 年，先行赔付上千万元的举措，更是有"移木立信"的效果，让消费者完全信任居然之家的承诺。

居然之家在调解过程中，一方面可以真实了解纠纷发生的经过和责任，针对消费者未来向监管机关投诉或提起诉讼，收取更为充足的证据。另一方面也将消费者向监管部门投诉和可能的媒体负面影响把握在可控范围之内。

居然之家调解时，商家接受调解但消费者不接受时，可以到北京市消费者协会申请调解赔偿。居然市场在北京市消费者协会设立"居然先行赔付保证金"用于先行赔付。无论怎样，居然之家是用资金担保获得了自信的底气，因为任何人只有自己认为处理问题是公平和公正的，才会将纠纷主动引导到行业或行政监管部门。这种底气，无异给居然之家赋予了很大的信用背书。同时，也会将一些不良的消费者公诸于众。可以说，保护不等于让步，居然之家的这种行为，体现了合法性下决不让步的一种商业理念。这样不但唤起了善良消费者心中的正义，也给不良消费者一个警示，屏蔽了该类人群的非分之想，居然之家的做法可谓不卑不亢。

第二种情况，当确定质量或服务责任由商家承担，而商家已经撤场且联系不上时，由居然市场直接与消费者协商。这种情况，是居然之家担任了商家赔付主体的角色。这种理念由来已久，有一家瑞士银行曾经保证"只要地球还在，你的钱就在"。消费者之痛是商品售后无法保障。消费者无从判断商品的质量，很大程度上消费者在挑选商品和讨价还价过程中，最担忧的还是售后服务，没有一个消费者愿意购买回去的是烦恼。在家居市场的耐用品上，售后服务对消费者显得尤其重要。就本案例而言，一个质量低劣的暖气管，可能引发的赔偿金额绝不是其本身的购买价格。因为暖气管破裂，导致消费者家庭被淹，可能引发的费用包括木地板的重新更换、踢脚线和墙体的重新装修、临时住所的费用、祸及邻里者的赔偿，这种代价和苦恼绝不是一个消费者能够承受。居然之家以其雄厚的财力，为消费者开具了一份永不失效的担保书，自然会受到消费者的追捧。

第三种情况，当确定质量或服务责任由商家承担，但消费者拒绝接受居然市场和市消协的调解时，可以向人民法院提起诉讼，居然市场根据人民法院的裁决结果向消费者先行赔付。诚然，寻求法律途径加以解决是一种最终的解决方法，但绝对不是一种最佳的解决方法。漫长的诉讼过程、复杂的诉讼程序、高昂的费用、超长的时间成本等，每一个消费者面对诉讼成本，大部分会无奈选择放弃，原因很简单，诉讼成本高于索赔价值。不可否认，很多时候，消费者对损失估值过高，导致期望值升高，就不能认同居然之家或市消协的调解结果。这个时候的诉讼，实际上成为最终的解决方法。

换一个角度来看，居然之家的做法因赢得了消费者的信任而不断壮大。但是这种信任的传播依靠什么呢？消费者人传人的方法固然效果斐然，但更重要的是，面对售后和赔偿这种问题，大部分商家首先想到的是损失，然后是推责，最终是不择手段的拖延。任何国家和社会都在呼唤遵纪守法、诚实有信的商家，召唤市场主体的良知，创造良好的市场环境和普遍商誉。同时，我国需要一个安定和谐的社会，而不是纠纷不断、诉讼漫天。当有一种方法能够及时化解纠纷，而且不但节约了纠纷各方的成本，也节约了诉讼资源和社会资源，这正是国家和社会都需要的结果。居然之家的做法无疑符合国家和社会的需要，其每一个行为都会被主流媒体广泛传播，从而声名鹊起，铸就辉煌。

案例二：20 世纪最严重的毒气泄漏事故

一、案例回放

（一）一时泄毒千古恨

1984 年 12 月 2 日晚至 3 日凌晨，美国联合碳化物公司在印度中央邦博帕尔市的一家农药厂发生了一起震惊世界的异氰酸甲酯（CH_3NCO，简称 MIC）有毒化学气体泄漏事故。45 吨的毒气扑向正在熟睡的博帕尔市民，造成 3600 多人丧生、20 多万人中毒，其中 5 万多人双目失明，其余人员肺部严重受损。这是 20 世纪最可怕的一次有毒物质泄漏事故。许多年过去了，受害的幸存者仍在痛苦地挣扎着，受害者的后代则出现先天畸形、身体残缺、智力障碍，这种毒气泄漏带来的恶果将危害几代人。1999 年 12 月，"绿色和平组织"对博帕尔地区地下水展开调查，发现该地区地下水含有害物质的浓度仍达到安全标准的 682 倍。

（二）有章不循致恶果

事故当天，农药厂的负责人命令工人用水清洗管道，按照规定此项操作要对 MIC 装置进行隔离，但工人没有这样做，导致冲洗管道的废水突然流入装有 MIC 气体的储藏罐内，生成了一种极其危险的不稳定的混合物，异氰酸甲酯储藏罐压力急剧上升，最终因为压力超标导致安全阀门破裂，一股浓烈、酸辣的乳白色气体从储藏罐内渗漏出来，有毒气体以超过 200℃ 的温度、1240kPa 的压力释放到空气中，在博帕尔市内迅速向四周扩散，最终 45 吨异氰酸甲酯泄漏殆尽。出事几小时后，博帕尔市的警察关闭了这家工厂，逮捕了该厂的经理和另外几名工作人员。

由于没有严格执行操作规程，有毒气体外泄使市区的毒气浓度超过标准 1000 多倍，市民感觉窒息难忍，很多人出现头晕目眩、恶心呕吐等中毒症状，严重的会失去知觉，瘫倒在地上，再也站不起来，还有许多人在睡梦中死去，毒气无情地吞噬着人们的生命。这场悲剧发生后，舆论纷纷指责联合碳化物公司降低安全标准是导致事故的原因，要求对其进行处理。

其实分析众多惨痛事故的教训，大多数情况下并不是没有管理制度和操作规程，问题的关键是技术标准和操作规程没有被严格执行，所有的技术标准和操作流程都是长期实践的结果，是历史上发生严重事故后以血的代价换来的。

（三）政府懒政埋隐患

从联合碳化物公司的地理位置来看，该公司原来位于远离市区的郊区，但随着公司的发展和扩张，紧邻公司的厂房不断建起大量简易工棚，逐渐形成密集的居民区，没有留下足够的安全距离和有效逃生空间。对此博帕尔市政府是知晓的，知道这样的工厂一旦出现事故将会带来灾难性后果。为保障人们的生命安全，也曾数次打算将该厂迁移到其他地方，但终因牵涉的人力、财力太大而作罢，且忽视对化工企业周边建立隔离带的限制，任由周边盲目建设居民点。

当事故发生时，博帕尔市政府没有力量及时疏散市民，也没有足够的时间进行防御，只能任由其发生和发展，最终导致受害人数巨大。试想如果博帕尔市政府部门能够严格地按照相关规定执行，会极大地降低人员的伤亡。尽管事后，博帕尔市政府部门和美国联合碳化物公司通过法律程序进行补偿，但是木已成舟，严重的事故已经发生，人的生命应价值几何？

现代社会更应该坚持以人为本的理念。随着科学技术发展，人类的生产活动与科学技术的关系密切，科学技术对现代人生产和生活的影响是多方面的，技术带来生产力极大提高，带给社会巨大物质财富，满足了人类精神和物质生活需要的同时，也给人类自身带来前所未有的风险。现代人可以采掘地下几百米甚至数千米的矿产资源，包括煤炭、石油和天然气等，通过地下管网将石油、天然气和化工原料等输送到各地，也可以通过陆路交通运送各种化工产品和原料，超大型工厂和项目日益增多，如大坝、核电站和高度集中化的化工生产装置，这些设施都蓄积了巨大能量。因此，现代社会生活中存在着各种风险，一旦发生意外，其灾难性后果不堪想象。

（四）持久艰难的索赔

联合碳化物公司决定向印度政府提供 100 万美元的救济款，并提出 3.5 亿美元的庭外解决方案，但是遭到印度政府的拒绝，印度政府要求赔偿 30 多亿美元。因为双方对赔偿金额的目标差距过大，没有达成一致意见，此后虽经历长达 20 多年的法律诉讼程序，仍未得到满意的结果，真可谓旷日持久且艰难的索赔。

1985 年印度通过一项名为"博帕尔法"的法律，确定印度政府为博帕尔事故唯一的代理人；1985 年印度政府以代理人身份向美国联邦法院纽约法庭提出标的为 33 亿美元的诉讼请求，状告联合碳化物公司，但是被法官凯南以"管辖不宜"并附加"联合碳化物公司应服从印度法院判决"为由送交印度法院。1986 年印度博帕尔地区法院启动审判程序，联和碳化物公司威胁说如完成对所有诉讼请求人的交叉质证，审理过程将长达 1500～2000 年之久。为此，有关幸存者组织请愿要求联和碳化物公司给受害者先行支付临时救济金。这一请求得到法官的支持，命联合碳化物公司先行支付 2.7 亿美元的临时救济金。对此，联合碳化物公司辩称，在没有审理之前让其承担责任开创了司法救济的危险先例并上诉至印度最高法院。

1989 年 2 月 14 日，印度最高法院宣布由印度政府和联合碳化物公司达成附加三个条件的最终解决方案：联合碳化物公司支付 4.7 亿美元的赔偿金，三个条件是永远免除所有民事责任、取消所有刑事指控、未来的任何针对联合碳化物公司的诉讼均由印度政府应对。根据这一裁决的安排，法院根据受害人及其家属的请求，逐一对受害者发放赔偿金，中毒身亡者获得 2000 美元赔偿，伤者获得 500 美元救治费。这些赔偿金对众多的受害者来讲是微不足道的，只是微薄的救济金，大多数的幸存者都注定要面临早逝的悲惨命运，许多人的肺部损坏无法修复，而且事故遗留下来的有毒化学物质还将长期影响当地居民后代的健康。

截至 2003 年，大约有 16000 名受害者尚未通过法院的确认而领到赔偿费，赔偿本金、利息余额约 3.6 亿美元。博帕尔事故损害的惨烈程度、解决事故遗留问题拖延的时间之长以及在全球引发的关注程度之大等都是空前的。作为一个生产安全事故，其问题之复杂、涉及的法律问题之多也是前所未有的。

二、法商分析

（一）管理不慎导致的蝴蝶效应

综观此案例可以看出，导致灾难发生是工人操作失误，没有按照要求对 MIC 装置进行隔离酿成的大祸，真可谓是事故版的蝴蝶效应。蝴蝶效应源自美国气象学家爱德华·洛伦兹（Edward N. Lorenz）于 1963 年在一篇论文中描述的效应，"一只南美洲亚马孙河流域热带雨林中的蝴蝶，偶尔扇动几下翅膀，可以在两周以后引起美国得克萨斯州的一场龙卷风"。原因是蝴蝶扇动翅膀的运动，导致其身边的空气系统发生变化，由此引起连锁反应，最终导致其他系统的极大变化。此后被管理学界引入，用以表达一个看起来很小的行为却能引起一连串的巨大反应。在博帕尔案例中，因为操作工人不经意的操作失误，导致废水突然流入 MIC 气体的储藏罐，生成了不稳定的混合物，致使储藏罐压力急剧上升，压力超标导致安全阀门破裂，进一步引起毒气泄漏，使博帕尔市内成千上万的居民中毒甚至死亡，成为威胁到人的生命的巨大灾难，此后随着索赔过程的推进最终导致联合碳化物公司被其他公司并购，同时对博帕尔市的环境造成极大的破坏，短期内难以恢复。

从表面上看，博帕尔的蝴蝶效应源于工人的操作，但本质上应该归于管理不严格造成的，表现在三个方面：一是工厂长期管理混乱，设备失修疏于维护，如工厂安全系统中的冷却设备、自动喷洒中和净化系统、消防喷淋中和设备缺损，安全系统失灵。忽视对工人的培训，包括责任心和操作技能，操作工没有足够的知识和技能胜任此项工作，没有遵守操作规程，致使清洗管道的水流入罐内使 MIC 发生化学反应并爆炸。二是公司没有建立完善的应急管理措施，救援人员没有经过起码的应急救援培训，事故发生后，应急疏散指挥失误，医疗力量准备不足，救援不得力。三是该公司周边地区逐渐成为人口聚居区，原本公司位于远离市区的郊区，但随着工厂的建设和扩张，在厂房周边不断建起简易工棚，逐渐形成密集的居民区，没有留下足够安全距离和有效逃生空间。前两个方面属于企业管理不到位，第三个方面属于政府管理不到位。

设想，如果工厂方面能够高度重视管理对工人的教育和培训，这样的事故是可以避免的。从披露的资料看，美国联合碳化物公司这样的跨国企业对自己生产过程可能造成的危害心知肚明，而且一定有相应的工作标准和操作规程，从技术的角度分析，杜绝这样的事故发生是可行的。这说明，公司管理无小事，要于细微之处见管理。博帕尔案例对于化工等高危企业有很好的警示作用。如果政府部门不懒政，不存在侥幸心理，能够科学决策，及时对工厂周边出现的私搭乱建的现象加以制止，进行合理规划，做到防患于未然，即使发生毒气泄漏事故，也可以大大降低对周边居民的伤害。

博帕尔毒气泄漏事故的发生、发展和演变的过程，可以看出如果当地政府和公司的管理者能够重视管理，可以在很大程度上降低事故发生的概率，可以降低事故造成的危害。从企业层面看，生产活动中的事故源于工艺设备、管理状况和人员素质三个因素，因此所有事故预防必须抓住设备设施安全、管理制度建设和实施、加强企业人员培训三个中心环节，才能形成完善的防线防范体系。政府部门应该从保障人身安全出发，将该厂迁移到人员稀少的地方，也不妨是一个可行的选择。

（二）法律视角的分析

博帕尔事故的发生，看上去是因为一个工人违章作业，但其既反映出企业内部安全管理的问题，其引发的重大人身事故和环境灾难也反映了博帕尔市政府对于大型危险化学品生产区位设置和监督管理的严重失职。博帕尔市政府在美国联合碳化物公司搬迁问题上的摇摆不定，隐含着政府决策在经济投入和严格执行规定上的权衡。印度政府和博帕尔公司对于联合碳化物公司的危险不是不知情，也发现公司在发展扩建过程中，公司附近建设了密集居民区。虽曾数次打算将该厂迁移到其他地方，但终因牵涉的人力、财力太大而作罢。博帕尔市政府实际上需要从法律规定、人民的生命健康权与财力负担和征税收入、就业率等方面做出选择，但遗憾的是财富在做选择时占据了主导地位，因此导致重大事故的发生。

这说明博帕尔市政府在秉承法律公平与正义方面丧失了原则，过于关注联合碳化物公司搬迁成本巨大而作罢，从而导致长期以来对联合碳化物公司给周边居民带来的巨大隐患视而不见，默许联合碳化物公司继续从事生产。联合碳化物公司也是将经济利益放在首位，忽视当地居民的生命安全，直到惨剧发生时，公司仍然无动于衷，罔顾给周边居民造成的灾难，拒不倾其所能弥补因公司生产事故造成的巨大损失。这说明，联合碳化物公司也偏离基本的守法经营的轨道。当然，事故的最终结局是以法律形式给出的，联合碳化物公司在主体上消亡而告终。这个案例进一步说明，一个企业的经营行为不只是经济行为，仅从单一的经济角度思考是片面的。如果博帕尔市政府坚持公平正义，严格按照规定果断决策，甚至不惜让联合碳化物公司停产搬迁，完全可以避免灾难的发生。而联合碳化物公司如果能够秉承法商管理理念，在经营管理中能够将效率效益的价值观和公平正义价值观相结合，也不会走向灭亡的宿命。

世界各国都对危险化学品企业的建设、生产、储存、运输有严格的法律制度规范。以规避事故灾难发生，同时保证危害发生时，能够尽可能挽救更多人的生命，减少损失。比如中国在此类法律规定中逐级设置相应的条款，《危险化学品安全管理条例》第十九条规定：危险化学品生产装置或者储存数量构成重大危险源的危险化学品储存设施（运输工具加油站、加气站除外），与下列场所、设施、区域的距离应当符合国家有关规定。这里所称的国家规定即《危险化学品经营企业开业条件和技术要求》：大中型危险化学品仓库应选址在远离市区和生活区的当在主导风向的下风向和河流下游的地域；应与周围公共建筑物、交通干线（公路、铁路、水路）、工矿企业等距离至少保持1000米。同时还规定，已建的危险化学品生产装置或者储存数量构成重大危险源的危险化学品储存设施不符合前款规定的，由所在地设区的市级人民政府安全生产监督管理部门会同有关部门监督其所属单位在规定期限内进行整改；需要转产、停产、搬迁、关闭的，由本级人民政府决定并组织实施。

三、启示

（一）安全生产重于泰山

任何情况下都要把安全生产放在首位，丝毫不能放松。能否做到安全生产关系到企业员工和企业周边人民群众的福祉，因而企业管理者要时刻注意保证安全的作业流程。企业出现安全事故，虽然违章作业发生在员工身上，但是原因在予企业管理者没有尽到管理责任，即便企业拥有健全的制度和监督、评估体系，也形同虚设。因此，企业和管理者不能免责，需要承担经济赔偿损失或承担法律责任，最终可能造成企业破产，管理者身陷囹圄。

（二）加强员工培训，合理组织工作团队

为了保证安全生产，有时除了对员工进行培训，提高员工的责任意识和操作技能外，在关键流程可以安排若干人员组成小组执行生产任务（尽管可能产生人员冗余），员工之间可以相互提醒、监督，还可以防止因为突发疾病导致无人操作发生事故。虽然看上去会增加人员成本，严苛的制度也许不近人情，但相较于可能发生的灾害事故及其带来的法律责任，这种管理方法却是十分必要的。

（三）要熟悉国家相关法律法规，在实践中贯彻落实

虽然案例讲述的是美国设在印度的工厂毒气泄漏事件，但是对国内企业而言，也仍然具有重要的借鉴意义。其中最重要的一点是，要对我国在化学品安全生产方面的法律有所了解，在生产经营中加以贯彻。我国包括《中华人民共和国安全生产法》在内的行政法律、行政法规就有十余个，从建设、生产、监督监察、许可、登记、核查、容器等方面规定得较为全面，尤其在法律责任承担上，较其他法律更为严厉。从《安全生产法》的法律设计上来看，除附则外，共有116条，其中包含了从罚款到停业整顿、吊销执照和刑事责任，代表了国家对于安全生产的重视。

（四）防止管理疏忽造成严重安全生产事故被追究刑事责任

从企业和主要责任人角度上看，《安全生产法》第五条规定：生产经营单位的主要负责人是本单位安全生产第一责任人，对本单位的安全生产工作全面负责。第九十三条规定：生产经营单位的决策机构、主要负责人或者个人经营的投资人不依照本法规定保证安全生产所必需的资金投入，致使生产经营单位不具备安全生产条件的，……构成犯罪的，依照刑法有关规定追究刑事责任。第九十四条规定：生产经营单位的主要负责人未履行本法规定的安全生产管理职责的，……构成犯罪的，依照刑法有关规定追究刑事责任。可见企业管理者是第一责任人，是法律主要追究的对象。

《安全生产法》第一百零五条第一款规定：生产、经营、储存、使用危险物品的车间、商店、仓库与员工宿舍在同一座建筑内，或者与员工宿舍的距离不符合安全要求的，……构成犯罪的，依照刑法有关规定追究刑事责任。这与本案例的情形相同，不符合安全距离，发生事故的，仍然可以追究管理者刑事责任。

从侵权赔偿的角度上看，《安全生产法》除在第一百一十三条规定发生生产

安全事故，对负有责任的生产经营单位除要求其依法承担相应的赔偿等责任外，还在第一百一十六条规定：生产经营单位发生生产安全事故造成人员伤亡、他人财产损失的，应当依法承担赔偿责任；拒不承担或者其负责人逃匿的，由人民法院依法强制执行。

案例三：330 磅含铅颜料导致利达公司 96.7 万件玩具召回

一、案例回放

（一）利达公司陷入 96.7 万件玩具召回困境

佛山市利达玩具有限公司（以下简称利达公司）是由两位中国企业家——张树鸿和谢煜光创立，从 1993 年开始一直为世界上最大的玩具公司——美国美泰公司生产玩具，到 2007 年利达公司年销售收入达到 2500 万美元，拥有员工 2500 多人。利达公司作为美泰公司的供应商，其产品价格低、质量好，得到美泰公司的认可，为满足美泰公司不断扩大的订货需求，利达公司又投资 500 万美元筹划建设新的工厂。

但是，正当利达公司发展势头良好，踌躇满志扩大企业规模的时候，突然一个产品召回通知让利达公司陷入了困境。2007 年 8 月 2 日，美国消费品安全委员会 CPSC（Consumer Product Safety Committee）发出《关于美泰角色玩具违反含铅涂料的召回通知》。通知说美泰公司销售的"芝麻街""小探险家朵拉"及其他玩具表面涂料可能含铅量超标，这些玩具如果被儿童误食会损害健康。通知要求美泰公司召回自 2007 年 4~7 月生产的上述玩具，共计 96.7 万件。同时要求美泰公司在收回这些含铅玩具后给消费者相同价值的代金券（价值不超过被召回的玩具）。无疑这是一笔天价的召回案，这些玩具的销售价格在 5~40 美元，涉及的总金额在 2500 万美元左右。按照利达公司与美泰公司签订的供货合同，这批产品的经济损失要由利达公司承担，召回通知犹如晴天霹雳，使利达公司陷入困境。接到召回通知后，直接管理利达公司运营的张树鸿把工厂卖掉用于支付工人的工资，然后自杀，年仅 48 岁。

美泰玩具公司（MattelInc.，NYSE：MAT）又名美泰公司，是美国品牌玩具公司，世界上最大的玩具制造商，总部设在美国加州，在儿童产品的设计、生产、销售方面处于领导地位。美泰公司著名产品有风火轮、Matchbox、芭比娃娃、棋盘游戏、狮子王、辛普森一家等。美泰公司的产品研发和营销由公司总部负责，而产品生产采用外包模式。美泰公司有一套严格的选择供应商的程序，并制定严格的条款以保证产品质量。

利达公司得到美泰公司的信任，成为美泰公司供应商，如果不出问题，其长期发展并且获得丰厚利润是不成问题的。但是，召回通知彻底中断了利达公司的发展节奏，使本来如日中天的利达公司的发展戛然而止。

（二）330 磅铅含量超标的颜料惹的祸

利达公司陷入困境的原因在于原材料采购环节出了问题。2003 年以来，利达公司从东兴新能源有限公司（以下简称东兴公司）购买涂料，这家公司的所有者也是张树鸿的好朋友。东兴公司向利达公司供应油漆 4 年，从未出现过问题。此次召回事件涉及的都是涂黄色油漆的产品，后来经过调查发现，问题出在 2007 年 7 月东兴公司生产的一批油漆上，这批油漆使用了从东莞众鑫色粉厂购买的价值 1250 美元共 330 磅的含铅量超标的黄色颜料。东兴公司将这批颜料用于油漆生产，然后供应给利达公司，利达公司将之用于为美泰公司生产的玩具中。东莞众鑫色粉厂当时销售黄色颜料给东兴公司时提供了假的无铅色粉证书。

这批油漆铅含量超标是导致大规模产品召回的主因。世界各国都对儿童玩具的铅含量制定了严苛的标准。比如，美国 CPSC 要求产品任何可接触部分的含铅总量不得超过产品重量的 600ppm（0.06%）。CPSC 的主要职能是制定生产者自律标准，对于那些没有标准可依的消费品，制定强制性标准或禁令；对具有潜在危险的产品执行检查，CPSC 负责对超过 15000 种消费品进行安全监控，尤其对儿童产品所有部件的铅含量的控制尤为严格。由此可见，含铅量超标出现在儿童玩具中是十分严重的事件，CPSC 对美泰公司发出召回通知是情理之中的事情。

二、法商分析

（一）利达公司高管没有严把原材料质量关

利达公司产品召回事件，源于原材料质量控制的疏忽。利达公司的高管负有不可推卸的责任，如果负责公司经营的张树鸿先生能够按照当初与美泰公司签订的合同条款严格遵守操作规程，产品召回事件很大程度上是可以避免的，也不会发生公司破产和高管张树鸿自杀的悲剧。这说明，仅仅关注企业行为的经济意义是不够的，利达公司悲剧发生的时间点，正是公司经营状况良好、在投资扩大工厂规模之时，真可谓乐极生悲。企业的经营活动具有管理（经济）和法律双重属性，利达公司购买油漆的活动既有经济属性——比如如何买到价廉物美的原材料来降低产品成本，也有法律属性——所购买的原材料必须符合标准，符合与美泰公司签订合同的约定，否则将影响到自己生产的产品质量，造成给消费者带来伤害的结果，严重的伤害需要承担相应的法律责任，甚至刑事法律责任。

从案例来看，利达公司本应该把油漆质量放在最重要的位置加强管理，绝不能有半点的疏忽和大意。但事实上利达购买东兴公司的油漆没有经过检测就直接用于产品生产，因为张树鸿和东兴公司的老板是多年的朋友，也许张树鸿认为多年的朋友不会欺骗自己，因此没有按照规定的流程进行检测。但是残酷的现实是，老朋友提供的油漆就是"毒漆"。张树鸿的死与此有关，他可能想不通，一直都是在用朋友工厂生产的油漆，助力朋友企业发展，但自己却偏偏栽在朋友手里。

其实作为供应商的东兴公司也不是故意加害利达公司，它也是有毒颜料供应商的被害者。试想，如果东兴公司在购买颜料时，按照规定进行检验，而不轻信供应商的一面之词（虚假的无铅证明书），后续的事情也就不会发生。值得指出的是，在经济全球化中分工越来越细的背景下，供应链管理已经成为企业管理的重要内容。换言之，利达公司召回事件也可以归结为公司对供应链管理不严导致的。美泰公司在这方面拥有丰富经验，其和利达公司签订的合同中有一条基本条款：供应商所生产的产品必须遵从安全标准，要求供应商从8家经过认证的涂料供应商购买涂料，而从没有经过认证的厂商处购买的每一批涂料都要经过质量检验。美泰公司也对涂料供应商进行审查，以确保产品符合要求。利达公司长期与美泰公司合作，却没有意识到此条款的重要性，可以看出这个条款说明不仅要严格审核直接供应商的资质，而且要把供应商的供应商也纳入自己的监管环节。此条款是美泰公司规避 CPSC 产品召回通知产生巨大经济损失风险的依据，将赔偿责任转移给了利达公司。而利达公司却因为疏于对供应商的监管，只能自己独立承担赔偿责任，最后导致破产。

（二）控制原材料质量第一要务

中国的玩具制造业在世界上具有良好的声誉，拥有强大的竞争力，这种趋势将会保持很长时间。但是保证玩具产品的质量是关键，是决定一个企业或者产业生命力的决定力量。任何产品的质量决定于两个方面，首先是原材料的质量，其次是生产加工过程。如果原材料质量低劣，制造过程无论做得多么到位都是无用功。

因此，企业产品质量控制的第一要务是做好原材料的质量控制！在原材料采购时要求供应商提供相应的检测报告，在企业内部也同样要对入库的原材料进行检验，合格后方可使用。原材料的品质保证了，玩具产品至少有一半的品质就有了保障。一件产品的合格只有保障了原料采购供应、半成品加工、出厂检测等环节，才能保证产品的合格率，不能因为熟人关系等人为因素而放松产品抽检。

控制好原材料的质量，还需要在生产过程中加强管理，将控制质量的活动导向整个生产工序和流程。运用全面质量控制的方法，生产过程的每道工序都要进行质量检验，只有合格了再转向下一道工序。企业的所有部门都应按照工作标准和操作流程各尽其职，完成好本部门的工作，产品生产出来以后，由质量部门进行最终检验，产品合格后才能进入市场。上述各环节的活动都要做好记录，以便出现质量问题时可以追溯。对于出口产品必要时一定要请采购商来验货，以确保质量没有问题再办理出关手续。否则一旦产品走出国门，在国外市场销售后才发现问题，造成的损失就非常巨大。

（三）自酿苦酒只能自己喝

巨大的召回损失为什么美泰公司可以推给作为供应商的利达公司，而利达公司不能向上游追责？这是一个典型的因为法商管理理念缺失、疏于管理导致的企业破产的案例。真可谓自酿苦酒自己喝。

产品生产过程是一个正向的程序，从原材料变成产品，直至最终变成面向消费者的商品。而产品一旦出现问题，就会上升为法律层面。而法律责任的追溯是逆向的，发现产品质量问题的消费者或者执法机构，直接向终端消费品的生产者和销售者追究责任，而无论这个消费品不合格的原因出自哪个环节。

中国消费者协会与美国 CPSC 都是消费者权益保护机构，它的责任是保护广大消费者的利益，通过减少消费品存在的造成伤害及死亡的风险来维护人身及家庭安全。但 CPSC 的主要功能具有标准制定和部分执法权力，这些权力与中国质量监督管理局或行业协会更为接近，如制定生产者自律标准，对于那些没有标准可依的消费品，制定强制性标准或禁令；对具有潜在危险的产品执行检查。显然要比中国消费者协会的权力大很多。对于执法部门来说，质量不合格产品的生产商和销售者是第一批承担法律责任的人，也是承担责任最重的人或单位。这个案例可以从民法、行政法和刑法三个角度做进一步的分析。

从民法角度上来说，因玩具质量问题，导致美泰公司产品召回，造成 2500 万美元的损失，美泰玩具可以向利达公司追索要求赔偿，利达公司承担赔偿责任后，可以向东兴公司追索要求赔偿，直至众鑫公司赔偿完毕。但是否所有公司均有赔偿能力，则是一个问题。本案中，利达公司破产，背后的含义就是资不抵债，那美泰公司则要承担利达公司破产财产外的损失，除非美泰公司获得了判决赋予的权利或拥有法律依据，获得追索代位权，否则美泰公司甚至不能向东兴公司或众鑫公司要求索赔。

从行政法角度上讲，行政处罚的相对人是因为自己的错误而遭受的处理，这个处理结果没有追索的效力，罚款、停业整顿、吊销营业执照、剥夺特许经营权等，均由被处罚人自己承担。从该案例角度出发，美泰公司、利达公司等如果受到行政处罚，完全是因为没有进行质量检验而产生的，这种责任追究的起因是受处罚企业自身错误形成的，所以不能形成追索效果。

从刑法角度讲，该案例如果发生在中国，美泰公司和利达公司因巨大的销售额超过了《中华人民共和国刑法》第一百四十条的金额规定。是否构成生产、销售伪劣产品罪，还需考察企业是否有主观故意，刑事法律风险依然存在。本案中，即使美泰公司和利达公司都因此受到了刑事处罚。而因为销售额未达到法定 5 万元的标准就达不到刑事处罚的条件，东兴公司和众鑫公司仍然不一定会受到刑事追究。

三、启示

（一）防止跌入关系和人情陷阱

本案例一个重要的环节是，供应商东兴公司的老板是利达公司创始人张树鸿的老朋友，而且长期供应油漆，从未出现过质量问题。因此利达公司从东兴公司购进的这批油漆没有进行检验，说明利达公司"重人情、轻法律"的倾向严重，过于信任自己的供应商，用信用背书替代了程序性检验，最终导致铅超标油漆进入利达生产制造过程，使公司遭受重大经济损失。因此，企业在任何情况下，都需要严格执行原材料和产品检验规程，降低人为因素对产品质量的影响。要借鉴泰达公司的做法，即不仅要对供应商进行审查，还要对供应商的供应商进行审查，确保产品质量。

（二）魔鬼在管理漏洞之中

本案中企业的巨大损失实际上来自管理漏洞，而且引发如此惨烈后果的就是330 磅含铅超标颜料粉。实际上存在两次避免铅超标油漆流入生产线的机会，即东兴公司或者是利达公司，两家中任意一家能够对原材料进行检验，都可以避免导致 96.7 万件产品召回的事件。但是遗憾的是，两家公司都没有对原材料进行检验，正是看起来微不足道的管理漏洞，引发了如此巨大的产品质量问题，从这个意义上看将 330 磅铅超标颜料粉形容为魔鬼一点都不为过。330 磅铅超标的颜料粉对应 96.7 万件召回的问题玩具，1250 美元的超标颜料粉对应 2500 万美元的损失，这两组反差如此巨大的数据，警示我们管理无小事，否则将会因小失大。

（三）无论多么重视和强调产品质量都不过分

认真审视案例的发展过程，会发现一个耐人寻味的问题，即在各种制度、产品标准和合同条款相对完善的条件下，为什么还会出现如此严重的产品质量问题？主要原因是什么？本书认为，主要原因还是企业高管在日常经营过程中，对遵章守纪、合法经营、规避风险强调得不够。这里所说的重视和强调，是指要改变习惯上仅仅关注企业经营管理活动的经济属性的倾向，而要增加一个维度，要注意企业经营活动的法律属性，时刻将管理过程和结果与法律相联系，特别是对于可能出现的不良后果需要承担的法律责任有清醒的认识。只有战战兢兢、如履薄冰，才能有效降低企业风险。

案例四：科技领先战略引领东方公司走上快车道

一、案例回放

（一）应全球化战略而生的公司

2001 年中国加入世界贸易组织，标志着中国企业走向世界的障碍得以消除，同时也面临严峻的全球化竞争的挑战。在此大背景下，中国石油集团所属物探局、新疆地调处、吐哈物探公司、青海物探公司、长庆物探处、华北物探公司、大港物探公司 7 家单位，于 2002 年 12 月 6 日共同组建成立了东方地球物理勘探有限责任公司（以下简称东方公司，英文缩写 BGP）。公司成立伊始，就把国际化作为公司发展的战略主攻方向，将开拓和推进海外业务作为实现跨越式发展的基础，将建设具有强大核心竞争力的国际一流地球物理公司作为公司的愿景，因此可以毫不夸张地说，东方公司就是应全球化战略而生的公司。

东方公司隶属于中国石油天然气集团公司，是专门从事地球物理勘探的专业化服务公司，截至 2022 年 5 月在册员工 2.5 万，总部设在河北省涿州市。从 2002 年组建至今 20 年来，竭诚为国内外客户提供一流的技术服务，公司拥有作业队伍 203 支，主要物探装备达到国际先进水平，公司业务发展遍布国内 29 个省、市、自治区和海外 54 个国家，为全球近 270 家油公司提供技术服务，营业收入多年保持全球物探行业第一。同时，东方公司还拥有 6 支船队深海勘探，在 OBN 等勘探领域居国际先进水平，拥有一支 2900 余人的专业化信息技术服务团队，承担了中国石油 50% 以上的信息化建设项目，涉足数据中心、ERP 咨询、信息安全、数字油田、智慧城市等十大业务领域。东方地球物理公司也是国家级企业技术中心、油气勘探计算机软件国家工程研究中心，国际地球物理承包商协会（IAGC）核心会员，欧洲地球物理学家与工程师协会、勘探地球物理学家协会主要会员，已经成为全球物探行业领导型企业。

（二）夯实技术基础

东方公司持续加大科技创新力度，构建了开放式、国际化研发平台，实现全球 24 小时不间断研发模式。东方公司建立了物探院士工作站，不断推进技术创新进入"快车道"，累计申请专利 1000 多件，取得授权专利近 900 件，荣获省部级以上奖励 100 余项，其中国家科技进步一等奖 2 项、二等奖 3 项。东方公司在物探技术方面，打造针对全球油气勘探客户的技术系列品牌，复杂山地等地震勘探技术居全球领先地位，宽频、宽方位、高精度勘探技术成为开拓国内外市场的技术利器。在软件技术方面，自主研发形成涵盖物探技术全领域、整体水平行业领先的 GeoEast 解释、KLSeis II 采集系列软件，极大地满足了油气公司一体化服务需求，有力地推进了国内外市场开发。在装备技术方面，低频可控震源技术全面超越国际竞争对手，研发的全球首台高精度可控震源 EV56 经过野外环境严苛检验，在全球低频地震勘探处于领先地位。科技创新有力地提升了公司找油找气的能力，2018 年，东方公司参与中国石油国内油气勘探重大发现超过 92%，海外油气重要发现参与率继续保持 100%。

东方公司每年都要将主营业务收入的一部分作为科研经费，用于发展物探特色技术，着力解决制约油气勘探开发的关键物探技术难题。公司构建了从决策层、研发层到应用层的系统化科研管理和应用体系，极大地提高了科技在公司业务发展中的效能。公司建立了亚洲最大的地震勘探资料处理解释中心和油田地质数据库，在美国、中东和东南亚建立了三大资料处理中心，技术服务能力达到国际先进水平，形成了独具优势的、全面系统的服务体系，包括野外采集、数据处理、资料解释、装备制造等。

此外，东方公司还通过并购活动提升公司实力，具体体现在以下几个方面：一是突破了欧美的技术封锁，共取得上百项专利技术以及多个软件和注册商标，得到了世界一流技术。二是留住了关键技术人才，保留了掌握核心技术的研发团队，为科研提供了人力资源保障。三是有了近距离了解西方公司管理经验的机会，将被并购公司管理层仍然保留，如将 ION 原有的管理体系和管理经验用于合资公司，让合资公司按照符合国际惯例的管理体系运营。四是直接掌握了成熟的全球市场销售队伍及销售渠道，拓宽了公司自主研发技术装备的外部市场销售渠道，使技术成为实现公司战略的重要保障。

（三）顺应国际规则

经过多年的发展，东方公司的国际化逐步走向成熟，发生了翻天覆地的变化，走上了从规模制胜到结构优化，从"量的扩张"到"质的发展"的内涵式发展道路。目前，东方公司不仅是陆上采集业务第一大承包商，而且成功地实现由国际物探低端市场向高端市场转变，由单一的陆上采集业务向海上采集、处理解释、非地震勘探等业务转变。东方公司优化市场战略，对原有的勘探市场进行整合，重点开发中东物探服务市场，由以往为国际小石油公司服务转向为国际大石油公司服务，由以往单一的项目运作向区域市场一体化运作转变，进而形成了中东、北非、苏丹、尼日利亚、印度尼西亚和中亚等规模生产基地，保持国际业务持续增长。

目前公司勘探主业收入的 50% 以上来自国际市场，高端市场占比超过 40%，先后成功打造了壳牌印尼 OBN、科威特 KOC、沙特 S78 等在业界产生重大影响的样板工程，推动公司成为中东高端市场最大物探承包商，成功获得 ADNOC 价值 16 亿美元全球最大三维地震项目，在行业内具有强大的竞争力。公司建立了具有国际先进水平的运营管理体系，海外项目本土化率达到 90%，外籍雇员占公司用工总量的 25%。东方公司先后通过 ISO 9001 质量管理体系、ISO 14000 环境管理体系、职业安全健康管理体系认证。HSE 管理业绩居行业先进水平，获得国家安全生产标准化一级达标企业资质，连续 9 年被评为中国石油安全生产先进企业。

（四）打造先锋文化

多年来，东方公司形成了独具特色的先锋文化。先锋文化是以"诚信、创新、业绩、和谐、安全"为核心，以"艰苦奋斗和科学求实"为支柱，以"快速反应、追求卓越"为外在形式的文化。这种文化成为东方公司实现跨越式发展的灵魂。东方公司的文化是催人奋进的文化。"国际一流"的发展目标和不断提升的企业效益，不断吸引不同地域、不同文化背景的东方公司员工在整合中凝聚，朝着同一个目标奋进。这种"先锋"文化，源自于为国家找油找气的历史使命，这种使命感随着国家能源安全形势而变得越来越强烈，成为他们顽强拼搏、以苦为荣甚至奉献生命的精神依托，成为他们践行"精诚伙伴，找油先锋"的理念。

东方公司的文化在融合中不断发展。随着东方公司"高级人才国际化、中低级人才本土化"国际人才战略的实施，外籍雇员越来越多地进入管理层，国际业务操作层外籍雇员的比例已达到90%。在全球化的进程中，东方公司积极借鉴吸纳国际先进文化，营造尊重、和谐、诚信的文化氛围，形成了开放、包容、不断创新的文化特色。在苏丹、巴基斯坦等伊斯兰国家施工时，东方公司高度尊重当地的信仰与风俗习惯，保证穆斯林员工每天5次祈祷时间，饮食严格尊重伊斯兰教规，在营地设立简易清真寺和捐款箱。在开斋节、古尔邦节等重要节日给他们放假，并前去祝贺。对外籍雇员定期评选"星级员工"，颁发国际部总经理亲笔签发的奖励证书，对优秀者进行进一步培训与提拔，或推荐到东方公司总部进行学习或工作。

东方公司的文化具有强烈的人本意识，一贯重视人性化管理，不断加大投入去改善野外员工生活条件。走进地震队营地，即使身处沙漠腹地也能看到生机盎然的鲜花与绿叶，淋浴车、移动餐车洁净整齐，营房车还配备了电视等娱乐设施。东方公司的文化是富有生命力的文化。东方公司广泛征集并推广11首由员工自己填词创作的企业歌曲；汇集出版了从石油物探事业创业初期第一位英模杨拯陆到如今的数10位新星的"英模风采录"，出版了集纳80篇企业故事与员工格言的"企业故事格言集"，编写了近50万字的企业文化先锋丛书，还出版了大型专家画册"引领未来"。

二、法商分析

（一）公司战略思路明确管理到位

从管理的角度看，东方公司成功实现跨越式发展，首先得益于公司制定了符合企业发展的战略，东方公司成立伊始，就对本企业发展面临的国际国内环境做出了分析，精准地把握石油物探行业发展趋势，明确主要竞争对手的状况。同时深入剖析东方公司自身的优势、劣势和面对的风险与威胁，在此基础上，确立了公司的总体战略目标：建设具有强大国际竞争力的世界一流的地球物理服务公司，并制定出分阶段实施的策略，即先以低成本优势进军陆上采集市场，然后再进军海上采集市场。将技术创新作为战略重点，加大科研开发的投入力度，着眼于缩小与世界先进水平的差距。

其次，东方公司重视提高管理水平，以保证公司战略得到有效执行。在公司的组织结构方面，依据业务分布的国家和地区建立经理部，形成有效的组织架构。同时，通过企业文化建设，增强全体员工对公司理念和价值观的认同，极大地提高了公司一体化运作的效率。尽管公司海外研发基地和业务项目分散，海外雇员的比例不断增大，但是因为在长期管理实践中不断积累经验，所以形成了坚实的管理基础，为实现公司战略目标提供了有力保障。

（二）抓住技术创新的关键

东方公司针对自己物探装备技术、工程采集作业、油藏技术等业务链条中的薄弱环节，强化技术创新和技术获取。将技术含量高、附加值高的技术领域作为战略重点，获取新的高端技术弥补自身技术短板。首先，坚持在关键技术上加强自主创新能力的原则，依托多年来积累的物探基础数据和勘探经验，加大研发投入和力度，充分发挥科研人员的聪明才智解决技术发展问题。其次，通过国际技术转移获得新技术，通过两种方式推进技术进步：第一种是直接购买知识产权，这种方式简单直接，但实际操作中会面对很多技术壁垒；第二种是通过跨国并购，直接收购高科技公司，获取附加的先进技术，提高本企业的技术水平和核心竞争实力。

这两种方式对东方公司提高核心竞争力都是有效的，但是随着东方公司主营业务收入的提高和整体实力的加强，从缩短研发周期和与国际先进物探公司的技术差距来判断，最终将并购作为发展的重点选项之一。如 2009 年，东方公司根据构建物探装备制造和技术服务一体化发展平台的需要，期望通过并购方式，弥补技术弱势，打破竞争对手在核心装备方面对东方公司的封锁，提升公司技术实力，而收购了美国 ION 公司陆上装备制造业务板块，获得陆上装备制造技术、知识产权和技术团队。这次并购增强了东方物探的装备制造能力，从而进一步提升了东方公司在国际市场上的竞争力。

（三）严格遵守各类标准和法律

任何一个企业，跨出本国国门时，都会涉及有关国际公约和法律、国际标准的执行问题。因为各个国家的法律不尽相同，所以更需要加以了解，并严格遵守。这一点对于东方公司以技术领先为主导的公司更重要，具体体现在知识产权保护等方面。

第一，东方公司在进行跨国经营的时候，对知识产权的法律问题，提高到最高程度。如前文所述，从法律角度上来看，东方公司对知识产权的法律保护，是从根源进行保护的。知识产权分为很多种权利表现方式，所有权、转让权、独占性使用权、排他性使用权、使用权等。但是无论哪个权利，均出自对知识产权的所有权。而东方公司的知识产权是通过自主开发或购买获得的，实际上是成了目标知识产权的所有权人。

第二，在苏丹、巴基斯坦等伊斯兰国家施工时，东方公司高度尊重当地的信仰与风俗习惯，包括保证穆斯林员工祈祷时间、饮食教规、设立简易清真寺和捐款箱、重要节日给他们放假等。笔者相信，这与中国是个多民族融合的国家有关，《中华人民共和国宪法》第四条第四款"各民族都有使用和发展自己的语言文字的自由，都有保持或者改革自己的风俗习惯的自由"。事实上，中国公民从接受教育开始，都会接受对其他宗教和习惯的尊重。在中国任何一次聚集或会议，主办者都会对参与人的民族及人数特别注意，尤其是在饮食提供上，准备清真食品、设置独立区域和专用餐具都是必不可少的。这种优良的传统习惯，造就了我国公司聘用外籍人员意识上的先天优势。

第三，遵守各个国家的反垄断法和对跨国并购的有关规定，从有利于本企业发展，又有利于促进竞争的角度，规范自己竞争行为。同时注重从历史上并购案例中获得经验和教训，从而有效地规避了并购风险。如 2002 年俄罗斯单方面通过立法草案，宣布禁止外国国有企业获得该国石油企业的控股权；2005 年哈萨克斯坦政府被授权可以干预石油公司出售股份的行为，授予政府优先购买权和撤销违反该法令交易的行为；2004 年《欧盟并购条例》一系列有关并购的法规等。

三、启示

（1）作为科技领先战略引领的跨国公司，做到可持续发展，加强科技投入和知识产权保护，进而避免知识产权法律纠纷的是必然选择。要加强对进入国知识产权保护法律和相关政策的研读，并加以遵守，才能够有效规避风险，使企业步入快车道。同时，要将重视技术创新、知识产权保护作为企业文化建设的重要组成部分。

（2）跨国经营的公司，需要了解目的国和本国共同加入的国际公约。这些国际公约通过成员国的签署，是各成员国将本国的法律与其他国家的法律达成共识的国际文件，转化为企业必须遵守的管理制度的一部分。在跨国并购中，对合同涉及的各种项目条款需认真对待，尤其是对相关技术内容应明确写入合同条款中，以避免造成损失。

（3）经营跨国公司，提前获得相关的国际认证是关键，是进入国际市场获得订单的必要条件，必须提升到公司战略的高度认真对待。因此，要积极争取获得国际组织的认证，包括产品体系认证和管理体系认证等，如 ISO 9001 质量管理体系、ISO 14000 环境管理体系、职业安全健康管理体系认证、HSE 管理认证等。

案例五：一杯价值百万美元的咖啡

一、案例回放

（一）意料之外情理之中的判罚

1992 年的一天，一位年近 80 岁的美国老太太在麦当劳外卖餐厅买了一杯价值 49 美分的咖啡。服务生端来了咖啡，老太太打算往杯子里倒一点糖和奶精，可是一不小心热咖啡洒了出来。老太太惊叫起来，人们赶紧将她送往医院，经医生检查老太太的大腿、腹股沟等部位被严重烫伤，三级烫伤占全身皮肤面积的 6%。人老了，病就不容易好。经过 2 年的治疗，老太太才可以下地走路。于是，老太太要求赔偿 2 万美元的医疗费，而商家只答应赔偿 800 美元。老太太非常生气，她一怒之下聘请了律师将麦当劳告上法院，理由是麦当劳出售的热咖啡"具备不合理的危险性"并属于"粗制滥造产品"，从而拉开了轰动全球的"麦当劳咖啡烫伤案"的序幕。

在"麦当劳咖啡烫伤案"中，原告遭受的实际损失（医药费和照顾病人的误工费），满打满算只有 2 万美元左右。可是陪审团却判决被告偿付高达 270 万美元的"惩罚性赔偿"。依照美国法律，只要被告存在"欺诈的""轻率的""恶意的""任意的""恶劣的""后果严重的"侵权或责任行为，即可适用惩罚性赔偿法规，与受害者遭受的实际经济损失相差甚远。

所谓"惩罚性赔偿"，是指赔偿金额大大超过了受害人实际损失的价值，其总额超出一般人的想象，目的是通过严厉处罚侵权者和违法者，杜绝恶意侵权、疏于管理对顾客造成损失，起到让公司慑于法律威严和巨大的经济赔偿损失，引以为戒，不犯同类错误的作用。

洒了一杯咖啡，竟然造成了严重的"三级烫伤"，正可谓既在意料之外，又在情理之中。意料之外，是指其带来的后果超出一般情况，既表现在对老太太造成的身体伤害，又表现在法院判罚的巨额赔偿。情理之中体现在，如果麦当劳对产品的温度设定得低一些，这种情况是完全可以避免的。同时，事故发生后麦当劳没有及时承担责任并赔偿，因而给老人带来心理伤害，怒而诉诸法律是可以理解的。

本案例引人注目的地方在于，购买一杯49美分的咖啡，实际损失为2万美元，但陪审团建议赔偿270万美元。最后陪审团一致认为，麦当劳的咖啡质量低劣，温度过高，因对产品安全疏忽大意，侵犯了原告的权益，造成了重大伤害事故和经济损失，因此，必须承担法律责任，偿付原告20万美元的"补偿性赔偿"（Compensatory Damages）。考虑到原告不慎失手，亦应对事故承担20%的责任，麦当劳公司的实际责任减为80%，赔偿总数相应地由20万美元减为16万美元。

主审法官认为，陪审团在认定事实方面基本恰当，判处"惩罚性赔偿"的理由亦相当充足，可是原告本人的责任不可低估，而且陪审团判决的"惩罚赔偿"的金额过高，矫枉过正，有失公平。于是，将"惩罚性赔偿"由270万美元砍至48万美元，赔偿总额降低为64万美元。虽然，控辩双方皆不同意法官裁定，声称继续上诉，但没过多久，双方突然宣布，两家已达成了秘密庭外和解。据法律界人士披露，和解的金额在60万~70万美元，与法官的裁定大致相当。剔除1/3的律师费，被烫伤的老太太大概拿到了40余万美元赔偿。这个轰动一时的大案，终于落下了帷幕。

（二）咖啡口味与顾客安全的两难选择

在这个案例中，可以看出四个方面的因素导致这样的结果：一是当时麦当劳出售的咖啡，比其他店的温度高出了10℃~16℃；二是被烫伤的顾客是年近八旬的老人，较容易受伤；三是两腿之间又是全身皮肤中很娇嫩的部位；四是滚烫的咖啡洒在老太太身穿的薄布裤子上，当时没有工具也很难迅速剪开裤子，结果造成了"热水袋"式的烫伤效应。

老太太状告麦当劳的事件通过媒体传出去以后，当时的舆论普遍支持麦当劳，认为老太太是无理取闹，是她自己弄洒了咖啡，只能怨她自己，不能一出事就讹人。但是，经调查后发现，这家麦当劳出售的咖啡温度的确偏高，为80℃~

90℃，其他快餐连锁店的咖啡为 70℃~75℃，显然麦当劳咖啡的温度远远大于普通连锁店咖啡的温度。此外，麦当劳咖啡的杯子上没有任何明显的警示标志。

在控方律师要求下，法官下令麦当劳必须公开内部秘密文件和统计数据。结果表明，1982~1992 年，麦当劳总共发生数百起咖啡烫伤事故，其中 700 起受到消费者投诉。麦当劳平均每年要花费 5 万美元用于解决因咖啡烫伤引起的赔付问题，以避免消费者向法院起诉。为了开脱责任，据麦当劳的辩护律师解释说，麦当劳每年售出大约 10 亿杯咖啡，10 年总共售出了大约 100 亿杯，相比之下被投诉的烫伤事故只有 700 余起，两相比较，事故率仅为 0.0000007%，即平均每 1400 万杯才出现 1 起烫伤事故，这样的事故率简直微不足道，可以忽略不计。麦当劳公司解释说，咖啡温度的设置并非随心所欲，而是根据咖啡专家的建议。咖啡迷人的香味，以 96℃ 的热水冲泡调和时最好，在 82℃~86℃ 饮用时口感最佳。

二、法商分析

（一）麦当劳的傲慢激怒消费者提起法律诉讼

麦当劳是一家非常注重的品牌和信誉的公司，甚至将品牌置于核心价值的地位，应该看到品牌是长期经营积累的结果，进行品牌管理要善于换位思考，品牌的价值实质上存在于消费者的心中，而不应该将公司的品牌与消费者的权益对立起来，只有真诚地满足消费者的需求，为消费者带来价值，品牌才具有生命力并能够不断增值。

值得肯定的是，作为世界 500 强中的世界第一大连锁快餐巨头，麦当劳运营管理还是比较规范的，拥有系统化和严格的工作标准和操作流程以及产品标准。从案例中披露的信息可以推断出来，对于平常的一杯咖啡都有严格的温度标准，而且这种标准是在咨询咖啡专家后设定的。凡是在麦当劳店消费的朋友都有这样的体会，无论店堂设计，还是色彩、服务生的服务规范，以至于麦当劳汽车店的设计和安排，都是独具匠心的。那么问题的关键在哪里？如此重视管理但为什么出了咖啡烫伤消费者的事件？

消费者的权益受到伤害，作为服务提供商的麦当劳，应该主动向消费者道歉，设身处地的为消费者着想，即所谓换位思考，与消费者进行沟通，了解消费者的诉求，积极进行赔偿，才是麦当劳应该有的态度。但是从案例披露的情况看却大相径庭，最终导致事态一步一步地发展到需要通过法律途径解决问题，这是需要引以为戒的。源于日常经营活动的失误，本属于管理范围内的事件，通过管理方式解决，一般来说成本低、周期短、影响不大。但麦当劳忽视了这一点，其对待消费者的态度令人无法接受，无奈之下消费者选择通过法律诉讼解决问题。

（二）麦当劳经营理念错位是风险之源

本案例的发生是偶然事件，也是小概率事件。但总是存在风险，所谓风险是不幸事件发生的概率。一叶知秋，从本质上反映出麦当劳经营理念上的错位，即没有将消费者的权益放在第一位，而是把公司的利益放在第一位。在错位的经营理念下必然导致管理中对消费者可能遇到的风险估计不足，比如征求咖啡专家的咨询意见，其主导思想还是停留在如何吸引消费者，扩大销售量，进而给企业带来更大利润的层面，仅仅关注咖啡的温度高口味好，有利于吸引更多的消费者，而忽视咖啡温度太高可能带来的危害，正如案例中控方律师追问买麦当劳："贵公司是否从顾客安全的角度着想，咨询过烫伤专家的专业意见？"麦当劳答复："没有咨询过。"甚至麦当劳负责咖啡质量管理的人都承认，麦当劳咖啡的温度是80℃~90℃，比其他咖啡连锁店卖的咖啡温度高多了。这是麦当劳咖啡的致命"缺陷"，再加上麦当劳咖啡杯质量低劣，发生烫伤是可想而知的。问题出在管理上，但根源却在经营理念上。任何管理的第一要务是保证安全，尤其是对于面向消费者提供服务或产品的企业而言，保证消费者的安全是第一目标。试想，如果在确定咖啡温度时，能够咨询烫伤专家的意见，将温度降下来，情况会大不一样。

经营理念错位，还反映在麦当劳所算的经济账上。作为世界最大的快餐巨头，曾发生了700余起这类的案例，经测算相当于每销售1400万杯咖啡中才会有1起烫伤情况发生，况且真正进入侵权诉讼的可能仅此1起，其他案例无论什么原因，均未到提起诉讼的严重程度。这笔经济账的算法，没有将咖啡烫伤给消费者带来的风险和经济损失排除在外，即使如麦当劳计算的烫伤概率是1400万分之一，但是一旦发生，被烫伤的消费者是百分之百地受到伤害。

作为美国著名的产品责任诉讼案，尽管陪审团和法官对判罚数额的看法不同，但是最终裁判的惩罚性赔偿超出一般人的认知。这个案子似乎匪夷所思，如此高额的惩罚性赔偿的理由是什么？答案是：这种判罚主要是为了保护公众利益，希望服务提供者能够更加关注自己的行为，彻底消除给消费者带来的损害，尽管烫伤发生的比例很少，但谁又能够知道自己不是下一个被咖啡烫伤的人呢？侵权案件主要是看损失与结果之间的因果关系，以及在因果关系中侵权人和受害人之间的责任问题，显然咖啡温度过高且咖啡杯质量低劣是主因。

（三）麦当劳全面质量控制存在缺陷

麦当劳虽然是世界顶尖的快餐连锁店，但是这件事情可以看出其在全面质量控制（TQC）方面做得不够。全面质量控制是管理学中具有悠久历史的方法，其目的是保证企业能够向消费者提供满足需求的产品的能力。其全面的含义表现在，一是从人员的角度，即从公司的最高管理层直到一般员都应该树立质量意识，二是全过程的质量控制，从产品的设计到制作直到售后服务，都应该纳入质量管理的范畴。

从这个案例可以看出，麦当劳的咖啡作为一种产品，问题的隐患在产品的设计阶段就已经埋下了，在此后提供服务的过程中表现出来，伤害事故发生后处理也不当。首先是咖啡温度设定过高，其次在服务过程不当导致顾客被烫伤，事后处理有失大公司水准，激化了矛盾，违背了全面质量控制原则。这暴露了麦当劳在产品设计和售后服务两个环节存在的缺陷。

麦当劳咖啡温度即使比别的商家高，按照法律专家的观点，如果麦当劳防患未然，事先予以警告，在咖啡的杯子上注明"高温咖啡，小心烫伤"的警示，那么原告打赢官司的可能性微乎其微，具有规避后来产生的法律风险的作用。从管理的角度分析，在杯子上印上警示语言属于全面质量控制的范畴，是在以消费者为本的理念下的管理行为，做这样的警示目的是降低麦当劳的咖啡烫伤消费者的风险，提高顾客满意度。

此案例中披露了麦当劳对日常经营活动有完整的记录，本来这些数据资料，对于麦当劳来说是一笔非常有价值的资源，通过对这些资料的处理分析，可以得到有价值的信息，对于公司的决策和改善管理具有十分重要的作用。但遗憾的是，麦当劳对比重视不够，没有充分发挥这些数据资料的作用。

（四）惩罚性判罚的得失与防范

惩罚性赔偿的发生有两个起因，一是作为人的生命健康权，是不能被量化成为货币的，如果仅是赔偿受害者的个人实际损失，受害人就会衡量诉讼成本与诉讼赔偿的得失。高额的诉讼成本往往会让受害损失较小的受害者放弃诉讼和索赔，最终导致这种侵权行为一直被延续下去。二是惩罚性赔偿往往能够使受害者获得超额的金钱给付，这无疑在鼓励受害者进行侵权索赔。巨额赔偿的另外一个优点是，服务提供者遭受重大赔偿后，才开始计算改良成本与损失赔偿的利益关系，如果改良成本低于可能赔偿的数额，改良服务缺陷则成为一种减少法律责任成本的最佳方式。案例中控方律师追问卖麦当劳："贵公司是否从顾客安全的角度着想，咨询过烫伤专家的专业意见？"麦当劳答复："没有咨询过"，可见，原来700余个侵权案例，都没有促使麦当劳对产品和服务质量进行改进，原因是没有受到惩罚性判罚。所以，鼓励侵权诉讼和惩罚性赔偿，最终会让服务提供者不得不重视问题的解决。其结果可以有效提升服务提供者的服务质量，而使未来的消费者处在更为安全的环境保护中。

侵权案件看上去都是个案，但是产品和服务提供者因为处罚过轻，会导致某一个错误的行为成为一种社会现象，法律与道德被污染的社会没有人能够幸免。从这个案例可以看出，从增加社会福利的角度衡量，惩罚性判罚有利于增加社会福利。而作为企业而言，应该主动承担社会责任，尊重和满足企业利益相关者的诉求，加强管理尤其是产品和服务质量的管理，才可以有效防范惩罚性判罚现象发生。

三、启示

（1）树立正确的经营理念，时刻注意要把消费者的利益放在首位，消费者的利益无小事，小概率事件会造成大伤害。

（2）强化管理，防患于未然，重视客户反馈，制定化解各种危机的预案，尽量防止经营管理问题转化为法律问题。

（3）重视全面质量控制，构建从产品设计到售后服务全过程的质量控制体系，消除质量问题的隐患是保证企业经济效率的关键。

（4）树立法商管理理念，转变心智模式，关注企业和企业行为的双重属性，一是经济属性，二是法律属性。

案例六：丰田汽车召回事件中
隐含的法商管理

一、案例回放

（一）汽车行驶中突然加速引爆的信任危机

丰田公司自 2009 年 8 月以来在全球召回汽车 800 多万辆，成为汽车工业史上最大规模召回事件之一。

整个事件的起因是美国有关部门收到多起有关丰田汽车无故突然自动加速的报告。其中一些事故原因被认为与油门踏板被脚垫卡住有关，被媒体称为"脚垫门"。为此，丰田宣布由于油门踏板存在设计缺陷，在美国市场召回 RAV4、卡罗拉、Matrix、Avalon、凯美瑞、汉兰达、Tundra、Sequoia 8 款约 230 万辆汽车，暂停在美国销售此 8 款车型。此后相继在美国、中国、欧洲及其他地区市场召回数百万辆车型。

产品质量问题发生之后，丰田公司总裁丰田章男在东京举行的记者招待会上未曾表示要参加听证会，招致美国国会议员的强烈不满。民众对丰田汽车突然加速、刹车失灵的担忧日益加重，指责丰田"隐瞒缺陷"的声音也日益高涨。美国众议院监督和政府改革委员会正式要求丰田章男出席听证会向国会直接说明情况，消除美国民众的不安。在不得已的情况下，丰田公司总裁表示愿意"诚心诚意"听取意见，直接做出说明，让美国人"理解丰田的想法"，出席美国国会众议院监督和政府改革委员会就丰田召回问题举行的听证会。

美国参众两院将以三个委员会、三场听证会的强大阵势发起针对丰田公司和政府相关部门的质询。来自纽约南区美国联邦大陪审团的传票，要求其解释对汽车安全问题的处理办法。这意味着丰田汽车的召回事件可能被当作刑事犯罪调查，至少是刑事犯罪调查的一部分，因此丰田有可能面临刑事诉讼和巨额罚款。据估计，如此大规模的召回不但使丰田损失约 75 亿美元，还有可能使日本的 GDP 降低 0.12%，而且该公司也因此面临历史上最大的信任危机。

（二）过度控制成本酿成的恶果

　　当然，此次召回事件未必完全归结为丰田汽车在经营理念上的失误，但至少在一定程度上说明，丰田公司与其多年来过度关注降低成本、忽视质量的做法不无关系，是造成丰田召回事件的隐患。很明显，丰田公司此次召回事件的主要原因是其过度压缩成本所致。正如法国北部一家生产雅力士车型的丰田汽车厂工会代表布鲁诺勒克莱克所说："为了使车更加便宜，就尽可能地缩减成本，问题终会到来。"

　　多年来，丰田汽车公司的经营战略过于追求市场扩张，由于过度热衷于提高汽车的性价比，以便在全球汽车市场获得竞争优势，促使丰田公司在汽车制造过程中逐渐形成过度强调节约成本的倾向，是被丰田汽车公司前总裁渡边捷昭称为"拧干毛巾上最后一滴水"的成本控制思路。据悉，渡边捷昭主导丰田 CCC21 计划（即面向 21 世纪的成本竞争计划），十余年累计从零部件采购环节上节约 100 亿美元的成本。丰田公司在汽车生产制造领域，产品的性价比高是一大特色，为了降低产品成本曾创造了 JIT 生产模式，即订单拉动式生产方式，堪称是汽车产业的一大创举，也是对管理学的贡献。但是，一味地追求降低成本，会导致对消费者权益漠视，此次汽车召回是长期过度关注降低成本酿成的后果，成为遭到社会激烈批评的焦点。

（三）究竟谁应该担责

　　对此事件的解释，丰田公司认为脚垫安放位置不对及油门踏板卡壳是造成报道所称的汽车突然加速的起因，并公布此次召回车型所使用的油门踏板是由西迪斯公司（CTS Corp.）提供的，丰田公司认为踏板卡壳的问题与其踏板装配有关。但是 CTS 公司言简意赅地回应："错不在我们！"CTS 公司表示它们完全按照丰田汽车公司的规格说明来生产丰田公司需要的零部件，并没有察觉到这些零部件出现了问题，造成了意外。CTS 公司还强调，这是丰田公司的汽车召回事件，与

CTS 供应的油门踏板质量问题无关。由此可见，无论是丰田公司还是 CTS 公司都在推卸责任，但是从披露的信息可以看出，丰田公司和油门踏板供应商 CTS 公司共同进行产品的设计、生产和测试，质量管理也是按照丰田的标准进行的。由此可见，产品出现问题，丰田公司难脱干系，这要归因于丰田公司产品质量标准存在的瑕疵。

二、法商分析

（一）成本和质量的权衡

一个企业如果不能控制成本，产品缺乏竞争力，必然会被淘汰；但是过度注重降低成本，不能有效地控制产品质量，同样会被淘汰出局。因此，在成本管理和质量管理上如何权衡取得最佳效果，就成为企业管理的焦点问题。从这个案例可以看出，作为世界顶级汽车公司——丰田公司也未能把握好成本控制的"度"。从经济的角度分析，在产品质量和成本之间存在着一个合理区间，即质量和成本在一定条件下呈正相关关系，当然并不是说成本越高质量就一定越好，但是客观上存在一个最低成本界限，这个界限是指成本一旦低于这个界限，质量难以得到保证。从管理的角度看，当代汽车生产方式更像组合商，供应链的选择也是保证质量的关键，丰田公司为降低成本，必然会向上游供货商压低进货价格，有可能对整个供应链上的汽车零部件质量带来影响，如福克斯、蒙迪欧制胜、马自达等汽车公司也出现过类似情况，因为都使用同一家供应商提供的有质量问题的天窗玻璃而导致汽车的质量问题。因此选择高质量的零部件供应商，进而形成竞争性的供应链对于降低产品质量风险具有十分重要的意义。

究其深层次的原因，丰田公司在经营过程中忽视了企业的社会责任，没有将消费者的权益放在首位，没有将向消费者提供安全可靠、质量上乘的产品作为公司的理念。从法商管理的角度分析，丰田公司没有做到将经营管理注重效率和效益的价值观，与法律中重视公平与正义价值观的融合，成本和质量构成的天平向成本倾斜。正确的做法应该是产品质量优先，成本要服从产品质量的要求。在产品质量管理上，要进行科学的分析，即一件产品的功能是什么？产品可能潜在的风险因素是什么？比如，汽车这样的产品，其核心功能是代步，但是其最大的风险存在于行驶过程中能否保证安全，因此速度控制和刹车系统是关键环节，即使要降低成本，对这样的关键环节也要审慎处理。

（二）法律成本与商业利益的博弈

企业在逐利的过程中，通常考虑两个问题，即成本和售价，这两个问题构成了最终利润的多寡。但很少有企业家考虑法律成本，因为法律责任的发生往往是后置的，且不可计算。如果一个企业对产品改良升级的时候需要付出 1000 万元，而这种技术改良无法使其在市场获得明显优势或提高价格，仅仅是为了防范未知法律风险带来的法律责任，那么这种投资短期内不符合企业利益。从利润角度上来看，法律属于典型的支出成本，而这种成本又不能明显地产生利润，它只是预防损失的一种方法。因此，有的企业为了避免法律风险，寻求法律成本与利润的均衡，对可能引发事故的产品质量问题进行成本收益分析，通过比较为消除某种产品质量隐患所需投资与这些产品发生事故需支付的赔偿额，经过核算发现支付赔偿的期望成本小于投资的情况下，企业往往缺少通过投资改进质量的冲动。需要说明的是，这里结合丰田公司案例进行的分析，并不是暗示丰田公司有这种行为倾向。笔者认为，从理论上分析，所有产品在召回过程中，都应该支付消费者一定数量款项的赔偿或补偿。如在汽车召回过程中，应该为召回车辆的车主提供临时代步车。但是现实中少有企业做到这一点。

丰田公司和油门踏板的供应商 CTS 在责任归属问题上发生争议的原因，也是在"召回门"后，除了为摆脱信用危机而推卸责任，还希望将召回成本转移给对方。但是，很明显丰田公司不具有免责资格，因为法律遵循追索制，即产品生产者对于产品缺陷直接向消费者承担责任，是各国法律通行的规则。而产品生产者因为配件提供商的质量问题导致的损失，可以向配件提供商索赔，这是由合同具有相对性决定的。汽车的消费者并不是零件的购买人，也未与配件供应商有过直接的合同和交易，更无从得知配件提供商是谁。这种追索赔偿的方法是各国法律通行的做法，也广泛适用于任何产品的生产者和销售者。因此要对经营过程可能产生的法律成本做出评估，将其法律成本要素纳入决策当中。

产品召回制度是指产品进入流通领域后，如果发现存在可能危害消费者健康、安全的缺陷，产品的制造者或经销者应当及时采取有效措施，在政府监督下收回流通中的缺陷产品，以避免发生危害。1966 年，美国公布《国家交通与机动车安全法》明确规定汽车制造商有义务召回缺陷汽车，成为世界上最早实行产品召回的国家，此后，产品召回范围从汽车扩大到食品、药品、消费品等产品，几乎涵盖了所有的产品种类。产品召回制度在确保产品质量安全和维护消费者权益方面发挥了重要作用，因此，产品召回成为美国政府质量监管和经济调控的重要手段。

丰田汽车采用的是"拧干毛巾上最后一滴水"的成本控制思路，力求通过节约成本在保证利润率的条件下降低价格，增强自己产品在市场上的竞争力。诚然，成本和利润两者有着密切的关系，成本降低可以在价格不变的情况下获得高利润。反之，成本降低可以在保持利润的基础上降低销售价格，获得更多的市场份额。但作为汽车制造企业，一味地降低成本，必然会引发上游供应商的连锁反应，采用同样"拧毛巾"的方式降低成本。消费者购买的产品是众多企业合力或分段"拧过的毛巾"，因而无论在供应链上哪一段过分"拧毛巾"导致零部件的质量问题，都会给整车生产造成质量隐患。因此，"拧毛巾"的成本控制思路应该有个度，还是应该将保证消费者的安全作为控制成本的底线，不能跨越，否则产品质量下降在所难免。

三、启示

（1）面对成本和质量的权衡，不能偏向利润而忽视质量，这是任何负责任的企业都应该秉承的经营理念。

（2）在进行成本利润分析中，不能忽视法律成本，因此为了减少甚至避免法律成本，企业的经营者必须树立遵守法律的意识，明确法律因素实际上也具有企业生产要素属性，运用得好可以为企业降低成本，有利于提高企业利润率，反之亦然。

（3）公司应该将承担企业社会责任作为己任，只有这样才能在市场上获得良好声誉，从长期看可以巩固市场优势地位，形成强大影响力企业品牌形象，因此在为消费者创造价值的过程中不断提升企业自身价值，实现双赢。

案例七：福耀玻璃在美国设厂遇到的烦恼

一、案例回放

玻璃大王曹德旺到美国设厂是一个很吸引眼球的事件。2014 年玻璃大王曹德旺领导的福耀玻璃公司投资 10 亿美元在美国俄亥俄州建立了一家工厂，厂址是废弃的原美国通用汽车公司的工厂。福耀玻璃美国工厂只用 18 个月就建成投产，可以为美国汽车市场提供 1/4 的玻璃配套需求。该工厂也是全球最大汽车玻璃单体工厂，为俄亥俄州创造了 1500 个工作岗位。

（一）20.5 万美元的罚单

美国前总统奥巴马旗下公司拍摄了以福耀玻璃美国工厂为题材的纪录片《美国工厂》，纪录片聚焦于福耀集团美国工厂内部一系列由于中美在文化、经营理念、内部治理方面的差异而引起的矛盾和冲突。纪录片向人们展示了福耀玻璃在美国因为生产管理模式造成的劳资对抗，描述了中西方文化差异带来的沟通障碍和冲突、法律合规执行的困扰。影片还披露了福耀美国莫雷恩工厂开工以来遭到投诉的事例：一位名叫丽莎·康诺利的员工抱怨说，如果没有足够早地提前申请带薪假，福耀就会以旷工为由对工人进行纪律处分。一位名叫詹姆斯·马丁的前雇员表示，他在工作时暴露在刺鼻的化学物质中，使得他的双臂起疱，肺活量变小了。

由于员工抱怨和投诉，2016 年 11 月，美国联邦职业安全与卫生署（OSHA）

对福耀的一些违规行为处以逾 22.5 万美元的罚款，其中主要针对工厂没有装备完善的锁定防护系统，这种锁定防护系统主要是确保工人修理或保养设备时机器电源是关闭的。因为 OSHA 认为，防护系统缺失的现象在竞争激烈的汽车零部件行业中很常见，是导致操作工人断肢甚至死亡事故的重要原因。接到 OSHA 后，福耀公司美国工厂技术与 OSHA 沟通，后经多次协商最终达成协议，福耀公司美国工厂追加投资约 700 万美元全面完善工厂的安全设施，OSHA 将罚金降至 10 万美元。

（二）44.2 万美元的索赔

美国媒体还披露，福耀玻璃还遭到一名前经理提起的诉讼。起诉者名叫戴维·伯罗斯，此前一直都是福耀玻璃代顿工厂的副总经理。据悉，伯罗斯索赔至少 44.2 万美元以补偿其损失，以及对福耀的惩罚性的损失、律师费和法庭费用。除控告福耀玻璃违约外，伯罗斯还声称曹德旺的声明给他的专业生涯带来了极大的不利影响，给他带来了"嘲讽和耻辱"，还说自己被解雇的原因是自己不是中国人。曹德旺在北京接受采访时表示，他解雇伯罗斯和另一名叫高蒂尔的员工是因为他未尽职责，"浪费我的钱"。他叹息称，该工厂的生产力"没有我们在中国的工厂高"，还说"有些工人是在消磨时间"。福耀对美国工厂的员工集体涨薪 14%～15%，而此前工人的时薪为 17 美元。即便如此，美国的工人们依然不满意。

其实，回顾曹德望到美国设厂，最初的出发点主要是降低生产成本、提高经济效率。正如玻璃大王曹德旺在接受记者采访时所说："在美国做工厂利润要比中国高，美国的综合税务比中国要低 35%。土地基本不要钱，能源方面也比中国便宜不少，电价是中国一半，而天然气只有中国的 1/5。总的来说，在美国会多赚百分之十几。"此外，在美国设厂，可以更靠近主要客户，降低物流成本，美国大型汽车制造商每年都会购买数以百万计的挡风玻璃。

二、法商分析

这两件事情反映了对法律了解得不详细，在经济上的判断有缺失，没有进行综合考虑（如对于成本的判断）。

（一）职业安全管理角度分析

在美国，OSHA 由法律——《1970 年职业安全健康法》，职业安全健康相关标准，管理机关——OSHA、疾控中心下属 NIOSH、职业安全健康复诊委员会 OSHRC，以及 OSHA 执法监察机构组成。除法律强制性规定外，在日常的监察监督过程中由 OSHA 负责制定的大量职业安全健康标准成为对企业进行判罚的依据，至今为止，OSHA 制定的标准已超过 4200 个，几乎涉及美国的全部行业。其中，雇主的主要责任包括但不限于：①提供安全的就业场所，遵守 OSHA 法案下的标准规则；②检测工作环境，确保符合 OSHA 标准要求；③确保雇员在工作中获得并使用安全的工具和设备并对设备进行定期维护；④使用颜色代码、海报、标签或标志来警告员工潜在的危险；⑤建立或更新操作程序，并与员工沟通，使员工遵守安全和健康要求；⑥雇主必须用工人能理解的语言和词汇提供安全培训；⑦在工作场所使用危险化学品的雇主必须制定并实施"书面危害沟通"计划，并对员工进行培训，使他们了解所接触的危害以及适当的预防措施；⑧根据 OSHA 标准提供体检和培训；⑨禁止对向 OSHA 举报雇主违法行为的员工进行报复等。

从上述标准不难看出，美国的雇主责任要求非常高，从任何一个角度上，都体现了防范风险的愿望，而这些风险包括潜在的风险。福耀因缺乏完善的锁定防护机制，以确保工人修理或保养设备时机器电源是关闭的，很容易导致断肢甚至死亡事故，最终投资约 700 万美元改善工厂的安全相关问题，并缴纳 10 万美元罚金。这种尚未发生事故、未造成损失、没有举报的情况下，却被执法部门主动追查出来的细致安全隐患，应该超出了本土企业家的认识。

（二）社会文化背景的差异

文化冲突是指不同文化背景的人，由于缺乏共同的文化基础，在接触过程中受自己的文化价值观、风俗习惯和思维方式的影响，以自己的文化价值和标准去解释和判断其他文化群体的行为，产生的竞争甚至对抗。可见，跨文化管理是横在中国企业面前的重大难题。稍有不慎，就会出现中国的管理模式与美国员工的文化冲突。例如，在中国往往采用计件制，大家拼命多做，多做多拿钱。但在美国不能实行计件制，只能计时。计时制就意味着员工 8 小时后下班走人。中国企业在海外设厂，要想取得成功，就必须在保持自身文化内核的基础上，实行文化融合策略，这样才能克服跨文化冲突的障碍，提高沟通效率，实现企业的成功运营。

福耀玻璃将其在国内的管理制度直接带到美国工厂，如果员工没有足够早地提前申请带薪假，福耀玻璃就会以旷工为由对工人进行纪律处分。在中国通常认为，员工带薪假需要按照程序得到企业管理人员的批准，因为带薪假是员工的法定权利，而批准带薪假的权利则归企业。如果未得到批准，就会认为员工旷工，处罚是必然的，因为企业无法事先安排相关岗位的替代人员。为了企业正常生产的需要，一些带薪假会被延迟、分割，甚至被拒绝。但美国的员工认为，带薪假是员工的法定权利，也是企业的法定义务，作为行使法定权利的一方，无须经过义务人的同意。

中国的管理者认为，美国工人效率低下以及日常管理的障碍，使集团在日常管理方面不断碰壁。中国企业走向美国需要全面了解当地法律的各项规定，在日常员工管理上需要因地制宜，避免直接套用中国式的管理模式。

（三）法商视角下的成本

中国企业逐渐走向世界，已经不仅是中国产品走向世界，而是中国的资本和技术走向世界。投资低、利润高、税赋轻、资源多等有着各种各样的理由，但无论从什么角度上看中国企业走出国门，均体现了中国在资本和技术上拥有了强大的实力。作为企业家，精明的运算成本和利润是在本国成功的前提，也是企业家炫耀的资本。正如曹德旺所称，美国建厂的利润会更高，并列举了赋税、土地、电价、天然气等，最终得出判断，在美国建厂能多赚百分之十几。

曹德旺是本土成功企业家的代表，生产成本运算和商业风险评估的经验和水平都毋庸置疑，但忘记了法律环境不同可能造成的法律成本不同，这就如同本国的驾驶员，无论驾车水平有多高，出国驾车游时因不熟悉国外交通规则而违规，最终接受处罚而导致旅游成本增加一样。事实上，在不同国家的法律环境下，执法部门和员工的法律认识和法律文化截然不同，仅以本土的经验来处理可能遇到的问题，结果往往事与愿违，甚至导致高昂的成本，这种成本是因为不了解法律引起的，不妨称其为法律成本。

由此可见，曹德旺当初对美国劳动力成本的判断是不全面的，没将美国法律环境不同可能导致的成本计算在内，增加了企业的运营成本。通过这个案例可以看出，仅从经营管理的视角思考在美国设厂是不够的，只算经济账是不全面的，还应该算法律账。进入美国后需投资 700 万美元增加锁定设备，给员工增加工资，以及解决法律诉讼需要的额外成本支出等，可以看作是忽视法律环境不同而带来的成本支出。

三、案例启示

（一）企业"走出去"必须了解东道国的法律环境和文化背景

从福耀玻璃的案例中我们得到什么启示呢？笔者认为，在不可逆转的全球化潮流中，中国企业走向世界是必然趋势。而在这一进程中必然面临东道国的法律环境和文化冲突，因此企业的管理要与东道国的环境相适应。本案例中，福耀玻璃进入美国市场的初期，正是因为投资者没有深入了解美国劳工保护的标准以及监管政策和文化环境，因而导致了很高的法律风险和经济风险。

（二）需要深入分析相关法律条款并做出预案

美国在职业安全与健康方面的法律规定及用工环境的管理控制上十分严格，一旦监管部门发现问题，将勒令企业停产，全部整改好了以后才可以开工。要熟悉东道国的相关法律条款，法律规定下什么能做、什么不能做，尤其是要将东道国涉及劳资关系的法律作为考察的重点，要做好预案。必要时邀请学者对市场趋势、投资国文化和政治环境进行深入分析，甚至邀请国际问题专家解读或全程参与。

（三）加强沟通减少文化冲突

要对东道国的文化环境进行深入的调查研究，不能照搬中国的管理方式。案例中暴露出来的问题表明，福耀玻璃在美国遇到的文化冲突是始料不及的。要尊重东道国的文化特点，为员工提供符合当地文化特点的工作环境，制定的管理制度既要有利于公司业务的正常开展，也要符合当地的人文习惯，同时要注意聘用当地的人才参与管理。

（四）要树立法商管理成本观

所谓的法商管理成本观，是指在思考成本构成方面不能仅从经济的角度考虑，还应该将执行和贯彻东道国的法律和监管标准需要支付的成本纳入其中。比如曹德旺在进入美国市场之前所作的一番分析，从经济的角度看不无道理，但是忽视了需要在企业生产线上安装锁定系统等相关安全和设施。其实，对于福耀玻璃这样规模的企业，本不应出现这类问题。只要在进入美国市场之前做详细的调研，将可能的法律成本纳入核算中，可以在很大程度上避免案例中出现的情况。总之，企业为了做到合法经营，应该将遵守东道国相关法律、法规和标准等的成本纳入预算范围。

案例八：5万元货款诉讼打乱
德丰科技公司的发展节奏

一、案例回放

（一）德丰科技公司的诞生与发展

德丰科技公司于 2008 年 10 月成立，是一家生物有机肥研发、生产和销售的中型民营企业。由于该公司符合我国新农业产业发展方向及政策导向，成立以来迅速扩张，公司已开发出的有效活菌数产品处于国内领先水平。公司占地规模和生产能力居于我国微生物复合肥料生产企业前茅，产品远销海外。公司拥有五项发明专利和六项计算机软件著作权，先后承担多项国家及北京市重点科技计划项目，是微生物菌剂产研结合示范企业，公司正在建立生物工程中心和土壤修复国家级重点实验室。

2009 年，德丰科技公司营业额 1500 万元，利润 300 万元；到 2016 年，德丰科技公司营业额 8000 万元，利润 1600 万元，营业额和利润年均增长 25%。2016年，德丰科技公司申请"新三板"上市的《公开转让说明书》显示：公司资产总值 203546127.11 元，流动资金 7524476.25 元，贷款本息 22154658.2 元。公司税后平均利润 20%，年增长率 25%。2015 年公司被评为"中关村高科技高成长20 强企业""中国高科技高成长 50 强企业"等。2016 年 10 月 27 日德丰科技公司在"新三板"挂牌成功。

德丰科技公司下设生产采购部、劳动人事部、财务管理部、市场销售部、办公室等，外聘经济诉讼律师一名。部门规章和岗位责任等制度直接照搬了其他公司，没有按照本企业特点制定或修改。

德丰科技公司从成立之初，就建立了主要通过线下实现的销售模式，目标客户主要为大型生产基地、政府、农业大户。公司销售过程中，不签订书面的《购销合同》，一般使用出库单、结算单、送货单、回款单等单据作为合同履行和完成的依据。德丰公司公布的数据显示：2014 年前五名个人客户的销售合计 4505618.50 元，占销售总额的 23.11%；2015 年前五名个人客户的销售合计 6071703.00 元，占销售总额的 16.39%；2016 年 1~4 月前五名个人客户的销售合计 7156490.00 元，占销售总额的 38.74%。其中，许某某是公司排名第四的个人销售大户，至 2016 年，许某某销售总额占公司销售总额的 6.38%。

（二）5 万元货款纠纷诉讼的来龙去脉

正当德丰科技公司的发展如日中天的时候，2015 年一场关于货款的纠纷诉讼打乱了公司的发展节奏。许某某是 B 县的农业大户，是德丰公司微生物复合肥的客户，并与德丰公司的总经理宁某认识。许某某除了购买肥料自用外，还将剩余部分以每吨加价 1000 元的价格销售给本县农业大户刘某某，获取丰厚利润。2012 年底，许某某由于无法向刘某某提供发票，遂向宁某提出，希望能够代理该德丰公司产品在 C 市销售，但要求按照出厂价格每吨加价 1000 元销售给客户，发票由德丰公司统一出具。要求德丰公司收到货款后，将所加价的 1000 元支付给自己。宁某为了扩大销售，同意了许某某提出的要求，双方未签订代理协议。

C 市地处高原，农户以马铃薯为主要作物，肥料主要成分为钾，对马铃薯的丰产起决定性作用。许某某与宁某达成口头协议后，即开始在 C 市销售该公司生产的微生物复合肥，并将产品卖给本县农业大户王某某，由于产品质量过硬，王某某连续两年获得丰产。2014 年，王某某为了大幅提高马铃薯产量，向许某某提出肥料如果能够提高钾的含量，将扩大订货，而对肥料的氮、磷含量没有什么要求。许某某为利益所驱动，遂向德丰公司的宁某提出生产钾含量高的化肥的请求。

宁某考虑到许某某销售量大，是公司的销售大户，指令生产采购部按照许某某的要求，特制一批肥料，将肥料钾含量提高到 20%，考虑到微生物复合肥的成分钾在三项指标中成本最高，每吨肥料钾的成分提高 10%，成本需增加 400 元，由于客户没有对肥料中氮、磷的含量有具体要求，决定降低氮、磷含量至 15%

和3%。宁某对特制化肥氮磷钾含量的调整与公司所执行的国家标准有一定的差距，国家 NY/7798-2004 标准对微生物复合肥料主要三项指标含量要求分别不低于氮（20%）磷（10%）钾（10%）。同时，为了省去定制特制肥料包装袋的开支，宁某指令生产采购部使用原有化肥包装袋作为该批次产品包装，获得特制肥料的王某某种植马铃薯再次获得极大丰收。

2015年，D县农业大户康某某向王某某请教马铃薯高产秘诀，王某某如实相告，康某某表示自己也大量需要该特制肥料，王某某即在自己购买价上每吨加价400元，向康某某提供高钾底肥56吨，康某某全部用完。随即，王某某又向康某某继续提供追肥29吨。康某某使用后，剩余10袋，共计400公斤。当年，康某某的马铃薯也获得丰收，但由于马铃薯市场价格大跌，康某某以损失惨重为由拒付所欠王某某5万余元肥料尾款。王某某认为，康某某所购肥料系德丰公司生产、销售，肥料发票亦系德丰公司出具，供销关系应当属于德丰公司和康某某，与自己无关，于是将向康某某追回尾款的事情推给许某某。许某某认为自己是德丰公司的业务人员，该事情与自己无关。

由于德丰公司是"新三板"上市公司，康某某拖欠尾款无法核销，公司审计难以通过。2016年，德丰公司被迫在北京市对康某某提起了民事诉讼，要求康某某支付肥料款50000元及利息。康某某收到起诉状副本后，随即向D县单独提起了质量侵权的民事诉讼，以产品质量不合格要求德丰公司赔偿80余万元。2017年4月28日，某省科技中心根据法院委托，出具《鉴定报告》鉴定结果为氮（16.04%）磷（3.72%）钾（19.15%），总含量符合国家标准，是合格产品的鉴定结论。鉴定报告出来后，康某某认为胜诉无望，遂撤诉。

2017年7月，康某某向D县公安机关报案，举报A公司涉嫌生产、销售伪劣产品罪。随后D县公安机关根据德丰公司的发票和肥料包装袋上标注氮（20%）磷（10%）钾（10%）等证据依托，以销售伪劣产品罪将许某某抓获归案。同时于2018年1月，D县公安机关通知德丰公司法定代表人兼总经理宁某限期配合调查。德丰公司随即聘请律师进行法律咨询并向D县公安机关及其上级机关申诉。

经过审理，给出结论为：康某某所购买的微生物复合肥不是刑事法律上理解的伪劣产品，而是合同法规定的，按照客户要求定做加工的产品；上述行为不构成我国刑事法律规定的生产销售伪劣产品罪。至此，货款纠纷引发的诉讼终结。

(三) 货款纠纷诉讼造成的损失巨大

2017~2019 年由康某某引起的货款纠纷案件总算平安落幕。但是康某某与公司两年的民事诉讼和刑事诉讼，给公司的财产和声誉造成重大损害，险些危害公司的生存，具体表现在以下方面：

第一，造成原有客户的忠诚度下降，许多客户对德丰公司的产品质量产生很大质疑，纷纷打听康某某案件进展情况，长期客户甚至组建微信群，将康某某案件的鉴定报告等发布在微信群里。有的客户积极寻找新的合作伙伴，对德丰公司业务员的推销置之不理，反而对康某某案件进展情况打听得十分频繁。公司的个人销售代理业务大幅下降，都在观望等待康某某案件的最终结果。

第二，德丰公司的主要竞争对手借助康某某案件的负面影响，不断侵蚀德丰公司市场份额，甚至许以优惠条件吸引德丰公司的技术骨干到本单位工作。

德丰公司外部环境的恶化也在公司内部产生极大动荡，部分股东对公司前景产生悲观情绪，一度认为公司可能就此倒闭或关停，有的股东以各种理由向公司借款，希望在公司关停前拿回更多的现金，减少损失，因而使公司的流动资金进入困境。股东的悲观情绪迅速蔓延，也对公司员工产生负面影响，造成技术骨干和熟练工人思想浮动，人员流失严重，进一步使德丰公司销售收入下滑，无法正常生产。

第三，公司"新三板"交易遭遇重大打击，公司股价断崖式下跌，从 2017 年每股转让价格 1.65 元，下降至每股 0.44 元。此外，还造成德丰公司 2018 年计划向银行贷款 1500 万元、向投资人融资 2000 万元，用于生产扩大的计划被迫搁置。原因是银行和投资人获悉德丰公司的诉讼风险后，均表示无法接受其申请。根据统计，2018 年公司市场份额丢失 62%，销售量下滑 60%，生产产值减少 43%，税前利润下降 72%，人员流失 22%（技术骨干、技术工人流失 35%，管理人员流失 11%），贷款和融资计划前期成本 115 万元无法收回，"新三板"市值亏损 6050 万元。

第四，由于公司没有预设应急管理方案，面对打击，管理层应对策略出现很大分歧，一些管理层因为意见不统一，负气离职。公司首尾难顾，管理出现极大混乱，主要工作无人对接。技术骨干和技术工人严重流失，公司生产出现极大浪费，产品质量难以保证，又加大了顾客、市场、销售、生产、利润、流动资金和监管机构的负面影响，公司的经营几近停止。

二、法商分析

公司如何守法经营，如何预防类似康某某的事件再次发生，深入分析德丰货款纠纷诉讼的成因，避免公司法律风险和危机的发生十分必要。

（一）宁某局限于"家长式管理"思维

按照公司法的规定，公司最高权力机关为股东会。这种立法意图十分明显，也就是公司的决策权属于领导层集体。宁某系公司的实际控制人，任总经理。但身份仍处于执行层次，而不具备否决制度的独立决策权力。宁某之所以随意做出决策，完全出于民营企业家历史遗留下"家长式管理"和"元老思维"的延续，以一人决策代替集体决策，这无疑是与现代企业治理理念相冲突的。

我国的民营企业家长式管理有其客观性，主要源于民营企业创业早期，集投资者职能和管理者职能于一身，随着企业规模的扩大，建立了董事会、监事会、经理班子等，形式上具备现代企业的特征，甚至进入上市公司的行列，但是在创业阶段形成的管理思维惯性没有随着企业的发展而改变，仍然沿用企业的决策权、制度制定权、监督权等权力均由民营企业家一人行使的惯性。加之，民营企业中的股东和高管许多是共同的创业者，他们之间或多或少有亲缘关系，客观上存在着习惯于家长式管理的土壤。

（二）宁某没有实现由专业技术人员向管理者的蜕变

宁某是有着专业技术背景的公司创始人，在公司创建初期、规模小的条件下，可以采用"自我约束、自己经营"集投资者、管理者、销售者等众多职务于一身的模式，但是当企业发展到一定规模后，原来形式上公司体制中的各个部门已经由专人或部门负责时，职能部门现行的制度和标准的掌握者是企业的各部门，而非投资者和公司负责人。这时的公司组织结构健全，达到"管人管事，专人专责"的快速健康发展轨道。公司负责人也需与时俱进，实现向现代管理者的蜕变，充分发挥相关部门的职能作用。若管理者继续沿用小企业管理模式，片面重视眼前利益，漠视职能部门的作用，随意使用决策权利，穿透管理体系，难以驾驭快速发展的公司。

现代化管理体制下的公司，要求管理专业化程度较高，中型以上公司设立的部门均有规定和标准，该标准与外部规则吻合，且部门对外部标准的学习和追踪比较及时。如财务总监、人事总监等，不但具备专业的制度学习和知识储备，且对负责部门外部制度的变化进行随时追踪。从专业角度上来看，任何一家公司负责人都无法拥有获取上述全部知识的时间和能力。

公司的部门制度是企业制度的有效组成部分，在监督和约束决策者个人行为的时候，也起到防范各方风险的作用。宁某在德丰科技公司承担的是部门负责人管理与制度冲突的协调。宁某的个人决策，必须受到公司部门制度的约束。其无权突破各部门的制度作出决策，并加以实施。如果德丰科技公司的劳动人事部门、财务管理部门、法务审查部门、生产销售部门任何一个部门能有效介入，本案可能就不会发生。

（三）宁某混淆集体决策与个人决策的界限

德丰科技公司历史形成个人代理的特有营销方式，本质基于完全以利益角度出发，方便销售和利润实现，任何决策选择与之冲突均被抛弃。许某某提出个人代理的要求，宁某根据德丰科技公司多年销售的"先例"管理惯性，顺理成章地答应下来，也延续了口头约定、直接实施的方法。公司历史形成的先例，由于长期公开且无人反对，可以视为集体决策，从这个角度上来说，宁某的承诺决策并没有违反集体决策的要求。

风险产生时宁某没有注意到集体决策并不包括许某某要求，有三个突破公司先例的内容：一是加价变成代理报酬，二是公司开具加价发票，三是产品含量标准改变。宁某为了满足产品符合客户需求，综合兼顾公司的市场和利润、代理人利益等多方面的因素，个人决定：第一，销售价格不变，最大程度压缩生产成本；降低产品中氮、磷的含量，导致德丰科技公司提供的本批次产品不达标。第二，该批次产品包装仍然使用原有产品包装袋，导致德丰科技公司的产品与包装袋上标明的含量和依据的标准不符，成为该批次产品系伪劣产品的直接证据。宁某的决策实际上是改变了公司"先例"，又未经集体决策，从经验来判断没有风险，是德丰科技公司刑事风险产生的主要原因。

我国生产销售伪劣产品罪的量刑起点为：销售伪劣产品人民币 50000 元，且该数额系累计计算，涉及肥料、种子、化肥、食品、药品等的入刑起点更低。宁某系农肥专业出身，所谓"隔行如隔山"，这一标准界限宁某不可能掌握。另外，个人代理的违法性不言而喻，至少其逃离了税法对个人所得税的监管，实际上是公司为许某某逃避个人所得税提供便利，将个人代理自行加价出售的原规则擅自改变，导致个人行为变为公司行为，埋下风险隐患。

从经营角度上来看，客户拥有更高标准的产品需求，导致产品成本增加。德丰科技公司按照客户需求提高产品中钾的含量，不以降低氮、磷的含量保证利润。仅需提高该批次产品的价格，即可达到既满足客户需求，又达到保证公司利润的效果。这种方法既直接又合规，也符合市场规律，不会产生刑事法律风险。

从法律角度上来看，德丰科技公司根据合同法的规定，生产者根据购买方的要求，依据双方签订的合同标准，专门定制加工符合购买方的产品和专属包装，这种定做加工的产品是按照购买方的合同要求为标准，产品的特殊需求与购买方明知的情况下，很难理解为刑事法律中广泛投入市场销售的"产品"而入罪。由于德丰科技公司历史上与客户和代理商之间都没有合同签订的强制要求，均以出库单、送货单、结算单、回款单等作为口头合同依据和履行证据，导致丧失合同保护的交易，被购买方反告，发生涉刑案件就不足为奇了。

德丰公司历史形成的先例漏洞，是本案形成的基础。宁某基于各方利益的效果满足，擅自改变先例，是风险的导火索。宁某逐利以牺牲合法为代价，未经集体决策，脱离公司制度监管，缺乏对企业法律部门的重视，导致存在多种合法依规的决策选择被忽略。德丰公司发展规模扩大后，管理者缺乏法商管理思维，集体决策观念弱，凭借自身经验替代现代企业管理模式，决策随意性强，最终产生法律风险。德丰公司的例子是我国小企业转型的缩影，有一定的代表性和普遍性。

（四）营销渠道涉嫌被大客户垄断

德丰科技公司个人代理的客户信息掌握在销售代理人手中，公司即便签订此类合同，也需要通过销售代理人的帮助。对于销售代理人而言，客户信息就是代理人赖以存活的"销售渠道"，秘密掌握这种信息，是能够获得长久销售提成的原因。这个原因导致了德丰科技公司在个人销售渠道中，很难和购买方直接签订合同。在公司成立之初，为了迅速开拓市场，利用个人代理的方式，德丰科技公司销售策略倾向个人代理，仅限于创业之初的冒险行为，这种决策本身就是短期战术决策，旨在开拓市场、减少支出。但事实上，德丰公司的个人销售渠道已经掌握了公司的销售命脉，这是德丰科技公司刑事案件发生的基础。

营销是企业经营的重要职能，在德丰科技公司逐渐发展成为一个市场稳定、品牌知名、产品优质的上市公司后，虽然产品畅销，但疏忽营销管理职能的完善，一味追求效益的结果，懒于改变短期的战术决策或将短期策略误认为是长期策略，意味着长期处于违规冒险阶段。如果企业发展到一定水平，按照营销管理的 4P 理论，进行产品、价格、促销、渠道正规划建设，即使客户集中。即少数买家占公司销售额比重高，也可以避免问题。

（五）临时决策错误是风险主因

德丰科技公司生产销售的产品是固定的几个型号，且生产的产品一直都按照国家标准严格执行。德丰科技公司没有触犯销售伪劣产品罪的可能性。许某某向宁某提出特殊产品要求时，不存在刑事法律风险。因为我国该类产品是最低标准设定，一个是元素总含量达标，另一个是每种元素的含量达标。许某某只是要求德丰科技公司微生物复合肥中钾的含量提高，更大地满足使用客户的要求。如果宁某没有决定降低氮和磷的含量，德丰科技公司产品达标不是问题。

许某某与德丰公司合作之初，提出以个人身份代理产品销售的目的有两个，一是省去办理销售需要的营业执照、税务登记等烦琐事项；二是省去办公地点、人员工资、仓储费用、运输费用、企业税收、个人所得税等巨大的经营费用，从德丰科技公司提取每吨 1000 元的加价，基本为纯利润，实现了代销的利润最大化。

许某某从购买大户到销售大户的转变，其销售额已经占德丰科技公司销售总额的 6.38%，成为公司个人销售额排名第四的销售大户。这说明，许某某个人的客户渠道，在德丰科技公司整体销售占有相当的地位。许某某提出产品特殊要求的时候，曾建议对德丰科技公司生产的微生物复合肥氮、磷的含量降低，理由是马铃薯的种植对钾的需求大，对氮、磷的要求不高。宁某考虑到每吨微生物复合肥钾的含量提高 10%，成本增加 400 元。如按照原价格销售，必定会导致利润下降；如提高销售价格，可能在市场上失去价格优势，影响销售；如降低许某某的提成，必将打击许某某的销售积极性，给销售渠道造成不必要的破坏。宁某某从公司利益角度出发，碍于许某某销售大户的身份，为了达到代理人仅销售本公司产品，其客户均为本公司的客户，激励代理人全身心投入产品销售，不但难以拒绝许某某提出的代理条件，同时还需兼顾许某某的利益。

无论怎样，从合同角度上来看，许某某并不在合同中显现，涉案交易双方为德丰科技公司和实际购买方。产品的生产和销售行为全部由德丰科技公司完成，产品责任完全由德丰科技公司承担。从财务角度上来看，许某某不是德丰公司员工，直接向其支付现金提成，这种"坐支"行为，在明显违反财务制度的同时，也成为合同双方为德丰科技公司和购买方的书面证据。

临时决策缺乏风险防范的能力，企业因为创业和临时出现的状况冒险做出的临时决策必须附条件或附期限，当条件或者期限满足一项时，视为决策环境改变，该决策立即失效。创业企业和"家长式管理"的民营企业，谨防临时决策成为长久决策或"先例"长期存在于企业管理当中。深藏隐患经过时间积累，若突发风险会脱离企业控制，十分危险。

三、启示

（一）高度警觉决策失误可能演化为刑事法律问题

民营企业管理者往往更关注与利益相关的民事法律，对于行政监管熟悉，是因为该法律与生产经营联系比较紧密。但民营企业的管理者通常认为，刑事风险发生的概率较小，且不会发生在自己身上，从而忽视刑事法律风险的防范，导致近年来"民营企业家不是在监狱就是走在去监狱的路上"现象较为普遍。

（二）必须彻底告别"家长式管理"

民营企业健康、快速发展的前提，需要管理者具备法商管理理念，需要随着企业发展壮大，适时终结"家长式管理"和"元老意识"的老旧思维。不断完善适合公司发展战略和制度，充分发挥职能部门的作用，管理者要主动接受企业制度的监督与约束，避免决策权重过大、决策随意性突出等问题。

（三）防止主观愿望下决策结果的背离

主观愿望和结果的背离，是指主观上没有犯罪故意，甚至为顾客着想，一味地满足消费者的需求，然而因为没有牢固树立法商管理理念，仅仅关注决策结果的经济属性而忽视法律属性，导致决策结果与主观愿望大相径庭。这个案例具有典型意义，值得深思。

案例九：清运通公司盲目追求
利润的代价

一、案例回放

（一）给污水处理厂厂长送好处费的初衷

清运通有限公司成立于 2012 年，其主营业务是运输废物、废料、废水，公司成立之后运营正常，发展平稳，截至 2019 年公司拥有污水运输车 4 辆，员工 7 名。清运通公司设立于华北地区 A 市 B 区，公司负责人为曹某。

2019 年 5 月，畅通有限公司向清运通公司转包 A 市丰科小区生活污水清运工作，双方于 2019 年 5 月 15 日达成协议，约定清运通公司每天负责派 25 吨污水清运车辆，清理丰科小区的生活污水，每天不少于 16 车。畅通公司每年支付清运通公司清运和处理费用 140 万元。

清运通公司签订合同后，曹某某为了节约成本，随即找到李庄污水处理厂厂长孙某某，希望孙某某能在污水处理收费上予以优惠。孙某某提出，清运通公司每月支付给自己 1000 元现金，但不能开票。同时，每月向保安队长赵某某现金支付 200 元的监督费。李庄污水处理厂围墙外有一口污水井，管道直接与污水处理厂连通，清运通公司的车辆可以将运送的生活污水直接排放到该污水井中。曹某某同意，并向孙某某支付 1000 元，向赵某某支付 200 元。

（二）疏于监管酿隐患

为了进一步压缩成本，调动工人的积极性，清运通公司将污水车司机的工资由原来每月 4500 元固定工资，变更为每月基本工资加绩效的方式，固定工资部分为 2000 元，运输一车污水补助 20 元，补助每月结算一次，结算凭据为丰科小区物业公司开具的运出污水凭条。2019 年 6 月 1 日，清运通公司开始清运丰科小区的生活污水。由于清运通公司还承担着其他运送污水的业务，每天仅能够派出一辆污水运输车，从 4 名司机和车辆中随机安排。在此期间，清运通公司的司机崔某某为了节省路途和排队等待时间，以便更多地获取运输补助费，将从小区运出的部分污水直接排放到途中的沟渠中，然后直接返程去运送下一车污水。在这个过程中，虽然进行了工资制度的改革，但是并没有在管理制度上跟进，缺少对工人的教育和行为的监管，司机将污水倾倒路边的沟渠中，不仅污染了环境，而且对地下水污染带来隐患。

（三）千人腹泻事件爆发

2019 年 7 月 6 日，A 市普降大雨，丰科小区内部道路积水严重，所有污水井出现倒涌。丰科小区物业经理张某某组织力量排水，物业公司先后调集水泵 12 台，将积水排放到绿地和附近水渠中，小区积水得到极大缓解。大雨过后没几天，丰科小区及其所在地 A 市 B 区范围内其他 8 个小区，有大量居民出现腹泻症状，居民向 A 市市政府投诉，根据网上购买的水质监测仪显示，饮用水的水质被严重污染。

A 市政府随即指示 B 区政府和葛庄镇政府配合卫生部门、防疫部门、环境部门、公安部门进行水质取样化验、疫情控制、环境排查和责任追究等工作，并建议居民暂停自来水饮用，各小区物业每日向居民分发桶装水。2019 年 7 月 12 日，卫生部门数据报告，检查区域内腹泻症状就医者 1000 余人。

2019 年 7 月 13 日，疫情部门数据报告，检查区域内 100 余人感染诺如病毒，该病毒属于肠道传染病，可通过食品、接触、空气传播，属高度传染病。初步考虑，由于本市大雨，导致非法排污现象严重，饮用水有污染可能性。雨过天晴，温度升高，污水蒸发，空气污染可能性极高。随后政府部门要求紧急关闭区域内幼儿园、学习班等人群集中场所，进行疫情控制。

（四）污水事件的法律责任

2019 年 7 月 19 日，水质监察报告显示，葛庄镇政府辖区内的饮用水，不是市政管道供水，系葛庄镇水厂地下采水，净化后，向辖区提供饮用水。水厂取样饮用水符合国家标准，各小区饮用水存在不同程度的水质污染，原因为各小区内饮用水水箱由于疏于管理，未及时消毒，存在污染源，导致水质不合格。已经责令各小区物业公司对饮用水水箱进行清理和消毒，并随时关注和检查。

2019 年 7 月 21 日，B 区公安机关将丰科小区物业经理张某某、清运通公司经理曹某某、李庄污水处理厂厂长孙某某、保安队长赵某某、清运通公司司机崔某某、周某某、王某某、秦某某共 8 人，以涉嫌环境污染罪抓获归案。

2019 年 7 月 22 日，A 市政府向社会承诺，本年 10 月 1 日前，葛庄镇辖区内全部接通市政管道，让居民们喝上市政饮用水。

二、法商分析

（一）清运通运输能力难胜任

本案中，清运通公司在管理过程中，签订丰科小区的排污合同，并未考虑到本公司的履约能力，实际上丰科小区与李庄污水处理厂虽然在一个区，但相距 18 千米。A 市作为一线城市，交通拥堵状况可想而知，单程最少需要 80 多分钟，甚至更长。按照每天 8 小时计算，实际上一辆排污车每天最多往返 3 次，这还没有计算排污车辆从清运通公司到达丰科小区和每次抽污时间。即便清运通公司 4 辆汽车全部为丰科小区履行合同服务，一天最多也就运送 12 车，仍然满足不了每天最低运送 16 车污水的合同约定。清运通公司在签订合同时就已经暗藏了合同违约的风险，如果清运通公司未来没有增加车辆，这种违约风险就成为必然。

再退一步讲，即便李庄污水处理厂能够 24 小时提供服务，那么，清运通公司就必然需要增加工作时间。按照清运通公司的情况来看，4 辆车即便同时运行，每天每辆车需要运行 12 个小时以上，且司机没有法定节假日的休息时间，上述时间并未计算排污时间和车辆每年需要年检、维修的时间。可见，清运通公司违反劳动法就成了一种必然。

（二）降低成本手段错位

清运通公司签订合同前没有注意到履约困难，签约后，没有积极想办法解决履约问题，而是先考虑压缩成本，提高经济效益。为此，曹某某首先通过向污水处理厂厂长孙某某和保安队长赵某某行贿，免交排污费用，根据《最高人民法院最高人民检察院关于办理贪污贿赂刑事案件适用法律若干问题的解释》第七条：行贿数额在一万元以上不满三万元，具有下列情形之一的，应当依照刑法第三百九十条的规定以行贿罪追究刑事责任：（1）向三人以上行贿的；（2）将违法所得用于行贿的；（3）通过行贿谋取职务提拔、调整的；（4）向负有食品、药品、安全生产、环境保护等监督管理职责的国家工作人员行贿，实施非法活动的；（5）向司法工作人员行贿，影响司法公正的；（6）造成经济损失数额在五十万元以上不满一百万元的。曹某某虽然从数额上还未到达刑法行贿罪的量刑标准，但是，行贿是按照累计计算的。曹某某每月向孙某某行贿 1000 元、向赵某某行贿 200 元。如果不发生环境污染的事件，9 个月过后，曹某某就达到了刑法追究其行贿罪的最低标准，行贿罪的刑事法律风险产生。

（三）管理控制不到位

曹某某在免除了排污费之后，为了激发运污车司机的工作热情，将原本每月4500 元的工资，降低为每月基本工资 2000 元，每车运输补贴 20 元。曹某某后来交代，每名司机每月收入为 20 元×16 车×22 天（工作日）+2000 元 = 9040 元，司机如果不休息，每月收入会更高。

案例中的曹某某为了免交排污费，导致无法获取污水处理厂出具的排污费票据，所以只能依靠丰科小区物业出具的运污凭条，与司机结算费用，也就丧失了对员工的履职监督，管理出现极大的漏洞。运污司机为了完成不可能完成的任务，获得更高的报酬，于是就近排污，然后返程。

实际上，获得丰科小区排污凭条，是清运通公司向丰科小区结账的依据，也是运污水司机向公司结算的凭证。曹某某与员工均以能够获得报酬为前提履行合同，产生了刑事法律风险。

从清运通公司的整体管理过程来看，签订合同之前，并没有对自己的履约能力进行评估，在运送车辆、公司员工、运送时间等均缺乏应有的认知，导致发生合同违约、劳动违法等法律风险，这种法律风险对于清运通公司已经不可避免。但是，可以断言，发生刑事法律风险在清运通公司意料之外。实际上，清运通和曹某某追求效益和侥幸的心理成为压垮清运通公司的最后一根稻草。

三、启示

（一）只能追求阳光下的利润

企业的管理者要正确处理好获取利润、承担企业社会责任和加强企业管理之间的关系。企业追求利润最大化可以理解，但是必须以合法合规手段去获取，而不能仅从企业自身利益思考问题，心存侥幸，不惜采取投机取巧的方式去赚取利润，其结果必然导致偷鸡不成蚀把米的后果。

（二）消除管理漏洞

案例中，清运通对工资制度进行了调整，希望激励员工努力工作，无可厚非，但是公司的管理对员工的行为及其结果处于失控状态，只有从小区出具的运污凭证，而没有污水运送到污水处理厂的凭证，这是明显的管理漏洞。试想如果消除这样的管理漏洞，可以在很大程度上避免污染事件的发生。

（三）管理失控可能引发违法问题

清运通公司负责人并不存在主观故意，而是由于片面追求降低成本，加之管理不善造成了严重后果，使一个因管理不善问题所造成的后果变得严重，转化为法律问题，甚至刑事法律问题，这是值得深思的。

案例十：运用管理方法解决政务难题

一、案例回放

（一）大胆尝试解决拆迁难题的新途径

南方某"地球村"共有1000多户业主，1999年开始规划发展高新产业，需要征地，从2004年开始拆迁安置，直至2015年底，仍有200多户业主拒绝签约和交楼并上访。

每一届主管领导对该项目都高度重视，亲自挂帅，调集各方资源成立庞大工作队，十几年间前后共有近千名基层干部参与该项目，截至2015年底仍有超过40多位处级干部全职参与该项目。当时，工作队经常加班加点，长期疲于应付业主的群体事件，即使这样，群体事件反而愈演愈烈，签约率也止步不前，负责"地球村"项目的领导时常被省、市政府点名通报批评，致使整个工作队员工士气低落。工作队反映的问题一大堆，领导缺乏有力的抓手，而且工作队的开支长期居高不下，工作队与主管领导的压力巨大。主管领导曾经找过外部律师团队作为咨询顾问，结果也没有起到明显的作用。

2015年9月，"地球村"的主管领导抱着试试看的心态，聘请专业项目管理咨询公司帮助参与此项工作，希望应用项目管理方法彻底解决这个久拖不决的难题。

（二）组建工作团队初步摸清情况

项目管理咨询公司与政府部门负责该项目拆迁的工作人员共同组成工作团队

（以下简称工作团队），制定工作方案和工作流程。工作团队通过访谈、问卷调研、查阅工作记录及群体事件登记表、实地考察等进行初步调查研究，获得第一手资料。在此基础上，着重对拆迁项目有关的群体事件进行专题研究，通过全方位、可视化、定量化、结构化的群体事件问题分析，厘清了群体事件的脉络、趋势、规律和特点，经过科学系统地分析，掌握了"地球村"拆迁工作无法按期完成的情况，经过归纳整理为7个方面30多个问题：

（1）补偿标准问题：群体差异大、地域差异大、货币补偿不保值等问题。

（2）签约问题：多因素导致有超过200户的业主十几年一直拒绝签约。

（3）拆除问题：三个自然村，剩下100多栋房屋一直未能拆除，无法开发。

（4）群体事件：消耗大量资金、资源，却始终在省内排名靠后，政绩差。

（5）安置房问题：方案不断调整，房源跟不上，业主不能及时入住。

（6）违建问题：久拖不决，违建和非法经营日益猖獗。

（7）留用地问题：留用地长期闲置，资源浪费，业主利益得不到兑现。

（三）制定"地球村"项目工作地图

通过与主管领导访谈，了解项目相关的背景、资源、痛点、总体方向、主问题、总体目标和期望，制定出"地球村"项目工作地图（见图1），包括工作流程和相关知识，作为工作团队推进的具体工作方案。

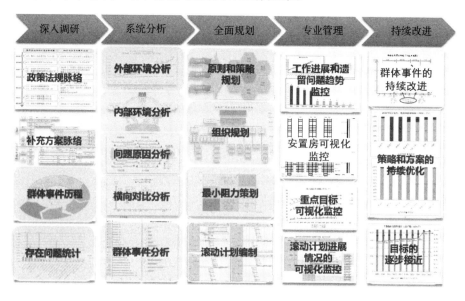

图1　"地球村"项目工作地图

工作地图实际上是一个表格，最上面的一行表明了项目工作应该遵循步骤，划分为深入调研—系统分析—全面规划—专业管理—持续改进五个阶段。表中的其他表格注明具体工作，比如厘清政策法规脉络、内外部环境分析等，覆盖了项目涉及的各个方面工作，团队成员可以通过工作地图明确自己的职责，工作地图为有条不紊地开展工作奠定了基础。

二、综合运用各种管理方法和工具

（一）深入调研

与政府部门交流，核实对背景、过程、脉络和问题的理解是否准确，广泛征求各方的意见，了解业务相关的痛点，找出深层次的原因。通过海量历史文档，了解相关的历史背景、过程、脉络和问题，通过知识管理中的关键标签，找到与业主利益相关比较紧密的补偿方案、补充标准、政策法规、群体事件、重点决策、安置房、社保、就业等关键标签，快速梳理与利益相关的几个维度的脉络。发现最开始的问题是由于初期缺乏统一标准，安置方案向弱势群体倾斜，采用福利分房的模式，导致了同一群体不平衡、不同群体不平衡，引发群体事件问题，之后开始不断打补丁，又触发新的不平衡，形成死循环。

之后进行实地考察，与有代表性的业主进行访谈，了解利益相关方的观点和诉求。考察发现，因为有的业主不断组织群体事件，给组织拆迁的基层单位施加压力，管理部门为了不断安抚业主，对违建和非法经营不能采取有效遏制，致使一些不配合拆迁的业主反而非法获利。

（二）系统分析

通过调研，工作团队获得大量的资料和数据，在此基础上，运用知识管理方法论，将大量非结构化数据转为结构化数据，然后对拆迁项目的发展脉络、原因、标准、偏差和趋势等方面进行系统分析，从而厘清思路，明确方向，为决策层提供了重要的依据。系统分析采用的部分方法如下：

运用鱼骨图：对拆迁问题进行归类并找到主要影响因素。

进行趋势分析：对房价的变化趋势、业主的群体事件趋势进行分析，明确主客观因素，探寻解决问题的途径，严格控制工作进度的时间，避免拖延进一步增大拆迁工作成本。

比较分析：通过横向、纵向对补偿标准、补偿方案进行比较分析，找出主要差异和存在问题，为调整补偿方案提供依据和方向，通过缩小补偿方案的群体差异、个体差异，同时结合实物安置的方式平衡业主的利益诉求。

利益分析：通过对既得利益与诉求进行利益分析，评估其合理性；通过量化补偿方案的方式协助客户看清楚差异化方案导致的利益不平衡，使补偿方案更公平、公正。

责权利分析：对主管部门的责权利进行分析，制定组织策略，联合执法，共同进退，确保项目推进和控制。

组合图分析：通过柱状图、趋势图展示变化规律，对差异进行量化、可视化，直观地展示问题和趋势，便于找到方向和工作重点。

决策矩阵：通过多因素综合分析，确定最有利的解决方案，辅助决策，用最小的代价完成工作目标。

多维度分析：通过不同的标签，例如，从时间维度、空间维度、群体维度、利益维度、标准维度对群体事件问题进行全方位的分析，梳理问题的本质，形成结论并提出有针对性的建议方案。

（三）全面规划

工作团队根据前期的问题梳理和分析结果，全面规划和制订相对应的工作方案和治理机制。通过项目管理知识培训，加深工作团队成员之间的了解，达成共识，熟悉专业的项目管理工作模式，明确工作团队组织架构和职责分工，构建工作团队内部沟通和工作运行机制，主要包括以下方面：

综合治理机制：制定"三个原则+七个策略"的组合拳，为解决遗留问题制定清晰的总体框架和措施。例如，通过群体事件分析，建议"两手抓，一手软、一手硬"。"一手软"指的是尊重历史，解决存在问题，其中最核心的是补偿标准，需要统一补偿标准，彻底化解群体之间和群体内部的不平衡，同时注意解决业主失去土地后的再就业、子女读书等问题。"一手硬"指的是对非法群体事件采取合法措施，引导业主通过法律途径到面对面的谈判桌上来，同时，对违章建筑坚决拆除，绝不含糊。

集体决策机制："地球村"的拆迁项目涉及的利益巨大，决策风险高，在政策法规和流程的制约下，要充分发挥政府的资源优势，通过制定集体决策模式，增强决策透明度，充分发挥集体智慧，分担风险，全面提升决策效率，增强决策的权威性。

倒逼机制：制定倒逼的激励机制，对规定时间的签约和移交房屋的业主提供奖励和优先选房的机会，促成摇摆不定的业主签约，打破长期拒绝签约和交楼的僵局。

赛马机制：对工作团队按组设定量化考核目标，年底按照排名顺序和绩效提供晋升机会和年终奖励，充分调动工作团队的积极性和能动性。

（四）专业管理

全面导入项目管理的方法论，采用 WBS 模式分解总体目标，制定阶段性目标，进行任务分解和资源匹配，编制总体计划、月度计划和周计划，导入专业的项目管理系统（重点项目管控系统）进行运行监控和可视化管理，并定期进行汇报。初期频率为一周一次例会，中期频率为两周一次例会，后期频率为一个月一次例会，前后共提供了 46 份项目管理监控报告和 8 份专题报告，实现项目全生命周期、全方位的管控，保障整个项目沿着既定目标稳步推进。

（五）持续改进

在明确年度目标的基础上，将年度目标分解为每个季度的阶段性目标，然后再将季度目标进一步分解为月目标。执行过程中，加强考核与控制，并结合目标完成情况，进行动态优化和调整，从而保证项目推进不断逼近总体目标。

（六）十年难题两年化解

聘请项目管理咨询公司参与"地球村"拆迁工作，只经过短短 2 年 3 个月的时间，拆迁难题得到圆满的解决，收效显著，具体体现在以下方面：

（1）"地球村"签约率获得突破性进展，达到了客户的预期目标。

（2）"地球村"的未拆迁房屋分三批逐步清理，达到预期目标，剩余个别未拆卸房屋走法律程序解决问题。

（3）未移交土地取得显著进展，确保产业基地的建设顺利推进。

（4）安置房有序推进，按计划封顶和交楼，及时兑现政府承诺。

（5）群体事件问题基本解决，工作队解散并返回正常工作岗位。

（6）整个工作队经历了专业培训并参与项目运行，工作能力得到提升。

（7）客户的领导可以从这个项目脱身，投身到其他事务中去。

（8）通过知识库的管理，整理和完善了大量历史数据，为今后类似的项目提供借鉴，并为客户的政务创新提供了成功案例。

三、法商分析

（一）创造了运用管理方法解决拆迁难题的模式

从案例中可以看出，当地政府部门是在三次聘请法律团队介入不成功的情况下，转而希望引入项目管理团队解决拆迁难题的，通过聘请项目管理咨询公司与政府部门共同组成工作团队解决问题。工作团队创新性地运用已有的管理方法，在熟悉各项法律法规的基础上，通过制定详细的工作流程，很好地化解各方面的矛盾，使大多数业主接受解决方案，而剩余的个别"钉子户"通过法律渠道解决问题。这种交叉运用管理和法律手段解决拆迁难题，具有一定的创新性。

（二）体现了法商管理理论的思想

工作团队的工作过程巧妙地将法律的"公平正义"价值观和管理的"效率效益"价值观有机集合起来，确定工作目标和系统边界，既保证项目在合法、合规的轨道上推进，又保证项目实施的高效率，较好地体现了法商管理理论的思想。虽然法商管理理论是面向企业管理领域提出的，该案例表明法商管理原理同样适用非经济组织问题的解决，无疑为丰富法商管理理论和实践增添了新的内容。

（三）创新性地将项目管理推广应用于政务管理

该项目是将项目管理推广用于政务管理的创新性的工作，具有重要的理论和实践意义，具体体现在战略规划正确，其遵循学习和掌握法律法规—深入实际调查研究—制定系统化的工作方案—稳步推进的技术路线。不仅完美地解决了"地球村"项目问题，也是对解决复杂项目管理问题的一次有益的尝试。

"地球村"拆迁项目管理比一般项目管理复杂，具体表现在：①一般的项目管理通常只有两个主体，如大型运动赛事开幕式，有项目管理团队和执行团队两个主体，而且这两个主体有共同的领导，两个主体的目标具有一致性，因而相对简单；但是"地球村"拆迁项目管理由三个主体构成，即项目管理咨询公司、政府管理部门、项目涉及的"业主群体"，各个主体的目标具有不完全一致性，三个主体之间的领导关系不明确。②项目咨询公司介入"地球村"拆迁项目管理，是受命于危难之际，面对积累了十几年难以解决的问题。

因此，该案例体现了项目工作团队具备高超的理论水平和项目实施技巧，形成独具特色的、面向拆迁疑难问题的项目管理理论和方法，对于解决其他政务难题具有重要的参考价值，同时进一步拓展了项目管理的领域。

（四）聚焦"业主群体"追求公平的诉求

创新性地将人的心理因素引入项目管理中，准确地诊断出项目的关键和痛点，运用公平理论分析"业主群体"追求公平这一关键诉求，按照公平理论，一个人从获得的某种报酬或补偿中是否感觉公平，不仅来源于获得的多少，更重要的是与他人在相同条件下的获得进行比较，由于人的自利倾向的本能，常常会感到别人的获得多于自己，所以产生不平衡感。而工作团队，在调研的基础上制定了合理的标准，相当于给"业主群体"提供了补偿的锚定值，简要地说是参考标准。为消除"业主群体"的不公平感奠定了基础，破解了制约项目推进的关键和痛点。表明该项目团队具有深厚的管理学理论基础和丰富的工作经验。

（五）体现了道、法、术、器的组合

综观本案例，包含了道、法、术、器的组合形成解决政务难题的逻辑。具体的表现在：

道：是指定原则、定策略。本案例拟定解决问题的三个原则，包括合法合规、资金保证、问题导向，确定了七个策略。

法：是指确定集体决策、激励规则。

术：是指采用具体方法，包括责权利分析、脉络分析、鱼骨图分析、横向纵向时空对比分析、量化分析、持续推进和改进等。

器：是指工具、信息化系统应用，如问卷星、政务督办系统等。

总之，在复杂的政务项目中，需根据实际场景，综合运用战略规划、数据分析、知识管理和项目管理的方法、工具和模型，快速学习、深入调研、系统规划、创新机制、透明化运行、可视化监控并持续改进。

四、启示

（1）项目管理方法对于化解政务难题具有重要的意义。许多政务难题，看起来非常复杂，但是实际上是利益问题的解决。因此，运用科学的项目管理方法，厘清难题的本质，才能有针对性地制定应对策略。

（2）管理先行，法律断后不乏是一种低成本高效率解决政务难题之策。值得指出的是，管理中一旦碰到疑难问题，人们的第一反应就是希望诉诸法律。但许多情况下，无解难题的根源往往在管理不善。正如本案例所述，先通过项目管理方法分析和解决了绝大多数问题，将需要通过法律手段解决的问题压缩在很小的范围，不仅加快问题的解决速度，而且降低了成本。

案例十一：李锦记家族企业传承的秘诀

一、案例回放

　　家族企业传承是世界性的难题，这方面，香港李锦记具有一定的特色。从第一代创始人李锦裳 1888 年创办的手工家庭小作坊算起，至今 130 余年成功实现代际传承，并且持续发展。在发展历程中虽出现过两次家变危机，但已经顺利传承到第四代家族成员手中，第四代成员成为集团业务的中坚力量，第五代成员也已逐渐成长起来。李锦记目前发展成为员工近 5000 人的大型企业集团，成为中国当代民营企业基业长青的著名企业之一，因此梳理李锦记家族企业传承的秘诀具有重要的现实意义。

（一）股权封闭+家族精英治企的发展模式

　　回顾李锦记早期的发展历史，李锦记同其他家族企业一样，依靠天然血缘关系来维系、激励、促进家族成员相互合作与扶持，使企业不断发展壮大。创始人李锦裳辞世后，在第二代、第三代家族成员手中企业虽然有所发展，但总是难以摆脱企业分家的局面。如何让李锦记的所有权作为一个整体掌握在家族人员手中，同时又能够借助公司制度的法人治理结构促进公司的发展，是家族成员面临的挑战。

　　为此，李锦记在第三代掌门李文达的带领下，创造了股权封闭+家族精英治企的发展模式：所谓股权封闭，是指只允许具有李锦记家族血缘的家庭内部成员持有股份，家族成员无论男女只要具有血缘关系均具有李锦记公司的股份继承权，而非家族成员不能拥有李锦记公司的股权。所谓家族精英治企，只在家族精英范围内选择和培育具有创业精神和经营才能的人治理企业，当然也注意吸收少数外部职业经理参与公司管理，但是只起辅助作用。这种发展模式的显著特征在于，将李锦记公司的所有权和经营权都集中在家族成员手中。迄今为止，李锦记公司所取得的经营成就表明，这种模式是适合李锦记家族企业发展的。

李锦记这样的家族企业发展模式的产生与李锦记诞生和发展的地区不无关系，李锦记发源于广东省，这里历来家族观念比较浓厚，具备通过家族文化价值体系维系成员间合作和利益共享的传统，加上广东地处沿海地区，工商业和国际贸易发达，比较早地接触到西方的企业制度。

（二）独具特色的家族治理结构

为了保证股权封闭+家族精英治企的发展模式有效实施，实现企业所有权和经营权集中在家族手中的目标，2003 年李锦记创立了独具特色的家族企业治理结构，即以家族委员会为核心的制度架构，如图 1 所示。从图中可以看出，家族委员会是李锦记家族治理的最高机构，居于董事会之上。家族委员会与董事会各司其职。家族委员会负责家族内部重大事务，如公司董事会中的家族董事由家族委员会选择任命。公司董事会负责企业运营的重要战略决策。以此保证董事会在考虑家族整体利益的情况下独立做出公司的战略决策。2006 年家族聘请了职业经理团队进行管理，家族成员逐渐退出酱料业务经营。

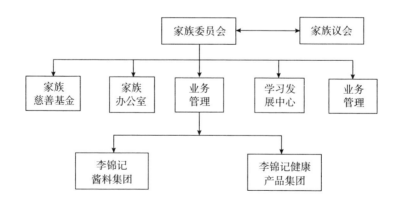

图 1　李锦记家族治理结构

家族委员会由最能代表家族利益的核心成员组成，其成员包括李文达夫妇和五名子女，未来则在关心家族事务和家族整体利益的第五代中选择新成员。李锦记的家族委员会关注家族宪法的完善、家族核心成员的培育等家族事务的核心问题。

家族委员会承担着李锦记家族治理中的两个重要职能：一是作为家族内部沟通的主要平台，所有家族成员，包括不持股、不在董事会或企业任职的家族成员都可以通过家族委员会来表达期望，提出意见。二是通过分离家族决策和董事会决策，实现家族利益和企业利益的平衡。

李锦记家族委员会的另一个重要任务是制定和不断完善家族宪法。李锦记制定的家族宪法在保证其严肃性和稳定性的同时，也赋予其动态性和权变性，每一次家族委员会会议都会对宪法内容做出一些调整，每一个条款的改变需要75%的委员会成员同意。

（三）纪律严明的家族宪法

家族宪法被确立为家族所有成员必须遵守的根本行为准则，包括如下关键内容：①股权的继承和转让：家族宪法规定股东须具有李锦记家族的血缘，但不限男女。股东想要退出，股份由公司统一购回。②家族成员的雇佣：欢迎家族成员加入家族企业，但必须在家族外的公司工作3~5年才能进入家族企业，应聘的程序和入职后的考核必须和非家族成员相同；进入企业后工作出错也要受处罚。③董事会：董事会成员由家族委员会在对业务有兴趣的家族精英中选择出任，可聘请外部非执行董事。主席由家族成员出任，家族委员会每两年召开一次会议确定董事会及各个业务的主席，主席可以连任。④家族委员会、董事会与管理层的角色分工：李锦记家族在家族宪法中对家族委员会、董事会与管理层的功能做了细致区分，避免家族对企业的不适当干扰。宪法规定家族委员会主要关注家族价值观的强化，家族宪法的制定，协调家族关系和所有权问题，以及决定董事会的结构；董事会的主要职责是挑选企业高管，监督企业业绩，处理企业与社会的关系；管理层则负责企业战略的制定与实行，企业的日常运营，员工的考核与聘用，以及确定企业文化与员工准则。尚在讨论中的家族宪法条款还包括第三代李文达与第四代5个儿女非正式的三条约定：不要晚结婚、不准离婚、不准有婚外情。李文达注意到很多家族生意没落，完全不是因为自身能力问题，而是家族结构混乱，因此与子女约定，违反后两条将自动退出董事会，仅保留股份，在家族委员会和企业决策中不再享有发言权和决策权。

二、法商分析

（一）巧妙实现家族管理与公司治理的统一

　　家族治理结构本质上是一个家族事务管理的组织架构，在这个架构中家族委员会和家族议会是最高决策机构，在最高决策层下面设立的业务、家族办公室、家族慈善基金、学习发展中心、家族投资等属于职能部门。企业集团被置于家族治理结构框架的业务职能的下方，由此可见李锦记的两家企业集团只是家族事务的组成部分。虽然家族治理结构冠以"治理"的名义，但是其含义首先是管理，其次是治理，从严格的意义上讲企业层面才涉及治理问题。李锦记的所谓家族治理结构的制度安排，虽然狭义上是针对家族企业创业及传承设计的，但其中的治理只体现在家族两家企业集团上，即李锦记酱料集团和李锦记健康产品集团，而其他部门只是体现家族事务的管理职能。

　　进一步考察，李锦记的家族治理结构可以划分为两个层次，第一个层次是具有管理属性的组织结构，由家族委员会和各个职能部门组成，第二个层次是两个家族企业的治理结构。通过两层的架构将家族事务管理和企业治理统一到一个系统中。在这个两层结构组成的系统中，首先，在管理层面以传统儒家伦理为基础处理家族问题，比如通过确立家族核心价值观，建立家族文化和制定家族宪法等管理的手段，达成对家族企业治理的共识，决定家族企业董事会成员，然后通过企业的董事会实现家族对企业的治理。不难看出，家族治理结构中包括了两个家族企业的董事会，而且企业的董事会在家族治理结构中处在相对较低的位置，在家族治理结构中两家企业集团是法人机构，其他机构不一定具备法人资格。其次，两个企业集团相对于其他机构而言是契约精神为主导的现代公司治理的法人组织，两家企业的治理更多是通过管理和法律手段实现。由此不难推断出李锦记家族治理结构的基本逻辑是：建立具有管理职能的家族委员会，然后在家族委员会内部设立管理企业事务的业务部门，最后在业务部门下面组建具有法人资格的企业集团。即整个组织架构属于管理的范畴，而两家企业集团的治理属于法律的范畴。笔者称其为家族管理理念驱动下的"公司控制模式"，这里的控制是指家族委员会通过影响董事会实现对家族公司的控制，通过董事会转化对公司的经营管理的行动。这一逻辑与法商管理理论"管理为体，法律为用"的基本思想是一致的。

家族治理结构将家族委员会与公司董事会纳入一个体系当中，清晰界定各自的功能、权利和责任，实现两方面的功能：一方面，实现家族成员对企业的所有权和经营权的控制，既规避股权分散情况的发生，又能够克服内部人控制、代理成本等常见的公司治理弊端。另一方面，通过家族委员会倡导主流价值观进行文化建设，增进家族成员之间的信任和共识，为家族企业的永续发展奠定了基础，从而巧妙地实现家族事务管理和公司治理的统一，无疑是一条具有鲜明特色的符合李锦记家族企业发展的治理路径。

（二）家族宪法是维系家族企业传承的政治基础

李锦记的家族宪法，是以儒家的自律与自我约束思想设计的，作为家族企业传承的政治基础，从这个意义上分析，家族委员会具有将公司治理前置的家族政治组织的特征。将家族共有的价值取向、规范、行为准则加以正式化，要求家族成员遵守，以道德和伦理约束行为，将血缘关系转化为精神层面的文化认同，从家族宪法的内容看，其对家族人员的要求高于法律。同时，家族宪法建立了筛选和淘汰机制，背离家族文化的或者超过一定年龄的成员逐步出局，家族委员会根据经营才能及创业精神选举产生家族董事，相当于向企业派驻治理家族代表的筛选机制。家族宪法对李氏家族成员进入家族企业设定条件，即便在自家企业也不能享受特殊权利，并以宪法的形式对之进行明确规定。家族成员进入家族企业必须先在其他公司工作3~5年，进入家族企业后按照企业制度与其他普通员工一起工作和竞争。从而避免亲缘、情感关系与经济、才能相互损害，既有助于家族的团结和睦，也符合企业的整体利益。此外，家族宪法形成剥离—集中机制，这里的剥离是人员的剥离，集中是指股权集中，如果有家族成员退出股份，其股份只能转让给其他家族成员。家族委员会按季度组织召开并采取民主决策机制，家族成员年满65岁时退休。

家族宪法除了起到保障家族控制权的作用，其隐含功能是传承家族理念的工具，其是在公司治理之外的宪法。家族宪法虽然明文规定只谈家事，与企业董事会隔离，不直接干预企业，但实际上是通过家族宪法确定家族董事作为家族代理人，在公司董事会实现对企业的控制，事实上家族委员会与企业之间存在着上下级关系，或领导与被领导的关系。同时，从政治上保证董事会能够忠实执行家族委员会的意图。家族宪法体现了李氏家族的价值观、文化基因和企业伦理，通过代理人传递到公司的董事会，进一步转化为现代公司治理结构，既保证形式上企业与家族隔离，又能实现事实上的控制，起到重要传导作用。

三、启示

（1）先建构家族管理框架，后实现公司治理，进而实现家族企业所有权和经营权统一的目标。从李锦记家族企业传承的显著特征，创新地将管理要素与法律要素进行整合，形成了适合李锦记家族企业发展和传承的治理模式，具有一定的借鉴意义。

（2）基于家族的治理重于公司治理，公司是家族事业的一部分，只有家族的团结和谐，家族企业才能永续发展的理念，家族委员会在一定意义上可以理解为代表家族利益的准政治组织，其任务是构建家族核心价值观和行为准则，形成共识，建立淘汰—筛选机制、剥离—集中机制，进而形成家族理念传导公司控制机制。

（3）家族宪法虽不具法律效力，但却是维系家族企业有效运转的基石，家族宪法本质上是一种管理思想体系。清晰区分家族的治理与公司的治理，减少家族对公司治理的不当干预，家族宪法以公私分明、唯才是举、依法治理的组织理性和契约精神对李锦记家族及公司进行最高层面的制度约束。

（4）家族宪法较好地解决了多数中国家族企业面临家族企业治理的困境，如家族企业如何保证股权集中在家族成员手中，同时又能够满足企业发展对人才、资本、技术及创新需求。但是家族宪法仍然由家族中的权威维系，与现代法治理念有冲突，比如对家族成员私人婚姻设限。其中潜伏着一定的危机，这种模式的持久性有待检验。

附：法律视角的深度分析

李锦记的治理很有特色，其中李锦记的家族宪法起着十分重要的作用。但是李锦记的家族宪法，主要是依靠血缘关系和信任关系组成，在信任其他人能够自觉遵守家族宪法的基础上建立起来的。其是创造性地将非正式规则（家族文化价值观）与正式规则（公司治理结构）相融合进而形成的组织结构，逐步形成具有本地特色的家族企业治理模式。但毕竟是基于信任关系，缺乏法律依据，有些甚至与法律条款和法律原则发生冲突，一旦发生争议，家族宪法将因违法认定无效，失去对家族成员的约束力。如果因此引发适用继承条件进行股权和遗产的重新分配，将达不到家族宪法希望的结果。尤其是对内地家族企业而言，需要将李锦记治理模式置于我国法律的视角下做进一步分析，方能从中获得有益的启示。

（一）公司法视角的分析

根据《公司法》第三十六条、第四十六条的规定：有限责任公司股东会由全体股东组成。股东会是公司的权力机构，依照本法行使职权。董事会对股东会负责……可以明确的是，股东会是公司的最高权力机构，董事会对股东会负责。这与李锦记宪法中的"家族委员会是李锦记家族治理的最高机构，居于董事会之上。家族委员会与董事会各司其职。家族委员会负责家族内部重大事务，如公司董事会中的家族董事由家族委员会选择任命"规定格格不入，如果说家族委员会的委员是全体股东，仅仅是称呼上有一些改变，问题倒不是很大，但李锦记显然不属于这种情况。需要注意的是，股东是记载在公司名册并经工商登记，向社会宣示其投资人身份，具有公信力的。假设出现以下情况，将会产生问题：

（1）如果记名股东未通过家族委员会而做出决议，其决议与家族委员会意愿相悖，僵持不下，最后通过诉讼程序解决。会出现如果家族委员会签署了相关协议，其中虽然包括所有股东，但因为协议违反法律强制性的规定，归于无效，家族宪法被否定。

（2）董事会在家族委员会的决议和股东会决议中选择，董事会是会根据《公司法》的规定执行股东会决议，还是会根据家族宪法执行家族委员会的决议呢？这是一种违法与合法的选择，董事会将陷入两难的抉择当中。

（3）如果公司的全部记名股东违反了家族宪法的内容，那么家族委员会如何惩罚这些股东呢？一种方式是收回股东的身份，但这需要购买现有股东的公司出资或股份，需要经过股东自愿签署《股权转让协议》，可是股东是否签署相关协议，并不是家族委员会和家族宪法能够决定的。所以，家族委员会和家族宪法因为丧失了法律依据，而仅仅依靠伦理道德约束实施，是否能够长久通过控制股东表决权而控制公司，答案是否定的，无论时间长短，失控的一天一定会到来。

（二）婚姻法视角的分析

李锦记家族宪法条款包括第三代李文达与第四代5个儿女非正式的三条约定：不要晚结婚、不准离婚、不准有婚外情，并与子女约定违反后两条将自动退出董事会，仅保留股份，在家族委员会和企业决策中不再享有发言权和决策权。分析上述约定，分别为：①"不要晚结婚"的限制性的规定，违反《民法典》第一千零四十六条：结婚应当男女双方完全自愿，禁止任何一方对另一方加以强迫，禁止任何组织或者个人加以干涉。②"不准离婚"的限制性规定，违反《民法典》第一千零七十六条：夫妻双方自愿离婚的，应当签订书面离婚协议，并亲自到婚姻登记机关申请离婚登记。③"不准有婚外情"，虽然与法律本意相一致，但这完全是个人的事情。如《公司法》对董事任期是有明确法律规定的，如果现任董事虽婚外情，但又不愿退出董事会，仅凭这种约定达到最终的处罚结果，实际上是难以实现的。

从婚姻角度上看，根据《民法典》第一千零六十二条：夫妻在婚姻关系存续期间所得的下列财产，为夫妻的共同财产，归夫妻共同所有：（一）工资、奖金、劳务报酬；（二）生产、经营、投资的收益；（三）知识产权的收益；（四）继承或者受赠的财产，但是本法第一千零六十三条第三项规定的除外（单独继承或指定受赠）；（五）其他应当归共同所有的财产。夫妻对共同财产，有平等的处理权。第一千零八十七条：离婚时，夫妻的共同财产由双方协议处理；协议不成的，由人民法院根据财产的具体情况，按照照顾子女、女方和无过错方权益的原则判决。可见，婚姻期间，配偶对于一些投资是拥有权力的，而且如果双方离婚时，订立离婚协议，家族成员自愿将所持股份分割给另一方，该协议内容也会因为依法成立的法律效力，破除家族宪法订立条款。

（三）继承法视角的分析

关于"股权封闭，只允许具有李锦记家族血缘的家庭内部成员持有股份，不对非家族成员开放，家族成员无论男女，只要具有血缘关系均具有李锦记公司的股份继承权"。但股东的变更有很多种，从继承角度上，《民法典》第一千零六十一条：夫妻有相互继承遗产的权利。第一千一百二十七条：遗产按照下列顺序继承：①第一顺序：配偶、子女、父母；②第二顺序：兄弟姐妹、祖父母、外祖父母。继承开始后，由第一顺序继承人继承，第二顺序继承人不继承；没有第一顺序继承人继承的，由第二顺序继承人继承。本编所称子女，包括婚生子女、非婚生子女、养子女和有扶养关系的继子女。本编所称父母，包括生父母、养父母和有扶养关系的继父母。本编所称兄弟姐妹，包括同父母的兄弟姐妹、同父异母或者同母异父的兄弟姐妹、养兄弟姐妹、有扶养关系的继兄弟姐妹。可以肯定的是，因继承导致的配偶、母亲、外祖父母、养子女、继父母有法定的继承权，这种继承权并不会因为李锦记的家庭宪法的规定而被剥夺。

《民法典》第一千一百四十四条规定：遗嘱继承或者遗赠附有义务的，继承人或者受遗赠人应当履行义务。没有正当理由不履行义务的，经利害关系人或者有关组织请求，人民法院可以取消其接受附义务部分遗产的权利。作为李锦记继承人，这些条件如果作为遗嘱继承的条件出现，对实际掌握股权的继承人无疑是有利的法律钳制，而达到因为道德风险，最终使实际控制人不遵守遗嘱条件而丧失现有的权利和利益，这也是家族企业的宪法存在的法律间隙，成为家族企业具有约束继承人的最终法宝。

虽然继承法上，可以设立遗嘱来防范这种风险的发生，但是一次突发的意外事故，导致家族成员一名或多名死亡，那么遗嘱能够控制风险的概率就微乎其微，尤其是多名死亡的家庭成员中含有未成年时，尚不具备法定确定遗嘱权利的时候死亡，这种情形就变得更加不可控制。如一场车祸，导致家族成员的父亲和儿子死亡，虽然父亲曾经立遗嘱，李锦记股份由儿子继承，但根据《民法典》第一千一百二十一条：继承从被继承人死亡时开始。相互有继承关系的数人在同一事件中死亡，难以确定死亡时间的，推定没有其他继承人的人先死亡。都有其他继承人，辈分不同的，推定长辈先死亡；辈分相同的，推定同时死亡，相互不发生继承。结果是，父亲的股份被儿子继承后，由于儿子未成年，没有设立遗嘱，那么母亲则成为股份继承人。如果本次车祸中母亲也死亡，那么外祖父、外祖母就成为继承人。

（四）依法解决家族企业传承的路径选择

依法解决家族企业传承问题，最终使家族愿望能够实现，是每一个初创者的愿望。但必须通过法律方式解决，才能够长久维系。一般来说，庞大的家族企业应该按照《公司法》的股权结构来设立保护机制。将一个家族企业，通过集团公司作为枢纽，设立子公司和分公司，每一个家族成员都会成为子公司或分公司的股东持股。就如同一艘巨大的轮船，将底仓分为若干个密封舱，在遭遇碰撞后，一个或几个密封舱被损坏，不会影响整艘轮船继续航行。至于子公司或分公司因为效益不同和规模不同，导致股东的最终红利多寡不均的问题，也通常通过集团公司协调和利益输送的方法，来平衡家族成员作为股东的收益均衡。当然对于不同规模公司，设置不同数量的股东，使大规模公司的股东增加，股东持股数额减少；与小规模公司的股东减少，股东所持股份数额增加，最终找到其股票的票面价值相等或分取红利均衡，也是一种常见的解决办法。

每一个子公司和分公司，因为《公司法》并未强制出资人的分红按照投资数额或比例分享，所以在公司章程中，也可以将表决权和收益权相分离，这样就可以均衡控制权力和收益权力，达到家族成员最初认可的收益数量和表决权利。

　　家族企业的股权结构和收益分配，如按照《公司法》的股权设置，最终形成互相制约、共享收益的股权结构图和公司章程，使家族宪法内容具有法律效力，才能够真正保障家族企业的长盛不衰。

案例十二：无锡尚德太阳能
电力公司的沉浮

一、案例回放

（一）一匹快速腾飞的光伏黑马

无锡尚德太阳能电力有限公司（以下简称尚德电力）成立于 2001 年 1 月 22 日，由无锡小天鹅等 8 家企业共同融资 600 万美元、创始人施正荣投资 40 万美元现金和现值 160 万美元的技术参股共同组建，主要经营业务为研究、开发、生产、加工太阳能电池及发电产品系统等。尚德电力的兴起可谓占据了天时地利人和。具体可以归结为全球光伏市场的爆发，无锡市政府的大力支持，一批澳大利亚光伏科技人才的加盟，因此仅用五年时间就实现了腾飞。尚德电力于 2005 年在美国纽约证券交易所上市，是中国大陆首批在美国上市的企业之一。

尚德电力的发展速度惊人，2002 年 9 月，尚德第一条 10MW 太阳电池生产线正式投产；2005 年第三季度电池产能达到 120MW；尚德的产品在世界各地深受青睐，被广泛应用到通信、广电、交通、石油、照明等行业。尚德电力还积极参与和承建世行项目、西部光明工程项目和 2008 年北京绿色奥运工程（其是奥运会主体育场鸟巢工程太阳能电力供应商），其卓越的生产力和产品品质受到了国内外市场的一致好评。

尚德电力在致力于光伏产业链的国产化、中国光伏大规模发展的同时，努力加快第二代多晶硅薄膜太阳电池大规模产业化研究的步伐，保持在光伏行业内的技术领先地位。自成立以来，尚德电力呈现出突飞猛进的发展态势，一跃成为世界上第四大太阳能电池制造商，2006 年生产量达到 270MW；2008 年，产能达 1GW；2012 年底，产能达到 2.4GW。尚德电力真可谓是一匹光伏行业快速腾飞的黑马。

（二）光伏产品市场萎缩使得尚德电力陷入危机

然而，随着 2008 年金融危机的到来，全球光伏市场开始大幅度萎缩。与此同时，国内 2009 年下半年到 2010 年近两年的投资过热形成严重的产能过剩，价格竞争越发激烈，进一步表现为光伏产业的全球性产能过剩。需求萎缩和产能过剩，接着出现的光伏组件恶性价格战，使尚德电力的经营状况不断恶化，平均利润率从 2009 年下半年的 30%一路下跌到全面亏损。不仅如此，随着欧美从 2012 年开始对光伏产业开展反倾销和反补贴调查（简称"双反"），无异于雪上加霜，进一步加剧光伏组件价格下跌。同时，也直接导致生产光伏组件的原材料——多晶硅的价格下行。

本来作为光伏组件的生产商，多晶硅价格下降有利于尚德电力降低生产成本。然而，匪夷所思的是，多晶硅价格的下降不仅没有使尚德电力的经营状况有所改善，反而加剧尚德电力的危机。原因在于，尚德电力进入光伏行业初期，随着全球对光伏组件产品需求的增加，导致原材料成本的上升，使占组件成本 70%的多晶硅价格从 2003 年的 30 美元/千克一路飙升至 350 美元/千克，甚至一度达到 500 美元/千克。这就意味着，谁掌控多晶硅的供应，谁就拥有产业发展的主动权。当时，尚德电力为了保证自己多晶硅供应，与 2006 年美国多晶硅巨头 MEMC 签署了一份十年购货合同，规定尚德可以 80 美元/千克的价格采购多晶硅。但是出乎意料，多晶硅价格从 2008 年开始暴跌，跌到 80 美元/千克以下。一方面在原材料多晶硅采购上要按照合同支付高于当时市场价格，另一方面光伏产品市场上价格却走低，使尚德电力陷入两难境地，不堪重负。无奈之下尚德电力于 2011 年 7 月向 MEMC 支付了 2.12 亿美元的违约金，解除了与 MEMC 的合约。此外，尚德不仅在多晶硅方面折戟，2007 年投资 3 亿美元发展薄膜电池并计划在 2010 年形成 400MW 产能的项目，受限于成本的原因无法按计划完成，不得不转产。

2010 年开始，尚德的主要经营指标及财务指标持续恶化，严重的流动性危机逐渐爆发。截至 2012 年底，其流动资产总额已无法覆盖流动负债总额，可使用货币资金余额仅为长短期银行借款总额的 6.24%，出现严重的流动性风险，资金链随时有断裂的可能。

（三）GSF 巨额诈骗事件成为压倒尚德的最后一根稻草

然而最为蹊跷的，受到广泛争议的是 GSF 巨额诈骗事件。当年，为了确保在意大利建成并网 145MW 的光伏电站项目建设顺利进行，尚德电力为项目融资提供了担保，获得了国家开发银行的贷款。在 GSF 基金中，尚德电力拥有 80% 的股份，尚德电力董事长施正荣本人持有 10% 股份，GSF 资本公司拥有 10% 股份。GSF 公司相关方同时以 5.6 亿欧元的德国政府债券为尚德提供了反担保。GSF 基金被称为尚德手里的一张王牌，在 2011 年的财报上曾为尚德贡献了高达 2.5 亿美元的利润，成为其财务窘境中的唯一增长点。2012 年 7 月饱受资金压力，尚德公司不得已从 GSF 基金退出套现，但是在进行撤资交易审查中，却发现其中存在诈骗行为，同时在美国受到起诉。扑朔迷离的 GSF 事件令市场感到震惊，尚德股价应声下跌，至 8 月 18 日跌至 0.98 美元/股，GSF 成为压垮尚德的最后一根稻草。

2012 年，由于行业恶性价格战、全球产能过剩，以及自身决策频繁失误和内部管理问题等原因，尚德陷入极端困境，并导致尚德电力股价一度跌至 0.6 美元以下，三次收到纽约证券交易所停牌警告，并一度被强制进入退市程序。

2013 年 3 月 18 日，中国银行股份有限公司无锡高新技术产业开发区支行等 8 家银行以无锡尚德不能清偿到期债务为由，向江苏省无锡市中级人民法院（以下简称无锡中院）申请对无锡尚德进行破产重整。3 月 20 日，无锡中院裁定批准无锡尚德进入破产重整程序。

二、法商分析

（一）对产业环境分析不到位

光伏产业属于战略新兴产业，而发展前景的不确定性是这种产业的共同特点：表现在增长速度快，受外部环境、产业政策、贸易政策以及产业技术变化影响显著，加之国内外光伏市场竞争激烈，导致原材料价格和产品价格波动性大。2007 年之前中国的光伏产业一直高速发展，2007~2008 年多晶硅产量达到最高值，随之而来产生一系列的产能过剩。2011 年，全球光伏需求量 20GW，但仅我国光伏行业产能已超过 40GW。也就是说，即使全球都用中国光伏，也还有一半产能要闲置。

对于进入新兴产业的企业而言，需要比在传统行业中有更强的市场判断力，以避免陷入腹背受敌或者难以维持的局面。对于尚德公司这样一个拥有庞大生产能力的企业，需要巨大市场空间与之相匹配，实现投资回报和收益，求得资产负债表的平衡、财务状况符合正常运用的要求。由于缺乏对市场需求的预测、对技术发展情况的了解以及国内外产业政策的变化的把握，尚德电力快速扩张的行为有悖于"知己知彼、百战不殆"常理，因此走向没落只是时间问题。

（二）发展战略失误

分析是前提，战略应该在分析的基础上制定。尚德的战略决策为人所诟病。战略核心是求得企业目标、外部环境和资源的动态平衡。其基本思想是，不能只顾埋头拉车而不抬头看路。由于对新兴产业发展特点把握得不够，使公司总体战略不清晰，仍然沿用传统产业粗放式规模扩张的战略思路，片面强调规模和降低成本。事实上，由于新兴产业发展的不成熟性，产业中的企业应该采用动态跟踪的竞争战略，因此不宜采用规模化和低成本战略，防止跌入不确定陷阱，而宜采用专业化、小规模和差异化的柔性战略以占据竞争的主动权。但是，尚德却与此相反，仍然希望通过扩大规模，降低产品成本，以获得更大市场份额。在项目投资方面，需要走精细化、差异化战略，在技术开发项目上应具有前瞻性和高附加值。

值得指出的是，尚德电力对多晶硅价格预期判断失误，在 2006 年前后"拥硅为王"的时期，没能把握机遇，适时选择后向一体化战略，即投资上游产业，建设多晶硅厂，而是与美国多晶硅巨头 MEMC 签署了一份十年购货合同，当多晶硅价格跌破合约价格时，不得不通过支付巨额违约金解除合同，使公司遭受重大损失，成为尚德电力由盛转衰的重要因素。后向一体化战略的目的是通过掌控原材料的供应链，规避断货风险和降低原材料成本。

另外，尚德电力没有将国内外政策法律环境纳入战略决策的范畴并做出预案，如欧美国家使用的"双反"调查条款限制中国企业的出口，以及我国政府发布的产业政策等。其实导致尚德电力破产的根本原因是公司战略不能适应国内外市场的变化，没有能处理好企业目标、资源、外部环境的关系。

（三）运营管理存在瑕疵

尚德电力运营管理方面的问题主要表现在，没有搭建高效的管理团队和建立起相应的科学管理程序和决策机制，管理和决策权过分集中在主要领导，集技术首席专家、董事长和 CEO 为一身的公司创始人施正荣身上。

由于个人精力和专业技术背景等因素的限制，使尚德公司的管理难以适应企业快速扩张的需要，产生经营管理决策失误在所难免，如与 MEMC 签订期限 10年、总金额 60 多亿美元的采购合同；如在科研开发方面，在没有对市场需求做出预测的情况下，投资数亿元研发薄膜电池项目，导致研发投入没有获得应有的回报；在项目投资方面，投资 3 亿美元在上海建造传统薄膜电池工厂，薄膜太阳能工厂建好后，却又以市场需求变化为原因，将其改建为晶硅电池工厂，造成企业数亿元的损失。

特别是由于管理疏忽，2008 年出资 2.58 亿欧元认购 GSF（环球太阳能基金）86%的股份，由于尽职调查不认真，尚德需要从 GSF 撤回资金时才发现其中的问题——卷入涉嫌欺诈的旋涡，但为时已晚。尽职调查是决策的重要依据，许多项目的尽职调查需要聘请不同的机构，从不同的角度及进行深入细致的调查，以保证尽职调查结果的真实性，从而避免决策造成巨大商业风险和法律风险。

如果公司能够建立健全各项管理制度，加强管理流程的设计，并严格按照规章制度办事，在很大程度上可以避免上述问题的出现，降低公司的经营风险。特别是，GSF 本来是经营管理的问题，由于管理不善不仅给企业带来巨大的损失，而且转化为法律问题。

（四）忽视购货合同的潜在风险

案例中提到尚德电力和 MEMC 签署了一份十年期购货价值高达 60 亿美元的合同，规定尚德可以 80 美元/千克的价格采购多晶硅。在当时多晶硅紧缺的时候，尚德电力为了保证原材料供应，急于与 MEMC 签订合同是可以理解的。这份合同对于尚德未来十年所需多晶硅材料的供应提供了保障。但是应该看到，这份合同是双刃剑，如果多晶硅的需求旺盛，市场价格若大于或等于 80 美元/千克，则对尚德电力有利，但如果价格跌到 80 美元/千克及以下，尚德电力就面临遭受经济损失的风险。事实证明，此后多晶硅价格走势一直低迷，为了减少损失，尚德电力选择与 MEMC 终止合同，付出了 2.12 亿美元的代价。

通常情况下，采购方针对长期合同主要目的是锁定原材料的供应渠道和获得价格优惠。依据法律和商业惯例，采购方单方解除合同的违约赔偿分为两种情形：一是供应商为履行合同而付出的努力。供应商为履行合同，提前支付了材料设备和人工等成本，因为采购方的违约行为而导致材料降价、积压或与供应链上游解约自救导致赔偿等直接损失；二是供应商对于合同完全履行期待的全部利益（利润），法律上表述为间接损失。

长期采购合同违约赔偿存在约定固定违约金和价格下落损失赔偿有两种，常用的风险防范手段为：①长期采购合同为框架合同，主要约定总采购量和基础价格。供货数量则依据每一年度或每一季度签署单独合同或以订单作为合同附件的方式予以确定。假设本案，尚德电力与 MEMC 签署了一份十年购货合同，每年新签订的单独协议约定为尚德准备的多晶硅，平均计算，MEMC 每年准备的多晶硅总价应当为 6 亿美元，这时候的解约赔偿数额基准数字是 6 亿美元，而非 60 亿美元。按照本案最终的赔偿结果计算，合同总价降低导致赔偿金额降低。违约赔偿数额的总额降低 90%，为 0.212 亿美元。假设合同更细分割为每个月或者每个季度的供货数量，MEMC 实际损失更少，尚德公司赔偿也更少。所以，长期采购框架合同下，最小化地分割合同，实现按照采购方需求，分段履行，直接导致守约方为履约准备的努力和投入变少，单独交易总额变小。同等状态下，直接损失和间接损失使赔偿数额也会因此降低。②长期合同约定价格的常用方式有两种，一种是约定固定价格。尚德采用的价格方式即为此种：固定价格—固定优惠/年。这是基于采购方（尚德）对产品价格的市场前景有较高的预期，希望能够在产品价格上涨时获得超额利润或市场优势。采用该种价格约定，不利于抵抗产品市场价格下滑的风险。另一种是按照供货时候的市场价格，约定给予采购方固定比例的优惠权利。这是基于采购方对于未来产品价格无法预测或不作预期，只是希望能够在同等条件下获得价格优惠，该种方式有利于抵抗产品价格下滑的风险。两种方法的共同之处在于，都能实现长期合同锁定供货渠道的主要目的。

基于长期合同的时间跨度太大，科技发展带来的产品更新换代快、成本降低、效率提高等均可能导致价格下滑，产品价格把控难度过高。长期采购合同的价格一般是不固定的，主要是防范产品价格下滑给买方带来的损失。据悉，尚德电力虽然在合同约定固定价格的同时，约定逐年递减的价格方式，其目的显然还是关注价格成本，而非刻意防范价格风险，所以，尚德最终还是没有抵抗市场价格大幅下滑的冲击。

三、启示

（一）企业成功的关键在于战略决策的正确

尚德电力破产重组说明，即使面临天时、地利、人和的发展局面，如果没有正确的战略引领，企业就不可能走上可持续发展的道路。而正确的战略取决于企业高层管理团队的决策和管理水平，需要一支懂技术、懂经营、懂法律、善管理的企业家队伍。而在这一点上，尚德电力是有缺陷的。

（二）需要将政策法规纳入决策的范畴

新兴产业市场存在市场脆弱的问题，受政策、偏好和技术三因素的影响显著，因此，企业在制定经营决策时必须要将上述因素考虑在内，尤其要对政策法规的变化做出预判，以规避冒险的决策行为，增强把握市场机会和抵御政策风险的能力。尚德电力的破产与对欧美市场实施"双反"措施、对国内产业政策走向判断失误不无关系。

（三）善于运用法律手段为企业发展保驾护航

在尚德电力的案例中，有两点与法律密切相关，一是出资 2.58 亿欧元认购GSF（环球太阳能基金），二是与 MEMC 签订长期供货合同。前者从管理上看源于尽职调查不严谨，但本质上是缺乏法律意识，跌入涉嫌欺诈的陷阱。后者是在对未来产品价格误判的基础上签订的合约，且未利用法律技术——合同分割（履行分割），进行有效防范。两次失败均因难以抵御经济利益诱惑、忽略法律技术合理使用，是值得深思的。

案例十三：液晶面板供应商遭到重罚

一、案例回放

（一）液晶面板巨头价格垄断对市场造成严重危害

价格卡特尔是指生产同类商品的企业，为了获取高额利润，在确定商品价格方面形成的一种同盟，表现在经营者之间达成固定或者变更价格的协议。价格卡特尔的组建，是相互竞争的企业实现合谋，限制竞争并获取超额利润。由于价格卡特尔不仅违背市场竞争原则，而且损害了消费者利益，具有严重的市场危害性，世界各国普遍对价格卡特尔行为进行严厉处罚。

2006年，美国司法部接到戴尔、苹果、惠普等公司对友达、华映、奇美、夏普、三星、LG、日立、爱普生等面板企业价格垄断行为的控告。接到报案后，美国司法部先后对这些被举报液晶面板厂商发起反垄断调查。这些企业占有全球液晶面板七成以上市场份额。经过调查发现三星、LG、中国台湾地区奇美、友达、华映、彩晶等企业在韩国和我国台湾地区召开了数十次会议，会议内容涉及交换市场信息、商讨产品的市场价格、发布指导价目表等，构成了价格卡特尔垄断行为。在此案件审理过程中，夏普、LG、日立、华映、奇美、爱普生等先后与美国司法部达成和解，接受美国司法部的处罚。而三星公司意识到可能遭遇美国司法部重罚，率先转为污点证人，获得豁免罚款和刑责。同时，由于友达公司并未认罪且未与美国司法部达成和解，因此美国司法部于2010年起诉友达公司及其高管，2012年9月，友达公司被判处罚款5亿美元，不仅罚款远高于其他涉案企业，而且有两名企业高管被判入狱 3 年。

此外，根据美国法律，受价格垄断伤害的厂商和消费者可以要求赔偿。AT&T、诺基亚在 2009 年 10 月、11 月控告 LG、三星等液晶面板厂商。2010 年 8 月开始，美国纽约州、伊利诺伊州等地区消费者也对液晶面板厂商的价格垄断行为提起诉讼。截至 2011 年 12 月，除友达之外的液晶面板厂商同意支付 9.26 亿美元给美国消费者作为赔偿金。

（二）垄断的超额利润使面板企业铤而走险

纵观液晶面板价格卡特尔案的审理过程，美国司法部对涉案企业的处罚相当严厉。人们不禁要问，既然处罚如此严厉，为什么这些液晶面板生产企业敢冒天下之大不韪，以身试法，卷入价格卡特尔事件中？对此，有必要对其背后隐含的机理作必要的分析，为了便于理解，以只有两个竞争主体的牛奶市场为例，用数字来说明合谋的过程。假设市场中有 A、B 两个养牛场。在没有合谋之前，它们每天各自生产牛奶 3000 磅，这时市场上总共有牛奶 6000 磅，牛奶的价格为 6 元，成本为 5.5 元/磅，各自获得利润 1500 元。如果两者勾结起来，达成涨价协议并各自缩减 1000 磅的产量，这时由于市场的供给减少，牛奶价格提高到 9 元/磅，成本为 7 元/磅（因为产量下降会导致成本上升），则每个牛奶场各自可以获得 4000 元的利润（如表 1 中的第一象限的数字表示），远大于没有合谋时的利润 1500 元。由此可见，双方勾结达成价格卡特尔并遵守承诺则双方都可以获得远远大于合谋前的利润。

表 1　以牛奶市场为例分析价格卡特尔

		A 场	
		守约	不守约
B 场	守约	A 获利 4000 B 获利 4000	A 获利 3000 B 获利 7500
	不守约	A 获利 7500 B 获利 3000	A 获利 1500 B 获利 1500

价格卡特尔形成的机理源于合谋可以为参与合谋的企业带来超额利润，其本质是经济利益的驱使。当市场上经营的某种商品主要由少数大企业提供的情况下，消费者或者客户只可以在上述几个企业提供的商品中选择，可选择的其他替代品非常少，这时就具备了建立价格卡特尔的条件。假定建立了价格卡特尔，加

入卡特尔的厂商便可以获得超额利润。友达、华映、奇美、夏普、三星、LG、日立、爱普生等液晶面板企业正是在合谋能带来巨大超额利润驱使下，不惜违反法律，铤而走险结成价格同盟。

二、法商分析

（一）囚徒两难困境决定垄断结盟脆弱性

从前面的资料可以看出，价格合谋可以为企业带来超额利润。作为经济组织的企业有时难以抵御巨大的经济利益诱惑，因厂商之间达成默契同时采取行动，即结成价格垄断同盟，能够带来可观的垄断利润。但是，这种结盟是不稳定且脆弱的，其是由著名的囚徒困境决定的。假定有两名犯罪嫌疑人被指控是一宗罪案的同案犯，他们被分关在不同的牢房且无法互通信息，他们被要求坦白罪行，如果两名嫌疑人都坦白，将各被判入狱 5 年；如果两名嫌疑人都不坦白，则很难对他们提起刑事诉讼，因而两名嫌疑人可以预期从轻发落为入狱 2 年；但是如果一个嫌疑人坦白而另一个不坦白，坦白的嫌疑人就只需入狱 1 年，而另一个将被判入狱 10 年。这两个嫌疑人决策的结果和受到的处罚可以用图 1 表示：

		嫌疑人2	
		坦白	不坦白
嫌疑人1	坦白	嫌疑人1 入狱5年，嫌疑人2 入狱5年	嫌疑人1入狱1年 嫌疑人2入狱10年
	不坦白	嫌疑人1 入狱10年 嫌疑人2入狱1年	嫌疑人1入狱2年 嫌疑人2入狱2年

图1　囚徒困境示意

从图 1 可以看出，本来两名嫌疑人的最佳决策选择是合谋拒不坦白，因为缺少证据所受到的处罚是最轻的结果，得到相对轻的处罚。但事实是，通常他们都选择坦白的决策，因为其中的一个嫌疑人坦白，而另一个没有坦白，则没有坦白嫌疑人收到的处罚更严重，为了避免自己受到严重的处罚，都从有利于自己的角度选择坦白，其最终结果导致因为证据确凿，都受到相对严重的处罚。从案例中还可以看出，三星公司及时向美国司法部坦白，获得了司法部的赦免，而友达公司因为拒不认罪，受到美国司法部更严后的处罚。这种宽严相济的处罚措施给人们留下深刻的印象，说明形成价格卡特尔的参与者之间，以及卡特尔内的企业与政府监管部门之间存在复杂的博弈过程。

（二）避免跌入价格垄断陷阱

从案例中可以看出，当某种商品的大部分市场份额被少数生产企业垄断，就存在产生价格联盟的客观条件，因为垄断严重损害消费者利益，破坏市场及公正秩序，因而世界上所有国家对此种行为处罚十分严厉。比如案例中的友达、华映、奇美、夏普、三星、LG、日立、爱普生等液晶面板企业，都是跨国公司且具有丰富的国际化经营和管理经验，对形成价格同盟是违法的也心知肚明，但是也很难抵诱惑铤而走险。这说明在日常生产经营活动中，避免跌入价格垄断陷阱十分重要。

首先，要从经营理念上加以防范，树立正确的企业价值观和经营理念，克服侥幸心理，抑制企业片面追求利润的倾向。要明确自己企业所在行业是否属于少数几家厂商占有绝大部分市场份额的状况，即经济学上称之为寡头垄断市场结构。如果自己的企业恰恰处在这类市场中，特别是本企业所占市场份额还比较大的情况下，更应该注意自己的经营行为。无论何种情况下，千万不可寄希望于通过与竞争对手达成合谋以获得超额利润。

其次，要将提高企业利润水平的立足定位在合法经营的基础上，通过不断提高企业经营管理水平赢得竞争的主动权。在深入分析竞争对手特点的基础上，制定适合自己企业的竞争战略，包括加快技术创新，提供更具特色和竞争力的产品；通过加强生产过程管理降低成本，进而降低产品价格战胜竞争对手，也可以通过商业模式创新获得竞争优势等。

最后，日常经营活动中，在与同行业竞争对手交往的过程中要高度警惕，规避风险。事实表明，许多企业跌入价格垄断陷阱并不是主观故意，而是囿于经济利益的驱动，因为缺少对寡头垄断市场结构和价格卡特尔的认识，警惕性不高，自觉或不自觉介入价格合谋事件中。价格卡特尔的界定范围有时比较宽泛，有时很难划分精确的界限。除了明显的价格协议外，比如与竞争对手联系谈论商品价格，或者谈论可能影响价格的信息，或者与竞争对手不适当地交流价格或者类似信息都可能成为判定形成价格卡特尔行为的证据。因此增强对价格卡特尔的认识，并在经营活动和企业之间交往中注意规范自身行为，对规避价格卡特尔陷阱是十分必要的。

（三）明确违反《反垄断法》的法律责任

价格卡特尔作为垄断行为之一，是垄断中的常见手段。每个国家的垄断行为都被国家法律所制止。2007 年 8 月 30 日，中国通过了《反垄断法》，该法第一条规定：为了预防和制止垄断行为，保护市场公平竞争，提高经济运行效率，维护消费者利益和社会公共利益，促进社会主义市场经济健康发展，制定本法。这条法律规定的保护对象是公平竞争的市场环境和消费者的利益，引导市场健康稳定的发展。值得注意的是，《反垄断法》有两种行为构成刑事犯罪。第一种是垄断企业拒绝和阻挠反垄断调查机构履行职责的行为；第二种是反垄断执法人员的违法行为。

经营者达成垄断协议的触发内容有：《反垄断法》第十三条：禁止具有竞争关系的经营者达成下列垄断协议：（一）固定或者变更商品价格；（二）限制商品的生产数量或者销售数量；（三）分割销售市场或者原材料采购市场；（四）限制购买新技术、新设备或者限制开发新技术、新产品；（五）联合抵制交易；（六）国务院反垄断执法机构认定的其他垄断协议。根据《反垄断法》第四十六条的规定：经营者违反本法规定，达成并实施垄断协议的，由反垄断执法机构责令停止违法行为，没收违法所得，并处上一年度销售额百分之一以上百分之十以下的罚款；尚未实施所达成的垄断协议的，可以处五十万元以下的罚款。第五十二条规定：对反垄断执法机构依法实施的审查和调查，拒绝提供有关材料、信息，或者提供虚假材料、信息，或者隐匿、销毁、转移证据，或者有其他拒绝、阻碍调查行为的，由反垄断执法机构责令改正，对个人可以处二万元以下的罚款，对单位可以处二十万元以下的罚款；情节严重的，对个人处二万元以上十万元以下的罚款，对单位处二十万元以上一百万元以下的罚款；构成犯罪的，依法追究刑事责任。第五十四条规定：反垄断执法机构工作人员滥用职权、玩忽职守、徇私舞弊或者泄露执法过程中知悉的商业秘密，构成犯罪的，依法追究刑事责任；尚不构成犯罪的，依法给予处分。

本案例法律分析仅是按照中国《反垄断法》得出的结论，因为垄断企业的处罚限于行政处罚而非刑事处罚。但每个国家法律对于垄断的管辖均与中国法律相似，即国境外的垄断行为，对境内市场竞争产生排除、限制影响的，适用本法。这时候的境外企业通过协议和市场影响力等构成市场优势，当目的国法律对垄断行为设有刑事处罚条款的时候，企业涉嫌垄断行为就必须提高警惕了。

（四）违反《反垄断法》的收益分析

如果本案例中所举 A、B 两个牛奶场垄断市场的例子，实际上是违反了《反垄断法》第十三条的有关规定，通过达成垄断协议，以减产的方法，导致市场的供给量减少，价格飙升，获取超额利润。如果这两家牛奶场没有拒绝和阻挠反垄断执法机构的行为，就不构成刑事犯罪，最高处罚则是"没收违法所得，并处上一年度销售额百分之一以上百分之十以下罚款"。下面结合本案例中提到的牛奶场垄断市场的例子，对违反《反垄断法》的成本与收益进行简要分析。

假定一年按照 365 天计算，在达成垄断协议之前每家牛奶场日产 3000 磅牛奶，售价为 6 元/磅，成本为 5.5 元/磅，则每家牛奶场的年销售额和年利润分别为：

销售收入：3000×365×6＝6570000（元）

年利润：3000×365×0.5＝547500（元）

达成垄断协议后，牛奶场日产牛奶 2000 磅，销售价格为 9 元/磅，成本为 7 元/磅，则每个牛奶场获得的利润为：

2000×365×2＝1460000（元）

达成垄断协议的年利润为 1460000 元，远远大于没有签订垄断协议的年利润 547500 元，整整多出了 912500 元。由此可见，通过垄断市场，利润比没有垄断的情况下增加了 167%。这说明，垄断在损害消费者利益的同时给企业带来了超额利润，这也是有些企业不惜铤而走险违反《反垄断法》的原因所在。

三、启示

明确自己企业所在产业的市场结构特点，采取有效的竞争策略是实现利润最大化的可行路径。按照市场集中度和竞争的激烈程度，现实中的市场分别为垄断、垄断竞争和寡头垄断。其中最易导致违反《反垄断法》情况出在寡头垄断市场结构的产业中，所谓的寡头垄断，是指这个产业中的企业数量不多，但是几家大企业就占据市场一半以上份额的状态，如果你的企业恰恰属于这种情况，务必注意不能与竞争对手有丝毫达成垄断协议的行为。

案例十四：在"微笑曲线"上跳舞的小米手机

一、案例回放

（一）微笑曲线的奥妙

1992 年，中国台湾宏碁集团创办人施振荣在《再造宏碁》一书中提出了"微笑曲线"理论，并以此作为宏碁制定经营战略的基础。微笑曲线是以企业的生产经营活动的不同环节为横坐标，以各个不同环节所产生的附加值（利润率）为纵坐标，绘制的一条两端高、中间低的弯曲曲线，类似人在微笑时嘴的形状，因而俗称"微笑曲线"。如图 1 所示，横坐标包括研究与开发、产品设计、零部件制造、加工组装、产品运送、营销、售后服务，纵坐标是利润率。"微笑曲线"

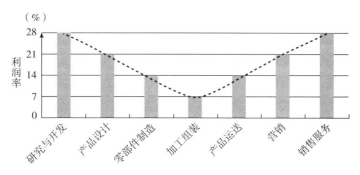

图 1　微笑曲线

左边的研究与开发和右边的营销环节的附加值最高，而中间的加工组装对应的附加值最低。因此，企业在经营过程中不必对所有的环节平均投入力量，而应该有所侧重，尽量加强研究与开发和营销环节，即侧重发展"微笑曲线"两端高附加值环节，才能够有力地促进企业经营效率的提高，促使企业走向不断发展壮大的道路。

小米公司创立于 2010 年 4 月，2014 年小米公司跃居成为第二大国产手机厂商，也是全球名列前茅的智能手机制造商。智能手机是小米公司众多产品中的核心部分，也是小米公司营收的主要来源，根据小米公司招股书披露，2015～2017年智能手机营收占据小米公司总营收的 70%，贡献了小米总营业毛利的 30% 以上。可以说小米手机的成长过程代表了小米公司发展史，得益于小米公司在手机业务上选择站在"微笑曲线"高端的竞争战略，概括为三点：一是知识产权保护主导的研发战略，二是自主设计加工外包的产品制造战略，三是不断创新营销战略。到 2018 年 7 月 11 日，小米市值达到 564.46 亿美元，一举超过了京东550.77 亿美元的市值，成为继 BAT 三巨头之后市值最高的互联网公司之一，真可谓在"微笑曲线"上跳舞的成功舞者。

（二）知识产权保护主导的研发

小米因商业模式创新取得了举世瞩目的成就，但是手机作为技术密集型的产品，与知识产权休戚相关，作为智能手机产业领域的后进入者，小米公司专利不足是其面对的严峻挑战。表 1 是 2013 年世界主要手机制造商在中国专利申请情况，从中可以看出，小米公司申请的专利数量与其他制造商差距巨大。

表 1　截至 2013 年 9 月世界主要手机制造商在我国申请专利数　　单位：项

专利类型 发明专利	发明专利	实用新型专利	外观设计专利	总计
北京小米科技有限责任公司	529	14	40	583
宏达国际电子股份有限公司	1243	38	91	1372
苹果公司	1139	220	303	1662
诺基亚公司	4023	0	368	4391
三星电子株式会社	28749	374	3438	32561
中兴通讯股份有限公司	32401	1959	945	35305
华为技术有限公司	34800	928	977	36705

资料来源：根据国家知识产权局查询的数据整理。

专利是由权力部门赋予所有权人的独占权，所有权人可以向使用者收取高额费用，涉及专利许可费、入门费、技术使用费等，如果不经所有权人同意擅自使用专利，则会违反专利法，因而所有权人可以对违法者的侵权行为提起诉讼。小米手机的异军突起，对一些竞争对手形成威胁，立刻引起竞争对手的警觉，他们采取各种方式设法抑制小米手机发展，对小米发起攻势，其中基于知识产权的专利攻势是主要形式之一。

从 2014 年末开始，小米公司在国内市场上接到华为、中兴关于知识产权诉讼问题律师函，这是小米手机在国内遇到的来自国内厂商的攻势。当小米公司手机进军印度市场后不久，2015 年爱立信公司控告小米公司侵犯其八项标准必要专利，将其诉至印度德里高等法院，结果直接导致了小米旗下红米 Note 在印度遭到禁售。紧接着，2016 年爱立信公司再次状告小米，声称在印度当地的 Xiaomishop.com 网站上仍有红米 Note 售卖，并称该网站得到小米公司的授权。一时间，小米在印度市场陷入无止境的专利纠纷之中。小米"是否真正侵权"还没有定论，但是小米公司在国内外市场遇到的专利纠纷给公司敲响了警钟。事实上当小米公司进军智能手机市场之前，已经考虑到可能遇到的专利侵权问题，只不过没有料到来得如此猛烈。

小米管理高层意识到专利不足是制约公司发展的重要因素，实施知识产权主导的研发战略，突破专利困局是小米的必然选择。只有坚持和加强知识产权管理，不断扩大专利申请数量，弥补专利储备不足，同时加强小米公司商标的知识产权保护，才能使小米公司走上可持续发展道路。采取的具体措施如下：一是扩大小米专利申请数量，到 2014 年小米专利申请量就达到了 2318 件，其中在国外发明专利申请 665 件，国内发明专利申请 1380 件。二是小米组建"智谷"专利公司，通过产学研协作、创新投资和知识产权运营进行专利布局。三是小米与金山、TCL 等公司合作成立了中国首只专利运营基金，收购了大量专利，增加专利储备。2016 年，小米还从 Intel 收购了储存管理、控制逻辑、序列编码等相关的 332 件美国专利，通过交叉授权和转让的方式从微软获得了 1500 项专利。

截至 2018 年 3 月 31 日，小米拥有国内（中国国家知识产权局）授权专利 3600 多项（包括小米集团和旗下生态链公司），正在受理中的专利申请有 10900 项（同样是中国大陆）。其他海外国家和地区的授权专利有 3500 多项，正在受理中的专利申请有 5800 多项。同时小米公司在国内（中国商标局，现已并入国家知识产权局）已注册约 1600 个不同类别的商标。此外，在其他国家和地区约有 3700 个注册商标。几千件商标涵盖范围广泛，各种"米"字家族几乎都被囊括，如大米、玉米、粟米、华米、米粒以及五颜六色的米"紫米、黑米、蓝米、青米、绿米、橙米……"。小米公司拥有超过 500 个注册域名，并定期为域名续费。

（三）自主设计加工外包的产品制造

小米的生产制造采用"自主设计、加工外包"的方式，即设计由小米公司自己的设计团队完成，具体包括设计手机的外观和结构，设计完成后，小米首先对外采购主要原材料，关键元器件面向行业内著名跨国公司采购，比如向高通采购芯片、向夏普采购屏幕，非关键零部件通过其他厂商采购。生产则由代工厂来完成，进行小米手机硬件的生产及组装，为小米代工的厂商有富士康、英华达等著名制造业企业。传统的手机制造企业价值链遵循原材料供应商—制造商—分销商—零售商—消费者，这种价值链不但导致价值链过长，而且由于涉及的环节多，难免顾此失彼，降低企业的利润。而"自主设计加工外包"的模式，相当于手机业务价值链重构，形成供应商—制造商—品牌商—消费者。在这个价值链中，小米选择位于价值链高端的研究与开发、产品设计、营销管理和品牌商等关键环节，而将价值链低端环节如零部件生产、加工、产品的组装等交给代工厂完成。这使价值链增值量大的环节掌控在自己的手里，剥离增值量小的环节，让小米将资金、科研力量等集中在产品的技术研发上，提高资源的利用效率。

从财务的角度分析，制造外包有利于降低财务风险，因为制造产品需要投入大量的资金进行基本建设，包括购买土地、建设厂房、购买和安装设备等一系列活动，不仅投资巨大，而且周期长，需要形成一定规模的固定资产。如果投入生产后，产品有销路，则有可能及时收回投资，如果产品市场需求小，则会增加经营的固定成本。而将生产过程外包，有利于降低产品固定成本的比重。

此外，小米公司为了更好地满足消费者需求，创新产品设计模式：小米公司在互联网上将手机设计与手机品牌塑造巧妙地结合起来，让小米发烧友参与手机研发与测试，使手机更能够符合中国消费者的习惯。特别是在测试过程中，选拔一些用户与小米公司的技术人员共同对新版手机进行测试，发现问题及时改进。借助这种方法不但使产品更加适应消费者的需要，而且还吸引了消费者，培养用户的忠诚度，也使小米手机在网络上迅速蹿红。

（四）与时俱进的营销方式创新

在营销方面，打破了传统的手机厂商仅依赖庞大的实体销售渠道——建设经销商和门店的做法，采用网络营销的方式，初期与腾讯公司合作，创造了通过

QQ 空间进行病毒式营销，赢得青年消费者的青睐，获得巨大成功。其操作流程是，只要消费者参与小米手机（红米 Note）的预约，就可以获得一个抢购资格（F 码），同时用户会在自己的 QQ 空间自动转发此文章。红米 Note 第一次预约人数达到 130 万人。同时，小米手机创造了"饥饿营销"概念，在互联网上宣传激发顾客的购买欲望，采用限时间、限定数量提供商品，构造顾客"抢购"小米手机的场景，进而给消费者造成供不应求的印象，在一定程度上提高了小米手机的知名度，"饥饿营销"对成就小米手机品牌发挥了重要作用。

小米公司从 2015 年 9 月开始进行线下门店销售，开创了线下零售与线上粉丝营销并举的营销模式。小米的线下渠道有小米之家、小米专卖店和小米官方授权店，不同类型的门店其布局、经营主体和功能各有侧重。小米之家由小米公司自建自营，主要布局在一二线城市，除了产品售卖，还承担品牌传播和售后服务等功能。小米专卖店则通过与经销商合作的方式经营，经销商负责场地建设、员工配置，小米提供店长和服务管理。小米官方授权店的建设和运营都由经销商负责，小米只承担运营指导。截至 2018 年 10 月，小米之家已达到 500 家，小米授权店 2000 家。

在仓储物流方面，多数仓库集中在东部和中部地区，设立在北京、上海和深圳等全国 10 多个城市。小米公司选择了与第三方物流商如顺丰、EMS 等合作，支持"线上订购，上门自提"以及"线下门店现场拿货"等方式。广泛布局的线下门店与便捷的物流配送体系，为小米的手机产品经销提供渠道支撑。根据客户在小米官网上下的订单，仓储物流中心负责配送货物线下门店提供维修、技术支持、售后服务等。

小米手机在国内率先开发了 MIUI 手机操作系统，在 MIUI 系统深度优化过程中，小米公司通过建立 MIUI 论坛和小米社区让消费者参与，耐心听取用户对操作系统的意见和反馈，不仅更新改进手机操作系统，更重要的是吸引了大批小米手机用户，增加了消费者黏性，扩大了小米手机客户群。截至 2016 年底，20 ~ 45 岁的 MIUI 系统高活跃用户在 2.8 亿左右。小米以智能手机为中心构建的线上社区以整合营销传播为特色，融品牌宣传、产品销售、服务维系于一体，也为小米公司拓展其他智能家电业务提供良好的营销基础。

二、法商分析

(一) 正确的产品战略和精益化管理

在产品开发运营方面需要解决两个层面的问题，首先是战略，其次是管理。前者解决发展方向问题，后者解决途径和手段问题。研究和开发一种产品，从设计到制造乃至营销、售后服务，是一系列的价值创造环节。小米公司很好地利用了其特点保留了自己擅长的或者附加值高的环节，而将其他环节外包给市场中其他主体来完成。这种经营模式被称为虚拟经营，其特点是既可以节省固定成本，又能及时了解消费者需求，并将消费者需求反馈给研发部门，使研发的产品更加受到消费者的青睐，从而使企业进入产品研发—制造—营销—增加利润的良性循环过程。

虽然"微笑曲线"描述了两端高中间低的特点，而真正站在"微笑曲线"的高端，不仅取决于产品战略的选择，还需要辅之以精细化管理才能够奏效。因为，研究与开发涉及的技术含量高，常常需要投入大量的人才和资本进行研发，因而提高知识产权管理水平是精益化管理的重要内容，涉及企业内部知识产权布局、知识产权保护和运用等方面。知识产权作为国家赋予创造者智力成果人身权和一定时期内享有的财产独占权，包括两类：一类是著作权（也称为版权、文学产权），另一类是工业产权（也称为产业产权）。而企业经营过程主要涉及工业产权，主要包括专利权与商标权。任何单位和个人未经专利权人许可，都不得使用其专利。即使获得专利权人许可，通常也要付费，有时费用不菲。据有关资料介绍，在美国一部手机的专利费用占手机总价的20%左右，专利技术门类涵盖通信、芯片、显示屏、影音文件格式、应用功能等。而营销又与企业品牌和产品品牌相联系，品牌也是有价值的，特别是著名品牌的价值常以数十亿元乃至数百亿元计。因此，拥有技术和品牌的企业所获得利润附加值就高，反之则低。

小米手机的战略和管理方面的成功归结为三个方面：一是战略定位准确，将公司定位在"微笑曲线"的高端，将附加价值高的环节控制在自己的手中；二是充分发挥手机供应链成熟、代工厂生产效率高的优势，自主设计并在很短时间内实现从采购配件到组装生产再到交货；三是小米手机自诞生之日起就深深扎根于互联网，深刻了解互联网时代消费者的特点，初创时期首先定位自己是互联网企业以吸引眼球，找到自己的比较优势——消费者对互联网的关注，并以此作为契机进军手机产业，实现了快速发展。

（二）知识产权与商业模式创新的交响曲

从本案例可以看出，小米手机的成功得益于正确处理知识产权与商业模式与之间相互作用关系。知识产权和专利保护属于法律的范畴，是小米手机业务成功和产生经济效益的基础。小米公司进入智能手机市场的早期，由于忽视知识产权和专利保护，阻碍了公司的发展，而后正是通过不断加强知识产权管理，通过增加专利的数量，从而为小米手机的腾飞创造了条件。而商业模式属于经营管理的范畴，是小米手机充分利用企业内外部资源，成功研发和生产适合消费者需求的手机产品，实现企业经营目标，创造价值的途径。小米采用的虚拟经营模式涉及消费者群体、供应商、外包企业、专利所有者等多方面的关系，因此必须将各种法律规则作为实施商业模式的保障，运用法律手段调节和处理与利益相关者之间的矛盾。

法律要素在商业模式中具有生产要素的属性，在企业经营过程中通过专利权或者专利权保护或许可，才能站上微笑曲线的高端，否则就有可能沦为为他人做嫁衣裳的境地。比如，一项产品有专利保护，就相当于向消费者宣布该产品所具有的独特属性，可以大大提高消费者对该产品的信赖程度，进一步扩大产品的市场占有率，进而为企业带来更大的经济利益。值得指出的是，知识产权在小米手机的发展中除了起着保驾护航的作用外，还发挥着生产要素的作用。

综观小米手机案例，可以看出早期得益于商业模式创新，以此为契机开启了小米手机进军智能手机市场的历程，随着经营规模的扩大，专利短缺成为制约其可持续快速发展的因素，为此小米手机及时调整策略，将获取和占有知识产权——扩大专利拥有量作为战略重点，通过加大投入及时弥补短板，从而使小米又走上一个新的台阶。从中不难看出，小米手机开辟了一条以商业模式持续创新，以创新和知识产权持续为企业赋能的发展之路。商业模式和知识产权保护交相呼应，相得益彰，展现出小米公司巨大的生命力。

（三）法律层面的分析

专利权包含由权力部门赋予专利权人的财产独占权，根据《中华人民共和国专利法》（以下简称《专利法》）第二十一条：未经权利人许可，任何单位或者个人未经专利权人许可，都不得实施其专利，即不得为生产经营目的制造、使用、许诺销售、销售、进口其专利产品，或者使用其专利方法以及使用、许诺销售、销售、进口依照该专利方法直接获得的产品。由此可见，专利保护并不仅限于生产制造，包括使用、销售和进口，甚至包括因此获得的产品。现代企业，专利权等知识产权为企业市场竞争提供了极其特殊的优势，已经成为企业的命脉，对于专利侵权，各国都通过立法进行权利保护，维护权利所有人的合法权益。鉴于知识产权的特别之处，各国为了扩大知识产权保护区域，达成多项知识产权保护公约和条约，并将每年的 4 月 26 日定为世界知识产权保护日。作为专利权人，尤其是拥有权利人的企业应对市场竞争对手侵犯自己专利权，发动的攻击十分具有杀伤力。

三、启示

（一）善用法律降低企业的交易成本

企业发展中，要保持"商道"和"法道"的平衡，注意商业模式创新与法律的关系。采用外包模式生产能够降低固定成本，快速扩张企业规模，但本质是通过市场的方式组织生产，需要支付交易成本。所谓的交易成本是指企业通过市场方式组织生产过程中所付出搜索信息、搜寻合格的供应商并签约的成本，还包括履约成本，如果不能善用和巧用法律，必然导致交易成本的扩大。小米公司在这方面做得很好，以知识产权管理为中心，运用法律手段界定自己与供应商、制造商和消费者的权利和义务，有效地降低了交易成本，铸就了小米手机的快速成长。

（二）对法律要素的配置辅助小米手机站在微笑曲线的高点

知识产权属于法律范畴，企业应该像配置资本、劳动和技术资源一样，将法律要素纳入配置资源的范畴，发挥其在增加企业价值、增强企业竞争力方面的作用。小米公司在进入智能手机行业不久，就敏感地意识到知识产权保护对企业发展的重要性，此后不惜投入大量资金和技术扩大自己的专利池，这种做法其实就将法律要素当作一种资源进行配置，小米手机的发展表明法律要素对其站在《微笑曲线》高点起到决定性的作用。

案例十五：三鹿奶粉乳业集团的破产

一、案例回放

（一）山雨欲来风满楼

2005 年 8 月，"三鹿"品牌被世界品牌实验室评为中国 500 个最具价值品牌之一，2006 年三鹿位居国际知名杂志《福布斯》评选的"中国顶尖企业百强"乳品行业第一。2006 年 6 月 15 日，三鹿乳业集团与全球最大的乳品制造商之一新西兰恒天然集团的合资公司正式运营，有媒体评论说，该事件标志着三鹿向着"瞄准国际领先水平、跻身世界先进行列"的目标迈出了关键一步。

2008 年 9 月 8 日，有媒体报道，甘肃省岷县 14 名婴儿同时患有肾结石病症，引起舆论高度关注，拉开了三鹿奶粉乳业破产的序幕。此后，被曝光的婴幼儿患病住院的数量不断上升，至 2008 年 9 月 11 日，甘肃省共发现 59 例肾结石患儿，部分患儿已发展为肾功能不全，且有 1 人死亡。初步调查显示，这些婴儿均食用了石家庄三鹿集团股份有限公司生产的一款"三鹿"牌婴幼儿配方奶粉。随后不久，中国多省爆出已相继有多起类似事件发生。三鹿品牌的婴幼儿配方奶粉可能受到三聚氰胺污染的消息迅速传开。

三聚氰胺是一种低毒性化工产品，可以提高蛋白质检测值，如果长期摄入会导致人体泌尿系统膀胱、肾产生结石，并可诱发膀胱癌。而被曝光的这款"三鹿"牌婴幼儿配方奶粉，因为价格低廉，颇受农村及偏远地区消费者喜爱，在经济不发达地区很有市场。根据媒体公布的数字，截至 2008 年 9 月 21 日，因使用婴幼儿奶粉而接受门诊治疗咨询且已康复的婴幼儿累计 39965 人，正在住院的有 12892 人，此前已治愈出院的有 1579 人，死亡 4 人。截至 2008 年 12 月 2 日，全国累计报告因食用问题奶粉导致泌尿系统出现异常的患儿共 29.40 万人。三鹿奶粉事件不仅给中国奶制品行业造成重大的负面影响，还重创了中国制造商品的信誉，随后世界上多个国家禁止了中国乳制品进口。

一系列触目惊心的数据，预示着三鹿奶粉乳业集团的破产。

（二）政府紧急出手严肃处理

2008 年 9 月 13 日，中国国务院启动国家安全事故Ⅰ级响应机制（"Ⅰ级"为最高级：指特别重大食品安全事故）处置三鹿奶粉污染事件。患病婴幼儿实行免费救治，所需费用由财政承担。有关部门对三鹿婴幼儿奶粉生产和奶牛养殖、原料奶收购、乳品加工等各环节开展检查。质检总局负责会同有关部门对市场上所有婴幼儿奶粉进行了全面检验检查。

2008 年 9 月，石家庄相关部门初步认定，三鹿"问题奶粉"为不法分子在收购的原奶中添加了三聚氰胺所致，相关部门已经拘留了 19 名嫌疑人，传唤了 78 人。这 19 个人中有 18 人是牧场、奶牛养殖小区、奶牛企业的经营人员，其余 1 人涉嫌非法出售添加剂。河北省政府决定对三鹿集团立即停产整顿，并将对有关责任人做出处理。三鹿集团董事长和总经理田文华被免职，后被刑事拘留，而石家庄市分管农业生产的副市长张发旺、石家庄市委副书记、市长冀纯堂等政府官员也相继被撤职处理。河北省委决定免去吴显国河北省省委常委、石家庄市委书记职务。2008 年 9 月 22 日，李长江引咎辞去国家质检总局局长职务，他是因此次事件辞职的最高级官员。

三鹿奶粉事件曝光后，国家质量监督检验检疫总局对全国婴幼儿奶粉的三聚氰胺含量进行检查，结果显示，有 22 家婴幼儿奶粉生产企业的 69 批次产品检出了含量不等的三聚氰胺，除了河北三鹿品牌的，还包括广东雅士利、内蒙古伊利、蒙牛集团、青岛圣元、上海熊猫、山西古城、江西光明乳业英雄牌、宝鸡惠民、多加多乳业、湖南南山等，这些厂家的奶粉被要求立即下架。

（三）相关责任人受到法律的严惩

张玉军，男，40 岁，河北省曲周县河南疃镇北张庄村人，2007 年 7 月前一直在本村从事肉牛养殖。在养牛过程中，他得知尿素掺加麦芽糊精制成"蛋白粉"，可出售给一些奶牛养殖小区和奶站场牟利，便如法炮制，但这样制成的所谓"蛋白粉"有强烈异味销路不佳。张玉军在明知三聚氰胺是化工产品不能供人食用,人一旦食用会对身体健康、生命安全造成严重损害的情况下,直接在食品中掺入对人体有害的化工原料三聚氰胺,以三聚氰胺和麦芽糊精为原料配制出专供在原奶中添加、以提高原奶蛋白检测含量、含有三聚氰胺的混合物,其"发明"的所谓"蛋白粉"累计销售 770 余吨,销售额 6832120 元,涉及石家庄、唐山等多地。其中,耿金平将含有三聚氰胺蛋白粉混入原奶中,销售给三鹿公司。

2009 年 1 月 21 日,石家庄市中级法院做出刑事判决,认定被告人张玉军犯以危险方法危害公共安全罪,判处死刑,剥夺政治权利终身;认定被告人耿金平犯生产、销售有毒食品罪,判处死刑,剥夺政治权利终身,并处没收个人全部财产。宣判后,张玉军、耿金平提出上诉。河北省高级法院于 3 月 26 日裁定驳回张玉军、耿金平上诉,维持原判,并依法报请最高人民法院核准。最高人民法院裁定核准河北省高级人民法院维持一审判决,以危险方法危害公共安全罪判处二人死刑,剥夺政治权利终身的刑事裁定。2009 年 11 月 24 日,根据最高人民法院执行死刑的命令,石家庄市中级人民法院对三鹿奶粉事件犯罪案两名案犯张玉军、耿金平执行死刑。

2009 年 1 月 22 日,河北省石家庄市中级人民法院一审宣判,三鹿集团原董事长田文华被判处无期徒刑,三鹿集团高层管理人员王玉良、杭志奇、吴聚生则分别被判有期徒刑 15 年、8 年、5 年。三鹿集团作为单位被告,犯了生产、销售伪劣产品罪,被判处罚款人民币 4937 万余元。涉嫌制造和销售含有三聚氰胺的"蛋白粉"的高俊杰被判处死刑缓期两年执行,销售含有三聚氰胺的"蛋白粉"的薛建忠被判无期徒刑,牛奶贩子张彦军被判有期徒刑 15 年,某奶源基地送奶司机耿金珠被判有期徒刑 8 年,劣质奶生产者萧玉被判有期徒刑 5 年。随后,田文华等人提起上诉。2009 年 3 月 26 日,河北省高级法院对田文华案和高俊杰案进行二审宣判,裁定全案驳回三鹿集团原董事长田文华等人的上诉,维持一审以生产、销售伪劣产品罪判处田文华无期徒刑,剥夺政治权利终身,并处罚金人民币 2468.7411 万元的判决;核准了原审对高俊杰以危险方法危害公共安全罪判处死刑,缓期二年执行,剥夺政治权利终身的判决。

(四)三鹿集团退出市场

三鹿奶粉事件之后,三鹿集团倒闭,三鹿品牌退出了中国市场,其企业资产被三元集团接手,而其他乳业品牌也深受波及。当时,被检出奶制品含有"三聚氰胺"的 22 家企业，有的倒闭、停产，有的转行做其他产业，有的被收购。那些仍在生产婴幼儿奶粉的企业则大多选择改变品牌和产品。三鹿奶粉事件后，中国奶制品行业的网络抽样分析数据显示，民众对于国内企业生产的奶制品信心指数降至最低点，许多人不再购买国内企业生产的奶制品，不仅国内市场上的外国奶粉销量迅速上升，不少消费者甚至到中国台湾、中国香港等地区购买奶粉，一度形成抢购潮。而且，在随后的几年里，消费者对国产奶粉品牌信任的丧失，为海外代购的生存和发展提供了巨大的空间。海外代购、海淘奶粉业在之后的几年里发展迅速。也有不少新生儿母亲尽量以母乳喂养婴儿而减少喂养奶粉，甚至奶妈行业、母乳转售现象都在升温。直至 2020 年，有条件的消费者在婴幼儿的奶粉选择上，仍倾向国外品牌的奶粉。可见三鹿奶粉案件对国内奶业造成的影响是巨大而深远的。

中国乳协启动奶粉受害者的民事赔偿，协调有关责任企业出资筹集了总额 11.1 亿元的婴幼儿奶粉事件赔偿金。赔偿金用途有二：一是设立 2 亿元医疗赔偿基金，用于报销患儿急性治疗终结后、年满 18 岁前可能出现相关疾病发生的医疗费用。患儿在急性治疗结束后一旦发生相关疾病，经儿童医院、妇幼保健院和二级以上综合医院诊断，就可以凭上述医疗机构出具的证明报销医疗费。二是用于发放患儿一次性赔偿金以及支付患儿急性治疗期的医疗费、随诊费，共 9.1 亿元。截至 2010 年底，已有 271869 名患儿家长领取了一次性赔偿金。按照规定，2013 年 2 月底前，患儿家长随时可以在当地领取，逾期仍不领取的，剩余赔偿金将用于医疗赔偿基金。自 2009 年 7 月 31 日基金正式启动，至 2011 年 4 月 30 日，中国人寿累计办理支付基金 179499 人次，支付金额 1048 万元，基金银行账户余额 1.92 亿元（含利息及 2011 年当年由中国人寿垫付但未划账金额）。

2008 年 10 月 9 日，《乳品质量安全监督管理条例》施行。该条例对奶制品从农场生产到货架销售的整个过程中的每个环节都制定了详细且明确的规章制度。2010 年 2 月 8 日经卫生部部务会议审议通过中国食品药品监督管理局的《餐饮服务食品安全监督管理办法》，自 2010 年 5 月 1 日起施行。2015 年，政府出台了惩罚力度更大的新《食品安全法》，之后奶粉行业的抽检制度更严格。中国工商行政管理总局还专门制定了《食品流通许可证管理办法》《流通环节食品安全监督管理办法》《流通环节食品安全示范店规范指导意见》和流通环节食品安全监管等规范文件，实施了八项相关制度。

二、法商分析

（一）三鹿集团高管失职为犯罪分子留下可乘之机

田文华、王玉良、杭志奇、吴聚生和三鹿集团是因为奶源含有三聚氰胺，导致三鹿集团因生产销售伪劣产品罪定罪处罚。从田文华等管理者的角度上来看，是因为三鹿集团构成犯罪，而导致直接责任人和主要负责人承担刑事责任。正如主诉检察官说的那样"考虑到 8 月 1 日化验检测结果出来以后，田文华等才得知问题奶粉中含有三聚氰胺"，证明作为企业管理者事先并不知道采购的奶源是有毒有害的，这种犯罪故意并不存在。可是，作为一个企业，生产销售了这种伪劣产品，无论什么原因，都必须承担法律责任。而管理者根据法律规定，也承担了极为严重的刑事责任，尽管他们并不知情。这也说明三鹿集团的高管，在产品质量管理上存在重大的失职，为犯罪分子留下可乘之机。

这些罪犯利欲熏心不择手段，如罪犯张玉军明知三聚氰胺是化工产品不能供人食用，食用会对身体健康、生命安全造成严重损害，仍使用三聚氰胺和麦芽糊精为原料，配制出专供在原奶中添加、提高原奶蛋白检测含量的混合物"蛋白粉"，生产"蛋白粉"770 余吨，销售金额 6832120 元。

罪犯耿金平在鲜奶收购和销售的过程中，为牟取非法利益，在明知"蛋白粉"为非食品原料、不能供人食用的情况下，多次按每 1000 千克原奶添加 0.5 公斤该混合物的比例，将含有三聚氰胺的该混合物约 434 千克添加到其收购的 90 余万千克原奶中，销售到三鹿集团等处，销售金额 280 余万元。耿金平在收购的牛奶中添加"蛋白粉"，目的是使低价收购的劣质牛奶的蛋白质含量符合优质牛奶的检验标准，从而获得超额利益。

罪犯张玉军和耿金平的行为不仅给消费者的身体健康造成了损害，而且对国内奶粉行业的发展造成了严重的破坏。问题出在产品上，但根源却在三鹿集团高管身上。正是由于三鹿集团高管在生产经营活动中忽视产品质量管理，没有严格按照全面质量控制要求，忽视了原材料采购和质量检验，使有毒牛奶投入生产过程，最终酿成严重的毒奶粉事件。对任何企业而言，向社会提供符合质量标准的产品是企业存在的前提，也是企业高管最重要的职责，而三鹿集团的高管恰恰在质量管理方面严重失职，不仅为犯罪分子提供可乘之机，而且严重危害了消费者合法权益，也为此受到刑事处罚。这说明，严重的管理失职行为会引发法律问题，甚至是刑事法律问题，三鹿集团高管失职及其造成的严重后果是发人深省的。

（二）三鹿集团的产品标准存在瑕疵

从本案发生的根源上来说，主要是奶源有蛋白质检验标准而产生的，犯罪行为就是将不合格产品加入含有有毒有害性混合物而变成符合标准的优质奶源。这种采购标准是造成本案的罪魁祸首。究其原因，是企业标准在制定的时候，并未把蛋白质含量标准必须来自天然牛奶作为条件。事实上，各种蛋白质添加方法非常多，各种蛋白质添加剂，包括食品级蛋白质添加剂有几百种之多。换一种方式来看，如果三鹿奶粉供货商或者三鹿集团直接使用了其他的蛋白质添加剂，且添加剂是食品级的，但没有在产品上标明添加剂的名称和比例，是否仍然能够构成生产销售伪劣产品罪呢？答案是肯定的，"掺杂、掺假"是认定该罪的典型行为。虽然这种添加不会造成现在的严重后果，但刑事责任的承担也不会因此而减轻。

（三）忽视法律或行政法规的强制义务

企业在制定一些标准的时候，往往忽略法律或行政法规的强制义务，仅仅认为没有这些义务的时候，自己就不会违法，而忘记了作为企业对自己生产产品"高度注意"的义务。这是一个企业生产产品或提供服务的附随义务，虽然可见规定并没有明确条文对此细化，但该种义务始终伴随产品和服务进入市场。需要注意的是，尽管自己的行为并没有违反法律的规定，但供应商的行为违反法律规定进行的添加，也会导致企业产品不合格所带来的法律后果。这种情况只有一种例外，就是现代技术无法达到这种检验水平，使企业的采购无从下手。当然，企业无法检验，质量产品监督部门进行检验或者抽检，也因技术障碍无法检测，企业则不承担责任。

（四）三鹿集团质量监督体系没有发挥应有的作用

企业若自身检验条件达不到，可以请求质量监督部门进行检验，批次检验或者抽检，均有足够证据证明企业在生产过程中，达到了最高的"注意"义务，而不承担或减轻法律责任。质量监督体系并不仅是对自己产品出厂前的检验，尽管这种检验在整体检验中最为重要，因为可以避免法律风险。

从另外一个角度上来审视企业生产问题，就不是这么简单了。在产品原料采购过程中，进行有效的质量检验和复检，可以将不符合标准的原材料拒之门外。这些必要的检验，能够有效避免在加工后才发现问题，与原材料供应商发生纠纷和诉讼，也减少了因加工过程中支出的各种成本，包括时间成本。

对生产过程中的半成品进行质量检验和复检，可以有效阻止不符合质量的半成品进入成品加工程序。除了避免更大的成本支出，还可以及时发现工艺流程问题、员工失误等问题，企业更容易对自己产品生产过程中的问题改进。

若在采购质检、半成品质检的前提下仍然能够保证企业向客户交付成品的时间，那么也可以达到避免合同违约等民事法律责任。所以，最好的质量监督体系是将产品生产的整个过程分割监督，而不是限于成品监督或出场监督。

三、启示

（一）忽视企业和企业经营活动的法律属性是导致三鹿奶粉破产的深层原因

三鹿集团破产事件说明，企业不能关注经济属性，而忽视法律属性。三鹿集团的高管正是在这方面发生失误，仅仅关注自己企业在奶粉市场所占份额、创造的利润、收入情况，但是忽视企业经营过程可能出现的违法行为，特别是如果商品出现质量问题对消费者造成的危害。这是非常惨痛的教训。

（二）企业高管的失职是导致三鹿集团破产的直接原因

人们常说，质量是企业的生命，从案例中可以看到，在监管部门化验检测结果出来以后，田文华等才得知问题奶粉中含有三聚氰胺，作为企业管理者事先居然不知道采购的奶源是有毒有害的，这是重大失职行为。尽管企业高管不存在犯罪故意，但是客观上奶粉质量问题导致的严重后果，却触犯了法律，需要承担刑事责任，是典型的因为管理不善导致的法律问题。试想如果企业高管能够恪尽职守，完全可以避免破产的宿命。

（三）忽视原材料的质量检验带来重大隐患

企业产品质量控制的关键，是把好原材料的质量关，如果原材料不合格，后续的制造和过程无论做得多么完美都是无用功。三鹿集团作为业内具有影响力的企业，应该具备条件建立严密的原材料检验系统，包括检验流程和技术规范，将其放在企业所有流程的龙头地位。但遗憾的是三鹿集团在这个事关产品质量也是事关企业生命的环节上出现了失误。

案例十六：浴火重生的西门子公司

一、案例回放

（一）腐败丑闻爆发

2006 年 11 月 15 日，因收到一封举报西门子公司贿赂外国人的匿名信，大约 200 名警察突袭了位于德国慕尼黑的西门子总部，警察和检察官对西门子进行了突击检查，带走大量机器设备，没收了大量文件和电子数据，并逮捕了相关涉案人员。从这天开始，德国和美国历史上最大的腐败丑闻之一爆发了。

突袭事件后，西门子首席执行官克劳斯·克莱因菲尔德于 2007 年 6 月辞职，结束了其在西门子的职业生涯，前首席执行官、时任监事会主席的海因里希·冯·皮耶尔也于 2007 年辞职。虽然这些高管后来并未受到刑事指控，但是他们的被迫辞职不仅意味着这些高管陷入行贿丑闻，还表明西门子公司陷入近 160 年历史上最严重的危机中。

作为世界电子电气工程领域的巨头，西门子的腐败丑闻迅速登上全球各大媒体头条，历时近 160 年建立起来的商业信誉和形象毁于一旦。西门子也面临着禁止投标、上亿欧元的罚款、持续数年的法律诉讼、对声誉和业务造成长期影响等严重后果。如果罪名成立，有可能使西门子关门大吉，2006 年可以说是西门子史上最黯淡又极具分水岭意义的一年。

（二）内部腐败触目惊心

西门子公司创立于 1847 年，业务涉及电气化、自动化和数字化等领域，拥有员工 40 万人，在全球 200 多个国家开展业务。由于各个国家的政治经济文化环境不同，有些国家的公务员、政治家和国有企业管理人员的工资不足以维持他们的生活方式，所以期望通过手中的权力寻租，以至于不尊重当地习俗，就很难做生意，特别是对西方企业。这是造成西门子公司腐败滋生的外部环境。西门子公司作为全球最大的电气设备供应商，公司规模庞大，分布的地域广，总部管理鞭长莫及，在监管方面常处于失控状态。西门子公司错综复杂的组织结构使其难以建立合规经营体系，对管理人员缺乏统一的行为准则约束，因而陷入有组织的不负责任的困境。

突袭事件发生之后，西门子很快开始配合当局进行调查，随着调查的不断深入，调查结果令人震惊，越来越多的员工向当局供认自己的罪行，致使一些高层管理人员被捕。接着美国司法部（DoJ）与慕尼黑检察机关合作展开了进一步的调查，有迹象表明腐败发生在世界许多地方。西门子的各个部门腐败行为有所不同，但却有着惊人的相似之处，即大多数是经济问题和可疑付款，其中电信部门占所有可疑付款的 58%。美国证券交易委员会（SEC）声称在 2008 年的投诉中，西门子对 2001 年至 2007 年 9 月期间至少 5300 笔可疑薪酬负有责任，其中有4283 笔付款共 14 亿美元被用来贿赂外国官员，剩下的钱用于其他非法目的。考虑到案件的时效性，2001 年以前的可疑款项不列入调查范围。为了彻底摸清公司内部的情况，以便向当局提交符合要求的报告，西门子监事会主席委托美国著名的德普律师事务所（Debevoise & Plimpton）于 2006 年 12 月 11 日开始进行内部全面调查。

（三）努力达成和解

由于西门子积极配合，并按照德国和美国相关机构的要求，"彻底合作" 被认为是 "缓解情况"。西门子内部调查范围是前所未有的，几乎包括其在全球范围的所有业务情况，几乎撤换了所有高层领导。为了避免最坏的结果发生，西门子与美德两国调查机关开展合作，委托律师事务所针对指控进行长达两年的内部独立调查，并向美德当局提交了全面而详细的报告。

为了避免《萨班斯-奥克斯利法案》对财务报表虚假陈述的严重处罚风险，西门子针对 "财务报告的内部控制存在重大缺陷" 和 "证据"，由美国德普律师事务所大约 200 名律师和会计师，对西门子拥有业务的全球 34 个国家仔细检查了电子邮件账户和硬盘，收集了超过 1 亿份文件，分析了 1000 万份银行记录，进行了超过 2050 次采访，制作了 24000 份文件，超过 100000 页。最终确认了西门子公司在一些业务领域，存在系统性的违反反腐败和会计相关法律法规的情况，并于 2006 年 12 月 11 日向美国证券交易委员会提交了 20-F 表格，并且附上了修改后的数据。

2008 年 12 月 15 日，西门子腐败官司了结，在 18 个月时间内与美国和德国当局达成和解协议。这也是美国当局在《反海外腐败法》上与外国机构密切合作的成功案例。西门子接受了创纪录的 16 亿美元罚款，根据经合组织 OECD 的统计，16 亿美元超过了 1999~2013 年全球范围内对腐败案件制裁罚款总额。不再追究西门子 2001 年以前的数千起腐败事件，只对五次违反 FCPA 会计准则行为进行处罚，且不将其归属贿赂行为。这对西门子来说已是最好结果。由于西门子以积极的态度配合当局的调查，并及时对企业违规经营行为进行修正，完善各项管理制度，补充相关文件，取得了当局的宽大处理。宽大处理的优点体现在以下方面：

一是处罚远低于西门子的预期，西门子曾估计除去 16 亿美元罚款外，还需要额外支付 18 亿美元的调查费、诉讼费和其他费用，总损失至少达到 34 亿美元。再加上一些预期的制裁在内，所需要承担的损失将会在 70 亿~90 亿美元。

二是避免了长期的法律冲突和财务上的不确定，节省了时间，此项诉讼总共只花了两年多的时间。司法部的判决用了很长的篇幅来证明对西门子相对宽大处理的合理性。负责审判的德国法官彼得·诺尔（PeterNoll）也创造了一个吸引人的短语——"有组织的不负责任"，对西门子腐败案件做出了结论。这个词意味着西门子管理层合谋没有进行有效的控制，因此助长腐败气焰，也表明对西门子管理高层失职行为为淡化处理的态度。

三是采用和解方式了结此案，排除了将西门子被取消获得政府合同的风险。美国司法部作证称，"西门子公司是一家可靠的公司和负责的承包商，并有资格与美国政府签订合同"。2009 年，联合国秘书处采购部仅在 6 个月内暂停了西门子在其供应商数据库中的访问。

如果不进行和解，一旦诉讼失败，该公司被确定犯有受贿罪，将会受到严厉惩罚，将长期禁止获取各国政府和国际机构的采购合同，使西门子失去在国际项目中投标和承担项目的资格，无异于宣布西门子的"死刑"。

（四）构筑防范违法经营的制度体系

美德两国对西门子公司诉讼了结，西门子随即采取了全面的措施，将确保公司行为符合法律规定列入公司重要议程。这些措施包括完善全球性规范经营行为的组织体系，发布一系列清晰而明确的公司指导原则，要求全球所有管理人员和员工遵纪守法，尤其是在有关付款处理、业务咨询行为正当性等方面设立内部规章制度，以加强风险控制。

首先，构建合规体系，并且全面融入西门子内部所有组织层级。建立西门子合规管理机构，由法律总顾问担任负责人，法律总顾问直接向西门子股份公司总裁兼首席执行官汇报工作。首席合规官负责整个公司的合规运作和法律事务，包括合规框架和相关流程、合规风险分析和合规案件处理。首席合规官每季度汇报西门子合规情况，并在必要时向管理委员会和监事会提交特别报告。合规官负责在职能部门、业务集团、业务部门执行合规体系。对于管理层和员工而言，合规官和合规主题专家是他们在合规方面的工作伙伴，为保证合规工作的独立性，合规官不允许在合规组织之外担任职务。合规组织负责四个方面的工作：反腐败——防止以权谋私、反垄断——防止违反公平竞争原则、数据保护——保护隐私数据、反洗钱——防止西门子被滥用于洗钱和恐怖主义融资。合规组织全权负责处理合规案件，包括违反刑事或行政法即相关内部规章制度，以及针对西门子或西门子员工的刑事或行政诉讼。

其次，西门子自上而下地要求从各级管理层做起，不仅要采取严肃认真的统一态度执行各种法律和规章制度，还要以身作则，与相关部门一起推行道德行为规范。西门子制定了《商业行为准则》作为对西门子员工的基本行为规定，行为准则全面规定了公司为成功开展商业活动所需要遵守的对内对外的道德与法律框架，并适用于全球范围内的西门子公司及其附属公司的所有员工。员工在入职之初就会收到这份《商业行为准则》，要求员工签署声明书，申明自己了解行为准则的条款并承诺将认真执行。

最后，建立健全一系列的规章制度，以保证每个风险区域都有相应的制度保证业务操作符合规范。在与商业伙伴合作方面，一定情况下西门子可能被要求为其商业伙伴的行为负责。因此，公司出台了一系列通告和相关规范员工行为的工具，并在企业内部网上公布，确保各个环节都采取了适当措施以保证对业务进行有效管理和评估。例如规定：所有西门子业务部门在与第三方建立商业伙伴关系之前，必须通过指定的合规网上工具对该业务伙伴进行风险分级和尽职审查，并经过业务主管批准和所属合规官员的审查。

二、法商分析

（一）将遵守法律纳入管理框架

从案例中可以看到西门子公司的规模很大、在全球分布范围广，面对多元化的环境，业务活动不仅需要遵守众多国家的法律制度，而且要以多元化的政治、社会和文化框架为准，以不变应万变。因此只有在公司内部形成统一的价值观，道德标准和行为准则才能奏效，同时要由组织保证，设置专门机构推进。只有这样才能彻底摒弃不择手段与竞争对手争夺市场份额的行为，使企业走上健康发展的轨道。

将遵守法律纳入管理框架的含义，是指从管理和守法经营两个方面对员工的行为加以约束，制定行为准则，明确要求遵守各种法律。同时，企业最高领导注意发挥法律事务顾问的作用，并配备相应的人员介入企业日常经营活动。从2007年春天开始对企业内部进行改革，对可能违规经营进行防范，从"预防、检测、应对"三个方面加强控制措施，对员工的任何违规行为都采取零容忍态度。所有员工都得到了明确的指示和培训，并将遵守法律和内部法规作为绩效评估的一部分。

对通过各种报告渠道举报违法行为加以保密，如果需要匿名提交，告密者受到保护，免受报复行动。扩大和加强合规部门建设，由最初的几十人，一年后增至600人。引入了69个结构清晰的违规处理程序。成立了公司纪律委员会惩罚违规行为，对违规行为进行严厉制裁，10名前执行委员会成员和冯·皮耶尔受到西门子的指控，同时，从2006~2011年有703人被解雇，对2214人采取严厉的措施，这相当于一次大规模的清洗，尽管被处理的2917人在40万名员工中只是极少数。

防范的措施包括合规风险管理、合规政策与流程，以及提供给员工的全面培训和咨询、建议与支持、与人事流程相结合、联合行动六个部分，西门子公司出台了很多与合规相关的内部控制以及政策，这些政策通过各种培训宣传给每个相关员工，同时也加强了与员工在合规方面的沟通。监察体系由"Tell Us"举报平台和全球特派调查官、合规控制、监督与合规审查、合规审计、合规调查组成，合规举报平台"Tell Us"是西门子为其内部员工、外部客户、供应商以及其他西门子业务合作伙伴提供的一个全球性举报平台，可以每周 7 天、每天 24 小时不间断工作，并且支持网络或多达 150 种语言的电话举报，该平台被视为全球特派调查官职能的延伸，收到的举报无论实名还是匿名，公司都会派相应调查人员跟踪调查，调查结果如果显示是流程上有漏洞，就整改流程，并对违规人员给予相关的处理。应对体系则包括不当行为的后果、整改和全球案例追踪，西门子合规组织要集中记录所有违规案例，跟踪相关处理情况，确保每个案例的处理都要依照法律法规和公司制度进行。

西门子以诚信经营的方式行事，要求自身所有的业务行为都符合公司的价值观和道德原则，在与外部合作伙伴的业务合作中，西门子制定业务决策的基础就是企业价值观中的"勇担责任"这一原则，这意味着西门子致力于符合道德规范的、负责任的行为。同时这些原则不仅要在西门子内部实行，还必须支持和鼓励其商业伙伴、供应商和其他利益相关者遵循同样高的道德标准。西门子一再重申，只有廉洁的业务才是西门子的业务。通过合规实践，西门子公司不仅挽回了公司的声誉，而且通过持续改进的合规体系树立了透明和廉洁业务的标杆。

（二）将遵章守纪的要求贯彻于公司所有流程中

商业行为准则其作用在于使员工认识到，其行为不仅具有经济属性，而且具有法律属性，一项业务从开始到中间的每一个环节乃至最终的结果，都具有双重属性，一个是经营管理属性，另一个是法律（含遵守规章制度）属性，是一个事物的两个侧面。合规管理对西门子而言是遵守公司内部规章制度和法律。西门子内部有《商业行为准则》，是西门子合规体系的重要组成部分，体现了西门子的企业价值观和西门子在法律和道德方面的基本要求，包括明确和全面的反腐败原则和规则。西门子要求所有的员工熟悉并在全球范围内遵守这些原则和规则，确保贯彻执行《商业行为准则》的要求并以身作则是西门子管理者的职责。要求全球所有管理人员和员工遵纪守法，尤其是在有关付款处理、业务咨询行为正当性等方面设立内部规章制度，以加强风险控制。

公司要求所有的员工在做出业务决策之前，通过以下四个问题协助自己合规并负责任地行事：

（1）对西门子是否适当？

（2）是否符合西门子和我的核心价值观？

（3）是否符合法律要求？

（4）我是否愿意对此负责？

（三）充分发挥法律事务部门的作用

从案例中可以看出，西门子将法律事务部门纳入首席执行官的管辖之下，这样做不仅有利于不断加大对合规的投入，而且有利于发挥好法律事务部门的作用。从企业组织架构上明确规定了法律事务的地位和职能，将法律相关事务纳入企业高层管理的范畴，建立了一个全球性的合规组织，由首席合规官进行领导，并在各个业务集团和区域公司中任命了各自的集团合规官或区域合规官。这些人员将负责各自责任区域内的合规体系执行事宜，并向首席合规官汇报工作。

截至目前，西门子在全球已经有约500名的专职合规官和1500名律师，虽然增加了预算，增加了管理成本，但是因为减少了违规经营事件的发生，为实现西门子清廉业务的经营理念起到保驾护航的作用，其价值很难用金钱来衡量。

三、启示

（1）企业高管要以身作则，秉承精商明法的理念，将法律事务部门纳入管理的范围，强制规定将合规守法经营纳入企业高管的绩效考核，使合规系统有效运行发挥作用，从而保证西门子在充满挑战的环境中稳健经营。

（2）将法律和商业行为准则渗透到业务流程之中，在公司内强制执行合规守法经营控制措施，定期对合规守法经营审查，包括集团层、业务层（含业务国），评估可能存在的风险并向业务部门管理层反馈。合规管理部门快速响应，采取相应措施加以管控，消除不良影响。

（3）促使西门子构建合规体系的直接动力源于消除经营中的腐败行为，因此合规体系主要限于经营管理范围，并没有包括生产、研发、质量控制等方面。这是值得探讨的方面，企业除了经营层面需要合规外，其他环节产生的违反法律和规定的情况，如侵犯知识产权、产品质量问题、生产事故等都可能给企业带来严重损失。因此，如何进一步拓展合规的范围，是值得加强的方面。

参考文献

［1］Hartmut Berghoff，"'Organised irresponsibility'? The Siemens corruption scandal of the 1990s and 2000s"，*Business History*，Vol 60，2017.

［2］佚名：《北京居然之家家居市场先行赔付实施办法》，《中国建材科技》2002 年第 4 期。

［3］［美］艾森·拉塞尔、保罗·弗里嘉：《麦肯锡意识（英文版）》，机械工业出版社 2017 年版。

［4］［美］保罗·弗里嘉：《麦肯锡工具（英文版）》，机械工业出版社 2017 年版。

［5］［美］哈罗德·孔茨等：《管理学精要》，机械工业出版社 2007 年版。

［6］［美］罗伯特·卡普兰：《平衡计分卡：化战略为行动》，广东经济出版社 2004 年版。

［7］柴小青：《法商管理理论创建的现实需求与逻辑基础》，《第六届（2011）中国管理学年会——公司治理分会场论文集》2011 年 9 月。

［8］柴小青：《法商管理视角下的产品控制战略》，经济管理出版社 2012 年版。

［9］柴小青：《法商管理思想集萃》，经济管理出版社 2013 年版。

［10］柴小青：《规划与决策——面向解决实际问题的理论、方法、案例》，经济管理出版社 2016 年版。

［11］柴小青：《论法商管理理论创建的逻辑基础、现实需求与研究领域拓展》，《商业经济研究》2015 年第 15 期。

［12］柴小青、孙选中：《法商管理概念解读与法商管理学派创建》，法商管理评论，经济管理出版社 2012 年版。

［13］车桂芳、房晓莉：《一失足成千古恨：世界知名企业失误录》，《中国

质量监督》2001 年第 9 期。

[14] 陈瑞华：《西门子的合规体系》，《中国律师》2019 年第 6 期。

[15] 陈翔：《石油勘探行业跨国技术获取型并购研究——以中国石油东方地球物理公司并购美国 ION 为例》，对外经济贸易大学硕士学位论文，2017 年。

[16] 陈兴良：《刑民交叉案件的刑法适用》，《法律科学》2019 年第 2 期。

[17] 陈艺星：《论"福耀玻璃厂"的国际化战略》，《湖北科技学院学报》2015 年第 35 期。

[18] 高红梅：《合规与容错如何两全?》，《董事会》2019 年第 6 期。

[19] 郭重庆：《中国管理学界的社会责任与历史使命》，《政策与管理教育研究》2007 年第 22 卷第 2 期。

[20] 何秉松：《人格化社会系统责任论——论法人刑事责任的理论基础》，《中国法学》1992 年第 6 期。

[21] 和文娜、张帆：《新能源产业投资与经营问题研究——基于尚德光伏案例分析》，《中国证券期货》2013 年第 7 期。

[22] 胡国栋：《儒家伦理与市场理性耦合的家族经营——基于李锦记集团的经验分析》，《经济研究》2017 年第 4 期。

[23] 胡怡林：《铁本教训》，《发展》2004 年第 6 期。

[24] 蒋金富、凌莲莲：《不完全合谋下卡特尔的解体——以"方便面涨价事件"为例》，《价格理论与实践》2007 年第 10 期。

[25] 金观涛等：《系统医学原理》，中国科学技术出版社 2017 年版。

[26] 金洪涛：《民营企业家刑事合规管理体系研究：基于 A 公司案例》，中国政法大学硕士学位论文，2020 年。

[27] 李富永：《福耀美国的"制度性成本"折射营商环境的优化困境》，《中华工商时报》2017 年 6 月 23 日。

[28] 李昊：《对液晶面板价格垄断案处罚情况的比较研究》，《经济理论与实践》2013 年第 1 期。

[29] 李平：《试论中国管理研究的话语权问题》，《管理学报》2010 年第 7 卷第 3 期。

[30] 李帅：《尚德之殇》，《能源》2017 年第 3 期。

[31] 李文荔：《对液晶面板价格垄断案的经济法思考》，《营销与技术市场》2014 年第 7 期。

[32] 刘斌：《从侵权责任法的视角分析丰田汽车召回事件》，《商品与质量》

2012 年第 3 期。

［33］刘佳刚、周依雨：《战略性新兴产业的市场脆弱性及管理者过度自信——基于无锡尚德太阳能电力有限公司破产重组案例研究》，《财务与金融》2015 年第 2 期。

［34］路甬祥：《学科交叉与交叉科学的意义》，《中国科学院院刊》2005 年第 1 期。

［35］罗君丽：《罗纳德·科斯的法与经济学思想》，《经济师》2007 年第 9 期。

［36］马进、宋广三、徐春华：《美国消费品召回制度及其特点研究》，《标准科学》2019 年第 1 期。

［37］孟国晟、齐霖：《小米陷专利泥潭》，《新经济》2015 年第 6 期。

［38］潘春华：《印度博帕尔毒气泄漏事件》，《生命与灾害》2019 年第 5 期。

［39］彭红彬、陈灵明、巢小瑢：《丰田汽车"召回门"事件的法律思考》，《现代商贸工业》2011 年第 20 期。

［40］钱丽娜：《李锦记：华人家企治理制度探路者》，《经营管理者》2013 年第 2 期。

［41］曲振涛：《论法经济学的发展、逻辑基础及其基本理论》，《经济研究》2005 年第 9 期。

［42］盛利：《东方地球物理勘探有限责任公司国际化经营战略研究》，天津大学硕士学位论文，2004 年。

［43］孙东川等：《创建现代管理科学的中国学派及其基本途径研究》，《管理学报》2006 年第 3 卷第 2 期。

［44］孙选中：《法商管理的兴起》，经济管理出版社 2013 年版。

［45］孙耀君：《西方管理学名著提要》，江西人民出版社 2005 年版。

［46］王铮：《英美缺陷汽车产品召回制度分析》，《质量与标准化》2013 年第 3 期。

［47］魏江、邬爱其等：《战略管理》，机械工业出版社 2021 年版。

［48］魏钦：《基于微笑曲线的小米公司价值链高端环节的改进》，《商场现代化》2013 年第 35 期。

［49］吴晓波：《大败局（套装全两册）修订版》，浙江大学出版社 2013 年版。

［50］西门子（中国）有限公司：《西门子：变革中的合规管理体系》，《中国经贸》2012 年第 5 期。

［51］向忠诚：《李锦记家族宪法》，《商界评论》2014 年第 8 期。

［52］徐玲玲：《反思：重读"铁本神话"》，《国际市场》2009 年第 12 期。

［53］杨建昊、金立顺：《广义价值工程》，国防工业出版社 2009 年版。

［54］杨兴培：《犯罪的二次性违法理论与实践：兼以刑民交叉类案例为实践对象》，北京大学出版社 2018 年版。

［55］应勇：《东方地球物理公司发展战略研究》，天津大学硕士学位论文，2006 年。

［56］张连军：《BGP 国际化经营战略思考》，《石油规划设计》2014 年第 3 期。

［57］治红：《回放北京"福乐暖器事件"解读居然"先行赔付"理念》，《山西经济日报》2006 年 3 月 8 日。

［58］周旺：《从"小米"看国产手机的商业模式创新》，《财会月刊（中）》2013 年第 4 期。

［59］周永平：《博帕尔事故及其生产安全中的法律问题》，《中共中央党校学报》2006 年第 10 卷第 4 期。

［60］朱颖、张芷若：《对麦当劳咖啡烫伤案的结果分析》，《法制博览》2019 年第 4 期。